Peter Lieving

Auch Kammerjäger
haben eine Seele

Peter Lieving

Auch Kammerjäger

haben eine Seele

Pro BUSINESS Verlag

Bibliografische Information der Deutschen Nationalbibliothek
Die Deutsche Nationalbibliothek verzeichnet diese Publikation in der
Deutschen Nationalbibliografie; detaillierte bibliografische Daten
sind im Internet über http://dnb.d-nb.de abrufbar.

Peter Lieving
Auch Kammerjäger haben eine Seele

Berlin: Pro BUSINESS 2009

ISBN 978-3-86805-423-1

1. Auflage 2009

© 2009 by Pro BUSINESS GmbH
Schwedenstraße 14, 13357 Berlin
Alle Rechte vorbehalten.
Produktion und Herstellung: Pro BUSINESS GmbH
Gedruckt auf alterungsbeständigem Papier
Printed in Germany

www.book-on-demand.de

Kammerjäger in Not

Als ich an diesem Morgen in meinem Auto saß und den Blick über meine Kundenkarten schweifen ließ, stockte mir mit einem Mal der Atem. Beim Durchblättern der Karten entdeckte ich einen mir sehr bekannten Namen. Und dieser Name, eigentlich die Person, die sich dahinter verbarg, verhieß nichts Gutes. Mit spitzen Fingern nestelte ich die Karte aus dem Stapel heraus, überflog sie kurz und steckte sie wieder zurück. Elf Uhr, Dr. Peters, bitte pünktlich. Ich war begeistert, schlug die Mappe mit den Karten zu, warf sie abschätzig auf den Beifahrersitz. Ich legte meine Arme auf das Lenkrad und beugte mich weit vor. Einen Augenblick lang dachte ich nach, ließ meine Gedanken in die Ferne, jenseits dieser Stadt, schweifen und hoffte auf das Wunder der Verdrängung. Diese Karte war, anders als die anderen Kundenkarten, dazu geeignet, mir den Tag zu verderben. Kurz entschlossen schob ich das Damoklesschwert, welches über mir wild umherbaumelte, beiseite, ließ den Motor an und machte mich auf den Weg zu meinem ersten Termin.

Frau Makel, meine erste Klientin an diesem Tag, erwartete mich schon voller Sehnsucht; ein Umstand, der mich an diesem Vormittag wenig erbauen konnte. Mit großer Geste lud sie mich ein, ihr Haus ohne weitere Umschweife zu betreten. Ich folgte ihr willig durch den langen Flur hindurch ins Wohnzimmer hinein. Dort blieb sie stehen, drehte sich um und lächelte mich sanft an.

„Ich bin ja so glücklich", schrillte eine sich ereifernde Stimme durch den Raum, „dass Sie endlich hier sind. Ich habe es ja nicht mehr ausgehalten. Diese Ameisen rauben mir ja noch den letzten Nerv."

Ich nickte, versuchte mich auf das vor mir krabbelnde und teils fliegende Problem zu konzentrieren.

„Seit wann haben Sie die Tiere schon?"

Sie kam einen Schritt auf mich zu, senkte ihre Augenlider geheimnisvoll.

„Viel zu lange", meinte sie tief betroffen, „mindestens schon eine Woche."

Sie machte kehrt, eilte auf das große Wohnzimmerfenster zu, blieb davor stehen und machte mittels ihrer beiden Arme eine ausladende Geste.

„Jeden Morgen sind die Fenster schwarz."

Ihre theatralischen Gesten ließen mich nicht an ihrem Leiden zweifeln. Eine weitere, das Fenster umfassende Geste ließ mich auf eine weitere Darbietung hoffen.

„Sie können sich das gewiss nicht vorstellen, aber wenn ich am Morgen dieses Zimmer betrete, sind die Ameisen überall. Und wenn ich überall sage, dann meine ich auch überall!"

„Ich verstehe", der Gedanke an meinen nachfolgenden Termin ließ meine Anteilnahme nur mäßig ausfallen.

Frau Makel verließ ihren Standort, ihre Blicke durchbohrten mich. Sie schien meine Abwesenheit bemerkt zu haben. Ihr Blick verfinsterte sich leicht, ihre Lippen zogen sich zu schmalen Schlitzen zusammen.

„Sie glauben", zischte sie bissig, „ich würde mit meinen Schilderungen der Ereignisse übertreiben?"

Ich schüttelte den Kopf, versuchte meine Gedanken an Herrn Dr.

Peters aus meinem Kopf zu verbannen. Schließlich hatte ich für Frau Makel ein Problem zu lösen und da konnte ich mir keine Ablenkung leisten. Doch so sehr ich mich auch bemühte, der Gedanke an jenen Menschen, der ihr als Termin nachfolgen sollte, wollte nicht weichen. Ich warf ihr einen aufmunternden Blick zu, sah verstohlen zu dem Fenster hinüber und stellte mir vor, was sie seit einigen Tagen durchgemacht hatte.

„Nein, ich denke nicht, dass Sie übertrieben haben. Ich kann mir das schon vorstellen, was sie da durchgemacht haben."

Sie entspannte sich.

„Was werden Sie jetzt machen?"

Ich wandte mich dem Fenster zu, untersuchte den Boden und verschaffte mir einen allgemeinen Überblick.

„Wie lange haben Sie die Ameisen schon?"

„Sagte ich doch schon, seit einer Woche!"

Ich schüttelte mein geplagtes Haupt.

„Ich meine in Jahren?"

„Wie in Jahren?"

„Ich meine", sprach ich sanft, „seit wie vielen Jahren treten die Ameisen schon in Ihrem Hause auf?"

Sie schien von meiner Frage seltsam berührt, ihre Gesichtszüge entspannten sich, ja, sie schien leidlich zu lächeln. Ein Wunder! Und so sehr ich ihre Pein durch unser nachfolgendes Gespräch zu mildern versuchte, meine Aufmerksamkeit wusste sie dennoch nicht zu fesseln. In Gedanken war ich schon bei meinem nächsten Termin. Dr. Peters! Ein Schauder durchfuhr mich, rüttelte mich bis in die letzte Faser durch. Unwillkürlich schaute ich auf meine Uhr. Noch eine Stunde. Langsam würde ich mich aus dem Hause Makel verabschieden müssen. Eine große Hilfe hatte ich der Dame des Hauses eh nicht sein können. Ich teilte ihr daher mit, bitte doch noch einige Tage zu warten, die Ameisen weiterhin zu beobachten und gegebenenfalls anzufüttern, damit ich mir bei einem weiteren Besuch ein genaueres Bild von der Art und dem Umfang des Befalls machen konnte. Überraschenderweise erntete ich für meinen verwegenen Vorstoß große Zustimmung. Ich verließ Haus und Frau Makel, winkte ihr noch einmal aufmunternd zu und machte mich auf nach Canossa.

Pünktlich auf die Minute, wenngleich völlig unbeabsichtigt, fand ich mich in der Praxis des Herrn Dr. Peters wieder. Frau Lorenz, der kleine Drache am Empfang, warf mir einen vorwurfsvollen Blick über den Rand ihrer Brille zu. Da ich nicht gleich reagierte, schließlich war ich mir keines schuldhaften Betragens bewusst, fügte sie ihrem durchdringenden Blick hinzu:

„Die Karte!"

„Die Karte?"

Es kam nicht oft vor, dass ich mein Gegenüber nicht verstand, nun aber war es geschehen. Obgleich ihr Blick zunehmend von meinem gepeinigten Leib Besitz ergriff, wollte der Groschen bei mir nicht fallen. Hartnäckig verweilte dieser irgendwo zwischen Geldbörse und Hirn. Frau Lorenz streckte ihre Hand nach mir aus, die Handfläche nach oben gerichtet und den Zeigefinger rhythmisch vor und zurück bewegend.

„Herr Lieving", zischte sie, wobei sie ein honigsüßes Lächeln aufsetzte – der Diamant in ihrem oberen rechten Eckzahn blitzte drohend auf – „ich brauche Ihre Karte, das Quartal ist rum!"

Na klar! Da ich notwendige Besuche beim Zahnarzt jeder billigen Ausrede unterordnete, hatte Frau Lorenz mich und meine Karte ja das letzte Mal vor über einem Jahr gesehen. Charmant wie sie war, überging sie diese Tatsache. Ich griff also nach meinem Portemonnaie und zog schließlich meine Krankenkassenkarte hervor. Frau Lorenz lächelte, anschließend machte sie mit dem Zeigefinger ihrer rechten Hand eine verneinende Geste. Ich stutzte. Sie lächelte weiter. Ich wusste, was sie lächeln ließ. Im Gegensatz zu mir musste sie den Empfang nicht verlassen, sie musste sich ihrem Arzt nicht stellen, musste sich nicht seine Vorträge über schlechte Zähne und mangelnde Mundhygiene anhören. Sie durfte hier sitzen bleiben, konnte sich all den gebogenen Haken, monströsen Zangen und aufgezogenen Spritzen entziehen. Kein Wunder, dass sie sich über meine geistesabwesende Art amüsierte, dass sie es auskostete, mich über die eigentliche Zeit der Aufnahme bei sich zu behalten; einzig aus dem Grund, ihr die Zeit zu vertreiben. Ich war ihr willfähriges Opfer. Sie drängte ja auch nichts, mich hingegen schon. Wie gerne hätte ich diesen Termin schon hinter mich gebracht. Ihr Lächeln wurde unheimlicher, durchdringender. Ich klappte meine Geldbörse zu, was sie zu einem Kopfschütteln veranlasste.

„Ich bekomme noch zehn Euro", flötete sie, „die Praxisgebühr."

Ich öffnete meine Geldbörse wieder, zog einen Zehn-Euro-Schein heraus und überreichte ihr diesen. Frau Lorenz schlug die Augen nieder, griff sich ihren Quittungsblock, drückte einen Stempel darauf und gab mir den Zettel.

„Bitte sehr, Ihre Quittung. Gut aufbewahren!"

Ich nickte. Als sie die zehn Euro in einer der Schubladen neben sich verstaut hatte, blickte sie mich wieder lächelnd an, fragend, abwartend. Ich schaute in ähnlicher Art zurück, fragend, abwartend, mit einer Spur von Angst. Endlich brach sie das Schweigen.

„Sie können dann ins Behandlungszimmer gehen, der Doktor kommt dann gleich."

„Echt", entfuhr es mir.

„Ja."

Gerne hätte ich noch einige Zeit bei ihr am Empfang verbracht und mit ihr noch über den Sinn des Lebens geplaudert. Selbst einem Flirt mit ihr wäre ich unter diesen besonderen Umständen nicht abgeneigt gewesen; ich hätte jede Chance genutzt, diesem Termin zu entgehen. Ihrem Blick konnte ich allerdings entnehmen, dass sie keinerlei Ausflüchte dulden würde. Ich erkannte die Ausweglosigkeit meiner Versuche und schlich auf das Behandlungszimmer zu. An der Türe blieb ich kurz stehen und verschaffte mir einen ersten Eindruck. Der Geruch von Desinfektionsmitteln, verbranntem Zahnfleisch, abgeschliffenen Zähnen und Angstschweiß schlug mir entgegen. Ich schüttelte mich, versuchte den üblichen Praxisduft als nicht bedrohlich zu empfinden. Ich trat über die Schwelle, blickte ich um. In der Mitte des Raumes stand der Stuhl. Ich bewegte mich langsam auf ihn zu, bekam die kalte Rückenlehne zu fassen und machte mich mit dem Gedanken vertraut, dass ich hier nun Platz nehmen und mich meinem Schicksal ergeben müsste. Ein Folterstuhl. Darüber konnten auch die zahlreichen Bilder an den Wänden nicht hinwegtäuschen. Ich trat einen Schritt zurück. Da hatte mir der liebe Gott einen freien Willen gegeben, und was machte ich? Ich benutzte ihn nicht, ergab mich stattdessen sehenden Auges in mein Schicksal. Verrückt. Nur einen Schritt hätte ich machen müssen. Hätte nur das Behandlungszimmer verlassen und

Frau Lorenz einen schönen Tag wünschen müssen. Und schon wäre ich wieder in Freiheit und meiner Angst ledig gewesen. Doch was machte ich? Unfähig, mich zu entscheiden, wie das Kaninchen vor der Schlange, verharrte ich in dem Zimmer und vor dem Stuhl.

„Setzen Sie sich ruhig schon mal hin", hörte ich eine Stimme aus dem Hintergrund.

Ich drehte mich um und zuckte kurz zusammen. Hinter mir stand eine junge, zarte Frau, weiße Hose, pfefferminzfarbenes Poloshirt, blonde Haare und mit strahlenden Augen. Mund und Nase waren von einer weißen Maske verhüllt und ließen die junge Frau bei aller Anmut furchterregend aussehen. Ich erklomm den Sitz und rutschte unruhig hin und her. Sie stellte sich neben mich an die Konsole, berührte einige Tasten und ließ mich ihre Macht spüren. Ruckartig klappte die Rückenlehne des Stuhls zurück. Mein Rücken folgte der Bewegung widerstandslos, bis ich mich in einer recht unangenehmen, weil hilflosen Lage wiederfand. Sie lief um den Stuhl herum, stellte einen Becher auf das neben dem Stuhl befindliche Becken, ließ Wasser ein und knipste zum guten Schluss die Lampe über mir an. Das Licht blendete mich. Eine Taktik, die ich aus zahlreichen Agentenfilmen her kannte. Der Delinquent soll so gezwungen werden, die Wahrheit zu sagen. Die Wahrheit über meine tägliche Zahnpflege.

„So", sagte die Maskierte plötzlich, während sie genüsslich die Folterinstrumente des nachfolgenden Verhörs vor mir auf einem kleinen Tisch ausbreitete, „warum sind Sie denn hier?"

Der blanke Stahl der Haken, die aufgezogenen Spritze und die diversen Tamponagen zur Stillung meiner kommenden, schweren Blutungen ließen meinen schwachen Widerstand dahinschmelzen.

„Eigentlich", versuchte ich den wahren Grund meines Besuches zu verschleiern, „wollte ich nur einmal nachschauen lassen, ob meine Zähne so gut sind, wie sie aussehen."

„Ach …", meinte sie teilnahmslos.

Wieder wechselte sie den Platz. Ich drehte meinen Kopf leicht zur Seite, versuchte, sie zu beobachten, doch sie wusste sich meiner Aufmerksamkeit geschickt zu entziehen. Als sie sich mir wieder näherte, schwang sie ein Papiertuch über meinen Kopf hinweg und ließ es geschickt auf meiner Brust niedergleiten. Eine Metallkette fixierte das Werk. Wollen halt keine Spuren hinterlassen, überlegte ich anerkennend, denken eben an alles. Anschließend begab sie sich wieder an die Konsole, ergriff eine dieser gefährlichen Gerätschaften und hielt sie mir grinsend vor mein Gesicht.

„Machen wir schon mal den Zahnstein weg", trällerte sie vergnügt.

Erinnerungen an den Marathonmann schossen mir durch den Kopf. Ich fühlte mich mit einem Male wie Dustin Hoffman. Sie schien meine Ablehnung zu spüren. War es nun Einfühlungsvermögen oder kaltes Kalkül? Sie steckte das Instrument menschlicher Abgründe zurück in seine Halterung und legte sanft die Hand auf meine Schulter.

„Der Doktor kommt gleich."

Sie entfernte sich, wobei ich zum ersten Male ihre Rückseite betrachten konnte. Komisch, obgleich ihr Körper genauso verhüllt war wie ihr Gesicht, konnte ich mir davon ein wesentlich genaueres und deutlicheres Bild machen. Sehr hübsch! Welches Schicksal musste dieses Wesen in ihrer Kindheit wohl erfahren haben, dass sie nun einen solchen Beruf ausüben konnte. Meinen Gedanken nachhängend, das Bild meiner jungen Peinigerin noch komplettierend, begann ich, meine Beziehung zu dem vor mir liegenden Instrumentarium zu verbessern. Ich ergriff zunächst den Haken, schubste damit zwei Tampons mal in die rechte, mal in die linke Ecke des kleinen Tisches. Mit der anderen Hand nahm ich die Pinzette, postierte sie, wie man einen Torwart platziert und versuchte, die mit dem Haken verschossenen Tampons am Verlassen des Tisches zu hindern. So beschäftigt, verschaffte ich meiner geplagten Seele eine kurze Atempause. Doch kaum hatte mich diese tiefe Ruhe erfasst, da wurde sie auch schon gestört. Als hätten sie es geahnt, wahrscheinlich wurde ich die ganze Zeit über überwacht, wurde mit einem Male die Tür zu meinem Behandlungszimmer aufgerissen. Erschrocken, weil ertappt, ließ ich von meiner therapeutischen Eigenbehandlung ab. Zwei vermummte Personen, wovon ich die eine an ihrem Gang identifizieren konnte, betraten den Raum. Der andere, längere der beiden, musste der Arzt sein.

„Hallo", rief er fröhlich, mein Hockey-Spiel bewusst ignorierend, „wie geht es uns?"

Die Antwort auf seine Frage weder abwartend, noch wirklich erwartend, wandte er sich seiner Gehilfin zu.

„Zahnstein?"

„Nein", meinte sie teilnahmslos, „wollte er noch nicht. Mach ich später."

„Gut", bemerkte er knapp, „machen wir eben später."

Er setzte sich auf seinen rollenbewehrten Hocker, schwang lässig um meinen Stuhl herum und faltete die Hände mitfühlend vor seiner Brust zusammen.

„Was führt Sie denn zu uns?"

„Meine Zähne", versuchte ich einen Scherz.

Die junge Frau lächelte gequält. Ihr Mundschutz spannte sich leicht. Er indes legte seine Hände auf die Oberschenkel und beugte sich tief zu mir herunter.

„So? Na, dann wollen wir mal schauen, ob uns dieser Besuch zu einer innigen Beziehung führt?"

„War fast so gut wie mein Scherz", antwortete ich kleinlaut.

Er ersparte sich einen weiteren Kommentar und griff stattdessen zu seinem ersten Instrument, dem Spiegel. Bereitwillig öffnete ich meinen Mund. Die junge Frau ergriff einen Stift und meine Zahnkarte. Gespannt hielt ich den Atem an, während sich der Maskierte über mich beugte und seiner der charmanten Zahnarzthelferin eine wahre Flut von Buchstaben- und Zahlenkombinationen zurief. Hin und wieder ergänzte er seine Angaben, um für meine Ohren recht niederschmetternde Bemerkungen. Hatte ich richtig mitgezählt, so waren es mittlerweile rund zehn Zähne, die kariös waren, entzündete Zahntaschen beiderseits aufwiesen, sanierungsbedürftig waren, einer Wurzelbehandlung bedurften, oder deren Kronen und Brücken bedenklich locker saßen. Endlich zog er den Spiegel aus meinem Mund, legte ihn zurück auf den Tisch und richtete sich wieder auf. Seine Hände faltete er wieder zusammen, diesmal jedoch im Schoß. Meine Hoffnung auf ein baldiges Ende dieser Zusammenkunft löste sich in Luft auf.

„Tja", ließ er das Damoklesschwert langsam auf mich herniedersinken, „Ihre Zähne sind in keinem schlechten Zustand."

Ich lächelte entspannt, griff nach dem Papiertuch, wollte es gerade von mir reißen und dem Stuhl entfleuchen, da drückte er mich mit dem Ausdruck seiner Augen wieder zurück. Seine junge Assistenz verhalf seinem Ausdruck mit ihrer Hand auf meiner Schulter den nötigen Nachdruck.

„Nur leider", bemerkte er, „machen diese Zähne höchstens 30

Prozent Ihres Zahnbestandes aus. Der Rest setzt sich aus massiv und weniger massiv kariösen Zähnen, schadhaften Kronen und einer wackeligen Brücke zusammen. Nicht gut für einen Mann in Ihrem Alter."

„Na, ja", gab ich verlegen zurück, „ich hatte eh nicht vor, so lange zu leben. 80 Jahre wäre wohl genug."

„Auf jeden Fall", hebelte er mein Argument geschickt aus, „werden Sie mit absoluter Sicherheit Ihre Zähne um Jahre überleben."

Er warf einen kurzen Blick auf meine Karte, dann schaute er mich ernst an.

„Und wenn wir an diesem Zustand nichts ändern, dann werden es bestimmt so an die 40 Jahre sein!"

„Gut", sagte ich, „fangen wir an!"

Ich weiß nicht, woher ich plötzlich meinen Mut, beziehungsweise meinen Übermut nahm, auch wusste ich nicht, welche Folgen dieser mich für noch haben sollte. Dr. Peters kannte solche Ausbrüche plötzlichen Mutes bei seinen Patienten. Routiniert überging er meinen Enthusiasmus und schritt zur Tat, noch ehe ich es mir hätte anders überlegen können.

„Nadja", sagte er knapp, während er eher beiläufig nach der Spritze griff, „den Sauger bitte!"

Nadja tat wie ihr geheißen. Sie nahm den Sauger, schaltete ihn auf wundersame Weise ein und hängte ihn lässig in meinen Mundwinkel ein. Dr. Peter stach indes zielsicher zu, einmal, zweimal, dreimal. Dann zog er die feine Nadel aus meinem Zahnfleisch heraus.

„Spüren Sie ihre Zunge noch?", wollte er plötzlich wissen.

Nadja ergriff den Sauger erneut, bewegte ihn in meiner Mundhöhle hin und her. Ich versuchte dem Zahnarzt zu antworten. Ein unmögliches Unterfangen. Mit dem Sauger und dem zunehmenden Speichelfluss kämpfend versuchte ich eine Antwort zu geben.

„Nhn, dschie Schzunge ischt nischt taub!"

Meine eigenen Worte nicht verstehend, wartete ich auf die Übersetzung durch meinen Arzt.

„Sehr gut", meinte Dr. Peters, „sollte Ihre Zunge dennoch taub werden, melden sie sich einfach."

Damit verließ er den Raum und ließ mich derweil mit Nadja alleine.

„Der Doktor kommt gleich wieder", sagte sie unvermittelt, „möchten Sie vielleicht eine Zeitung haben?"

„Scher nett vun Ihnen", stammelte ich, „isch wüschte nischt, wie isch jetscht leschen schollte."

„Sie müssen ja nicht laut lesen", ich erahnte ihr schadenfrohes Grinsen unter ihrer Maske, „Sie können auch leise lesen. Ist kein Problem. Ich muss eh noch ein paar Sachen vorbereiten."

Damit ging sie hinüber zu einer schmalen Ablage, holte eine Zeitung, kam wieder zurück zu meinem Stuhl und warf sie mir auf die Brust. Ich dankte Nadja mit einem kurzen Kopfnicken und warf einen flüchtigen Blick auf die ziemlich ramponierte Zeitschrift – „Bilder einer Frau", abgegriffen, Ausgabe Februar 2003. Wunderbar.

„Woher haben Schie gewuscht, dasch isch misch für Arscheohlojie intereschiere?"

Nadja ließ sich nicht beirren. Sie warf ebenfalls einen Blick auf die Zeitung, entdeckte das Datum und meinte:

„So antiquarische Ausgaben wie diese bekommen nur unsere ganz besonderen Patienten. Und wenn Sie Ihre nächste Sitzung haben, versuche ich eine Ausgabe Ihres Geburtsjahres aus dem Stapel zu fischen."

Schlagfertige junge Frau, Charme und Witz, eine seltene Kombination. Schade nur, dass ich nicht wusste, wie sie unter der Maske aussah. Vielleicht trug sie ja einen Bart? Nein, nicht Nadja. Vielleicht stand sie auch auf einer dieser Fahndungslisten und konnte sich in der Öffentlichkeit nicht ohne Maske bewegen. Vielleicht hatte sie den Beruf deshalb gewählt.

„Möchte Sie einen Kaffee?", fragte sie mich unvermittelt, „ich kann Ihnen gerne einen bringen."

Tolle Idee, dachte ich, und dann willst du mir zuschauen, wie er mir aus dem Mundwinkel läuft.

„Danke, nein", sagte ich erstaunlich klar.

Bevor sie weitere Angebote unterbreiten konnte, betrat der Doktor wieder den Raum.

„Und, wirkt die Spritze?"

Woher sollte ich das wissen, wie sollte ich beurteilen, ob die Wirkung der Spritze seinen Angriffen standhalten würde?

„Isch glaube schon."

„Schön, fangen wir an!"

Er griff nach dem Bohrer, ließ ihn einmal zur Probe anlaufen, vielleicht diente dies auch der ultimativen Einschüchterung. Dann wies er Nadja an, den Sauger, nun jedoch ein größeres Modell, in meinen weit geöffneten Mund zu platzieren, während er langsam den Bohrer vor meine Augen führte. Seine Absicht war leicht zu durchschauen. Er machte, anders als seine Kollegen, keine Vorhaltungen bezüglich der allgemeinen Mundhygiene. Er drohte unverhohlen. Ich wusste seine Geste zu deuten: „Komm mir noch einmal mit solchen Zähnen, und ich komme dir jedes Mal mit diesem Bohrer oder was ich sonst noch so finde!" Ich nickte, ich hatte verstanden. Er versenkte den Bohrkopf in meiner Mundhöhle. Umgehend dröhnte das hochfrequente Summen in meinem Kopf und zeigte mir unmissverständlich an, dass es nun kein Entrinnen mehr für mich gab. Dr. Peters schien dieses Geräusch zu entzücken. In lockerem Plauderton wandte er sich an seine Mitarbeiterin.

„Wussten Sie, dass der Herr Lieving ein Kammerjäger ist?"

„Wirklich?", sie drückte den Sauger unter meinen Zungengrund, zog ihn wieder zurück und ließ einen Teil meiner Wangenschleimhaut darin verschwinden. Mit einem kräftigen Ruck befreite sie diese wieder von dem immensen Sog.

„Da erleben Sie ja bestimmt einige schlimme Dinge", stellte sie fest, während sie das gebogene Ende des Saugers herauszog.

Ich dachte an meinen Zahnbefund und verweigerte die Aussage. Dr. Peters hatte den Bohrer abgestellt, beließ ihn jedoch in meinem Mund. Er richtete sich wieder auf, warf mir einen kurzen Blick zu, lächelte vielsagend, dann zog er seine Augenbrauen fragend hoch.

„Ich hätte da mal eine private Frage."

Ich nickte.

„Also", begann er, „in meinem Haus laufen ab und an Ameisen herum."

Er unterbrach seine Ausführungen, setzte den Bohrer erneut an und ließ ihn langsam anlaufen. Nadja reagierte umgehend, näherte sich von links mit dem großen Sauger und platzierte ihn geschickt zwischen meinem unteren Backenzahn und dem Bohrer. Der Zahnarzt schnalzte zufrieden und steigerte die Drehzahl, bis schließlich das hochfrequente Summen meinen gesamten Kopf erfüllte.

„Nicht", nahm er sein eigentliches Anliegen wieder auf, „dass ich mir wegen der Ameisen ernsthaft Gedanken mache. Ich meine", er hielt inne, wechselte den Bohrkopf und fuhr fort, „die Ameisen stören mich nicht weiter. – Mehr links saugen! Danke. – Aber meiner Frau ist es doch sehr unangenehm. Ich glaube sogar, ich weiß, woher die Ameisen kommen. – Etwas weiter rechts! Danke. Oh, sieht nicht gut aus, ziemlich tiefes Loch. – Sie sagt, die Ameisen kämen auch in den Kühlschrank. Ist nicht schön, oder? – Okay, Nadja, noch mal zurück! Super, sehr schön. Da muss wohl eine Krone drüber. – Doch als die Ameisen auf der Spüle herumliefen und die Sauger der Babyflaschen eroberten, da wollte meine Frau nicht mehr."

Er zog den Bohrer heraus, gab seiner Gehilfin ein Zeichen, steckte den Bohrer in seine Halterung zurück und setzte sich aufrecht auf seinen Hocker hin. Nadja indes füllte den Becher auf dem kleinen Becken mit Wasser und forderte mich mit sanfter Stimme auf, meinen Mund auszuspülen. Dr. Peters faltete wieder die Hände und schaute mich über den Mundschutz hinweg an. Ich überlegte derweil, wie ich meinen Mund mit all den Tampons zwischen den Zähnen spülen sollte. Nadja drückte einen Knopf auf der Konsole und die Rückenlehne meines Stuhls richtete sich langsam auf. Aufmunternd reichte sie mir den Becher.

„Isch kann nischt schtrinken", mit meinem Zeigefinger deutete ich auf meine ausgebeulte rechte Wange.

Nadja lachte, Dr. Peters grinste still vor sich hin. Eher beiläufig ergriff er eine Pinzette und zog mir die Tampons aus dem Mund.

„So", meinte er anschließend, „jetzt können Sie ausspülen."

Ich ergriff den Becher, nahm einen großen Schluck und spülte meinen Mund durch. Nadja schob das Becken näher an mich heran und forderte mich auf, das Wasser und alle darin gelösten Inhalte auszuspeien. Ich gehorchte. Ihr Charme und ihr Liebreiz ließen mich einen Augenblick lang vergessen, dass sie im Grunde genommen nur die personifizierte Pein meines Leibes war, die Gehilfin meines Peinigers. Unmissverständlich beendete sie meine Spülung; mit ihren schlanken Fingern umfasste sie den Becher und entriss ihn mir. Dr. Peters warf Nadja einen aufmunternden Blick zu. Diese verstand, drückte erneut einen Knopf auf der Konsole und lächelte mich vielsagend an. Die Rückenlehne fuhr wieder nach hinten und einige Augenblicke später lag ich wieder flach auf dem Rücken.

„So, dann mal bitte wieder den Mund weit auf!", forderte er mich auf.

Ich tat wie mir geheißen und bekam zur Belohnung sechs neue Watteröllchen in den Mund gestopft. Aus dem Augenwinkel heraus konnte ich erkennen, dass die Gehilfin ebenfalls bereit war. Den Sauger drohend in der Hand haltend, gab sie der Lampe über mir einen kurzen Klaps und richtete sie erneut so ein, dass ich für einige Minuten geblendet war. Nachdem sich auch der Bohrer wieder auf, beziehungsweise in seinem Opfer befand, erinnerte sich Dr. Peters auch wieder seines Anliegens:

„Die Ameisen waren natürlich schon ganz schön nervig", er hielt inne, irgendwie wollte der Bohrer nicht so wie er.

Er drehte sich um, trat kräftig auf einen Fußschalter, ließ den

Bohrer kurz aufheulen und fuhr dann fort. Einige Wasserspritzer trafen meine Nasenspitze und meine Wangen. Eine willkommene Erfrischung, so glaubte ich, bis Nadja die Tropfen entdeckte und sie mit dem Sauger entfernte. Sie lächelte beruhigend, zog den Sauger unter einem kräftigen Ruck von meiner Wange ab und positionierte ihn wieder geschickt zwischen Mundhöhle und Tamponagen.

„Ich habe dann zuerst mal Backpulver genommen", fuhr mein Zahnarzt unbeirrt fort, während sich der Bohrer tiefer in meinen Kiefer hineinfräste, „hat aber nicht viel geholfen."

Er zog den Bohrer heraus, griff nach dem Spiegel und wölbte damit meine Wange weit nach außen. Nadja hörte mit dem Saugen auf.

„Gut", sagte er schließlich, „ziemlich tiefes Loch."

Was sollte ich sagen? Ich nickte zustimmend. Nadja drehte sich um und wandte sich dem Arbeitstisch in meinem Rücken zu. Eilfertig und zielsicher ergriff sie einige Spachtel, Tuben und Unterteller und ordnete diese nach einem geheimen System. Sie öffnete eine Schublade und holte ein weiteres für mich nicht identifizierbares Instrument heraus. Kalter Schweiß lief meinen Rücken entlang und sammelte sich unterhalb meines Hosenbundes zu einer zunehmend größer werdenden Lache. Ich drehte meinen Kopf zur Seite, was mir einen sofortigen Tadel einbrachte, nicht verbal, nicht mit mahnender Stimme. Dr. Peters presste schlicht den Spiegel auf den Grund meiner Zunge, bis ich den Kopf wieder in die ursprüngliche Position gebracht hatte. Um mein Vergehen nachhaltig zu ahnden, griff er erneut zu dem Bohrer, warf Nadja einen vielsagenden Blick zu und setzte sein furchterregendes Werk fort.

„Das Backpulver", fügte er ebenso nahtlos sein Problem mit den

Ameisen in die laufende Behandlung wieder mit ein, „hat natürlich nicht besonders gut geholfen."

„Nischt?", versuchte ich mein Erstaunen über seinen Misserfolg Ausdruck zu verleihen, „wasch wollten Schie denn mit dem Backpulscher erreischen?"

Er lachte und schaltete den Bohrer aus. Die Bohrspitze legte er auf meiner Unterlippe ab, wobei er peinlich genau darauf achtete, dass mich die Lage und das Gewicht des Bohrers am Sprechen hindern würden. Vielsagend beugte er sich über mich.

„Ich dachte", er machte eine Pause, „also meine Mutter hatte mir erzählt, Backpulver würde die Ameisen abtöten. Ich weiß, Sie werden dem jetzt nicht zustimmen, aber was sollte ich denn machen? Die Ameisen vorne, meine Frau im Hintergrund? Ich musste doch handeln. Egal wie. Auch wenn es keinen Sinn machte."

Zu meiner Erleichterung nahm er den Bohrer wieder in die Hand. Meine Unterlippe konnte sich entspannen.

„Was", fragte er, während er seinen Kampf mit dem Schalter des Bohrers wieder aufnahm, „was hätten Sie denn in dieser Situation gemacht?"

„Isch", versuchte ich ihm seine Frage zu beantworten, „isch würde schunäscht mal die Ameisen beschimmen. Schauen, um welsche Ameisen esch sich handelt."

„Aha, gibt es da denn verschiedene?"

Ich schlug bejahend die Augenlider nieder.

„Hätten Sie das gedacht?", er sah Nadja fragend an, „also ich dachte immer, Ameisen wären alle gleich. Ist schon toll, mal einen Fachmann hier auf dem Stuhl zu haben."

Er legte den Bohrer endgültig beiseite. Wie auf ein geheimes Zeichen hin zog Nadja ihrerseits den Sauger aus meinem Mund heraus. Das Ende meines Martyriums zeichnete sich ab. Dr. Peters nahm die schwarze Druckluftpistole und blies mir einen scharfen Luftstrahl in den Mund. Unwillkürlich zuckte ich auf meinem Stuhl zusammen. Er zog sie wieder zurück, drehte sie langsam in der Hand, so als habe er sie in diesem Moment zum ersten Male gesehen. Er drückte eine Taste, ein weiterer Luftstrahl verließ die Düse. Er lächelte beseelt. Seine Augen wurden von einem Leuchten erfüllt.

„Ist gleich vorbei", meinte er aufmunternd, „sagen Sie mal, könnte ich die Ameisen nicht auch mit einem Luftstrahl vertreiben? – Nadja, Sie können die Füllung schon mal vorbereiten, danke. – Was meinen Sie? Würden die sich nicht von einem solchen Strahl abhalten lassen können?"

„Isch weisch nischt?"

„Nadja, etwas mehr, ja gut", er drückte den ersten Teil der neuen Füllung in das Loch, „ich denke immer, man muss die Tiere ja nicht gleich töten. – Sehr schön, kann ruhig etwas dichter sein, ja, so ist gut. – Weit auf, Mund weiter auf! Also ich denke, wenn ich es schaffen würde, die Ameisen aus dem Haus herauszuhalten … Meine Frau gäbe sich damit zufrieden. Was glauben Sie?"

„Isch müschte schuerst Ihr Hausch schehen."

„Schön den Mund öffnen! Sehr gut."

„Und", fuhr ich fort, während er mit einer gebogenen Kanüle aus Kunststoff eine weitere Füllung in das Loch presste, „dann müschte isch nooch die Ameisen beschimmen."

Statt zu antworten, ergriff er einen kleinen Spatel und glättete die

Oberfläche der Plombe. Anschließend betrachtete er sein Werk, nahm die Pinzette und entfernte die Tamponagen aus meinem Mund. Befreit von dieser Behinderung, wollte ich mein angestautes Fachwissen auf ihn einwirken lassen. Doch kaum hatte ich die ersten Worte über den Zungengrund hinaus geschoben, sie vor meinen Zähnen abgelegt, da wandte sich Dr. Peters auch schon von mir ab. Auch Nadja ließ mich alleine; verschwand mit meinem Zahnarzt zusammen durch die Türe des Behandlungszimmers. Ein wenig unsicher verharrte ich in meinem Stuhl, nicht wissend, was oder ob noch etwas mit mir geschehen würde. Die Minuten vergingen, meine Anspannung wich einer gesunden Neugierde und diese wich schließlich meinem Wunsch, Dinge entdecken zu wollen. Ich streckte vorsichtig meine Finger aus, zog den Instrumententisch näher an mich heran und schnappte mir die Pinzette. Gerne hätte ich mein Fußballspiel wieder aufgenommen, doch die nunmehr blut- und speichelgetränkten Wattebausche und Tamponagen eigneten sich kaum noch dafür. Enttäuscht legte ich die Pinzette zurück. Ich hatte mich gerade des Spiegels angenommen und die Härchen in meiner Nase betrachtet, als die Türe geöffnet wurde. Nadja stürmte voller Elan ins Zimmer, warf einen kurzen Blick auf mich und mein Tun und ließ sich kopfschüttelnd auf ihrem Hocker nieder. Sanft aber bestimmt nahm sie mir den Spiegel aus der Hand und legte ihn zurück auf den kleinen Tisch. Anschließend stand sie auf, zog die grell leuchtende Lampe tiefer und ging langsam um mich herum. Ich konnte förmlich das nahende Unheil fühlen, welches gewiss bald wieder über mich kommen würde. Nadja bewegte sich geschmeidig, einer Raubkatze gleich. Doch anstatt mir ihre scharfen Zähne in den Leib zu schlagen, näherte sie sich mir mit einem Gerät, dessen Spitze einer Kralle nicht unähnlich war. Sie ergriff den Spiegel, betrachtete ihn flüchtig, schüttelte wieder ihren Kopf, beugte sich leicht über mich – welch ein Anblick, welch eine verlockende Situation – und schaltete das Gerät ein. Ein feines Summen drang an mein Ohr.

„So", forderte sie mich auf, während sie mit dem Spiegel gleichzeitig meine Unterlippe herunterdrückte, „jetzt weit öffnen!"

Ich gehorchte, verdrängte die Verlockung und ließ sie gewähren. Die Spitze des Gerätes berührte meine Zahnhälse, Wasser schoss gleichzeitig in die Mundhöhle hinein und das Kratzen und Schaben nahm seinen Lauf. Mit geschickten Bewegungen führte dieses zarte Wesen die Spitze quer durch meinen Mund, entfernte den Zahnstein der letzten Jahrzehnte. Hin und wieder berührte sie einen meiner maroden und offenliegenden Zahnhälse in einer Art, die weder mir noch meinem Schmerzempfinden gefiel. Ich zuckte erwartungsgemäß zusammen, was Nadja zu recht sarkastischen Bemerkungen verleitete:

„Tat's weh? Na ja, gleich ist es ja vorbei. Ist doch ein Klacks für Sie, wo Sie doch so mutig waren! Und wenn Sie dann fertig sind, dann werden Sie sich gleich wohler fühlen."

„Ehö", stammelte ich und paddelte hilflos mit meinen Armen.

„Sie haben aber auch einen Zahnstein", referierte sie über den Zustand meiner Zähne, „sieht eher aus wie eine Tropfsteinhöhle. Und erst Ihre Zahnhälse, übel, sehr übel. Na, da wird der Herr Doktor ja noch viel Arbeit haben."

Ich weiß nicht, was mir mehr Angst einflößte, ihre Andeutungen, oder der Klang ihrer Stimme. Sie stellte das Gerät wieder an und fuhr mit ihrer quälenden Tätigkeit fort. Für einen kurzen Augenblick überlegte ich mir, warum sie und ihre Kolleginnen nicht in schwarzes Leder gekleidet waren; Weiß und Mint vermittelten so einen völlig falschen Eindruck von ihrer Tätigkeit.

„Sind Ameisen wirklich so gefährlich?", wollte sie wissen, sie hielt den Spiegel lockerer, „Ich meine, eigentlich sind sie doch ganz nützlich."

Wieder versuchte ich unter der Last der Gerätschaften und der Qualen in und um meinen Mund herum zu antworten. Ich scheiterte kläglich. Stattdessen stellte mir Nadja weitere Fragen:

„Ich habe ja keine Ameisen in meiner Wohnung, aber Silberfischchen", zielsicher traf sie eine jener Stellen an meinen Zahnhälsen, die auf Berührung äußerst schmerzhaft reagierten. Ich stöhnte laut auf. Nadja deutete meinen Schrei und mein schmerzverzerrtes Gesicht völlig falsch und fuhr unbeeindruckt fort. „Ach, ist schon lieb, dass Sie so viel Anteil an meinem Problem nehmen, aber so schlimm sind die Silberfischchen ja auch nicht. Sie stören mich eben nur."

Sie drückte die Spitze fester an den Zahn, was die unangenehmen Vibrationen und das Gesurre verstärkte. Zielsicher traf sie wiederum einen freiliegenden Hals und dessen Nerv.

„Sind Silberfische schädlich? Ich meine, sie sind es nicht."

Ich versuchte erst gar nicht, ihr eine entsprechende Antwort zu geben. Die Sinnlosigkeit des Unterfangens, sich mit einem Zahnarzt oder seiner Assistentin während der Behandlung zu unterhalten, war mir an diesem Vormittag bewusst geworden. Wahrscheinlich gehörten beide Berufsgruppen zu einer Kaste von Alleinunterhaltern. Also schwieg ich. Und ich wollte es auch für den Rest meiner Behandlung tun. Nadja nahm von meinem Ansinnen keinerlei Notiz. Vollkommen unbeeindruckt sprengte sie Zahnstein um Zahnstein, stellte Frage um Frage, fuhr unbeirrt mit der Beschreibung ihrer Wohnung, ihrer Lebensumstände und des Zustandes fort, in dem sich das Haus befand. Demnach hatte es in der

Wohnung über ihr irgendwann einmal vor etlichen Jahren einen Wasserrohrbruch gegeben. Messerscharf hatte sie das Vorkommen der Silberfische mit diesem Vorfall in Verbindung gebracht. Ich war beeindruckt. Einziger Makel dieser Theorie, der Rohrbruch lag rund 20 Jahre zurück. Auch die Anzahl der Silberfische schien nicht weiter dramatisch, vielleicht zwei Stück alle zwei Monate. Kein Grund zur Sorge. Gerne hätte ich ihr dies mitgeteilt, woran sie mich jedoch immer noch hinderte. Mein verzweifelter Blick fiel auf den Instrumententisch. Die Pinzette lag halb über dem Rand. Das würde meine Chance sein. In einem unbemerkten Augenblick schnippte ich gegen die Unterseite des Tisches. Erwartungsgemäß fiel die Pinzette herunter und schlug scheppernd auf dem Boden auf. Ich war erleichtert, es hatte geklappt. Nadja entfernte umgehend alles Gerät aus meinem Mund, drehte sich zur Seite und bückte sich, um die Pinzette aufzuheben.

„Machen Sie sich um die wenigen Silbefischchen mal keine Sorgen", nutzte ich die Gelegenheit zum freien Sprechen, „und mit dem Rohrbruch von vor 20 Jahren hat das auch nichts mehr zu tun."

Die Pinzette schien günstig gefallen zu sein, Nadja brauchte länger als erwartet, ich nutzte die Situation schamlos aus.

„Wissen Sie, Silberfischchen brauchen Feuchtigkeit, sie können aber mit Wasser, so wie wir es kennen, nichts anfangen."

Nadja war erfolgreich gewesen, hielt die Pinzette zwischen ihren schmalen Fingerkuppen. Nur noch wenige Sekunden verblieben mir.

„Und schädlich sind die auch nicht, es sei denn, sie besäßen sehr viele alte Bücher, dann allerdings würde ich mir Sorgen machen."

Die Kralle kehrte zurück.

„Weit öffnen!", sprach sie und nahm ihre Tätigkeit wieder auf, „ich habe ja keine Angst vor den Tieren. Meine Mutter meinte jedoch, ich sollte sofort etwas gegen diese Tiere tun, damit sie sich erst gar nicht vermehren könnten."

„Öhe", gab ich zu bedenken.

„Köderdosen sollte ich mir kaufen – fiese Stelle ist das hier, oh, und was für eine tiefe Tasche – aber hätten die etwas genutzt? Ich weiß nicht."

Geschickt führte sie die Spitze in die Tasche, öffnete diese und entleerte sie. Trotz ihrer Maske glaubte ich zu erkennen, dass sie just in diesem Augenblick ihre Nase rümpfte. Kann passieren, überlegte ich mir, wenn man eine Tasche samt Inhalt nach Jahren öffnet. Unbeirrt fuhr sie fort.

„Ich denke, es ist besser, wenn ich nichts weiter gegen diese Tiere unternehme. Ich danke Ihnen jedenfalls für Ihre guten Ratschläge. Jetzt kann ich damit besser umgehen."

Wenige Minuten später fand ich mich vor dem Empfang wieder. Noch vollkommen im Nebel der Eindrücke und Qualen gefangen, hörte ich die Stimme der Frau Lorenz dumpf an mein Ohr dringen.

„Und, war es schlimm?", ihr Lächeln drückte kein Mitleid aus, eher eine unerschütterliche Gewissheit über den wahren Zustand meiner Zähne und die von mir erlittenen Qualen. Sie war bestens informiert.

„Es ging so", antwortete ich mit gespielter Leichtigkeit, „aber es hat ja auch sein Gutes. Nun brauche ich die nächsten Jahre nicht mehr hierher."

Ihr Lächeln verwandelte sich schlagartig in ein Lachen. Zunächst zaghaft, dann immer heftiger und lauter. Erste Tränen zeigten sich in ihren Augenwinkeln. Von dem Lärm angezogen, stellten sich alsbald die ganze Belegschaft und der Doktor neben Frau Lorenz ein. Nadja legte ihre Hand auf die Schulter der Lachenden und fragte nach dem Grund für diesen Heiterkeitsausbruch.

„Er meint", griente sie und hielt währenddessen meine Krankenkarte nebst den Röntgenbildern in die Luft, „er meint, er wäre mit dieser Behandlung fertig und bräuchte nicht mehr wiederkommen."

Ein erneuter Lachkrampf schüttelte ihren Körper durch. Acht Augenpaare fixierten abwechselnd meine Krankenkarte und dann mich. Schlagartig veränderte sich der Gesichtsausdruck der vier Menschen neben Frau Lorenz. Nadja war die erste, deren Grinsen zu einem breiten Lachen wurde. Dr. Peters wollte ihr jedoch nicht nachstehen, und übertönte selbst Frau Lorenz. Die beiden anderen Mitarbeiterinnen stimmten mit ein.

„Na", gluckste Herr Dr. Peters, „Sie sind mir ja einer, Sie sind ja ein richtiger Schelm."

„Richtig süß", feixte Nadja, „jetzt, wo ich mich an Ihre Zähne gewöhnt habe, wollen Sie uns wieder verlassen?"

Ich traute meinen Ohren nicht, der Marathonmann hatte mich eingeholt.

„Ach, Herr Lieving", lächelte der Doktor, „wir werden noch viele schöne Stunden hier verleben. Ihre Zähne sind wirklich in einem schrecklich netten Zustand. Einige Kronen müssen wir erneuern und die Brücke rechts unten sollten wir auch neu verlegen. Außerdem haben wir hier schon angefangen, unsere gesamten Probleme, die wir mit Ungeziefer haben, aufzuschreiben. Da können Sie sich doch nicht einfach so verabschieden. Wir brauchen Sie hier! Außerdem ist es sehr nett, sich mit Ihnen zu unterhalten."

Er wandte sich Frau Lorenz zu.

„Na, dann machen Sie mal ordentlich Termine für die nächsten Monate.“

Er drehte sich wieder um, lächelte mir aufmunternd zu und sagte:

„Na dann, wir sehen uns, ich freue mich auf Sie.“

Frau Lorenz schob mir ein DIN-A4-Blatt hin.

„Da sind Ihre Termine. Und bitte, die nächsten zwei Stunden lang nichts essen!“

Damit war ich entlassen.

Ich verließ die Praxis und fand mich irgendwann auf der Straße wieder. Leicht benommen trat ich meinen Heimweg an. Mit der Zungenspitze tastete ich nach meiner neuen Plombe. Sie war ungewohnt. Doch ich würde mich an sie gewöhnen. Nicht gewöhnen würde ich mich jedoch an den Umstand, von Menschen nach der Lösung eines Problems befragt zu werden, ohne ihnen antworten zu können und dafür auch noch deren Dank zu erhalten. Ich konnte so etwas nicht auf mir sitzen lassen. Ich hatte keine andere Wahl, ich musste in den sauren Apfel beißen. Entweder waren dieser Zahnarzt und all seine Mitarbeiterinnen perfekt geschulte Psychologen, die die Schwächen und Eitelkeiten ihrer Patienten schamlos ausnutzten, oder sie hatten einfach nur einen guten Tag gehabt. Ich glaubte jedoch an die erste Möglichkeit. Sie hatten mich nicht zu Wort kommen lassen alleine in der Absicht, mich dazu zu verleiten, die weiteren Termine wahrzunehmen, damit ich irgendwann einmal mein Fachwissen preisgeben konnte. Tief beeindruckt von dieser Taktik beschloss ich, die Herausforderung anzunehmen und mich meiner Behandlung zu stellen. Er aber, und dies schwor ich mir, sollte mich nie mehr sprachlos erleben. Und wenn ich die nächsten Wochen mit unzähligen Tamponagen üben müsste. Nun hatte er mich bei meiner Ehre gepackt. Und wenn ich dafür mein ganzes Gebiss renovieren lassen müsste.

Ich danke Dr. Thomas Peters, meinem Freund und Zahnarzt, und seinen Mitarbeiterinnen, Dagmar, Nadja, Sabrina sowie der Bastelgruppe, den beiden Zahntechnikern Jürgen und Markus, für die vielen für mich und meine Zähne erbaulichen und erfrischenden Stunden in ihrer Praxis. Und nur damit hier kein falscher Eindruck entsteht: Dr. Peters und sein Team gehören zu den seltenen Menschen, vielleicht sogar zu einer aussterbenden Art von Menschen, die ihren Beruf als Berufung betrachten und insofern auch als Dienst an ihren Mitmenschen. Sich in ihre Hände zu begeben ist keine Qual, es ist ein Vergnügen! Schade nur, dass Schwarz nicht Teil der Berufskleidung ist.

Eine Entscheidung dieser Tragweite

Dass man es nicht jedem Menschen recht machen kann, ist mir nicht unbekannt. Dennoch muss ich mir die Bedeutung dieser Weisheit immer mal wieder ins Gedächtnis rufen, insbesondere dann, wenn ich Menschen einer ganz besonderen Berufsgruppe gegenüberstehe. Wobei ich hier einschränken möchte, dass die Repräsentanten dieser Berufsgruppe nicht sämtlich in diese Kategorie einzuordnen sind, es gibt Ausnahmen – Minderheiten geradezu. Der Großteil aber entspricht durchaus Volkes Meinung – sie wissen alles, sie kennen alles, sie können alles und es gibt kein Wissen, keine Erkenntnis, die ihnen verborgen wäre und sie sind 24 Stunden im Dienst. Nicht körperlich, nicht geistig, aber mental. Belehrung rund um die Uhr.

Mit gleich zwei Vertretern dieser „Kaste" der Unbelehrbaren machte ich Bekanntschaft, als Dörte und Alwin Maachste-Wacker in mein berufliches Leben traten. Schon das erste Gespräch, also die erste Kontaktaufnahme, gestaltete sich nicht gerade einfach.
Vorab eine Erklärung: Die Klienten, also die Menschen, die ein Problem haben, wenden sich an uns, weil sie von uns eine Lösung ihres Problems wünschen. Dies heißt wiederum, der Klient ruft an, schildert sein Problem, seine Beobachtungen und wir versuchen, eine angemessene Lösung zu finden. Der Klient ist glücklich, oder auch nicht, egal. Wichtig ist oder war das Gespräch. In den meisten Fällen führt dieses erste Gespräch zu einem Termin vor Ort – zur endgültigen Lösung des Problems. Dies ist die Regel.

Anders nun, vollkommen anders, war es bei dem ersten Kontakt mit eben jener Familie Maachste-Wacker. Eigentlich war es Frau

Dörte, die in unserem Büro angerufen hatte, irgendwie aber auch ihr Mann Alwin. Dieser hielt sich zwar im Hintergrund des Telefons auf, blieb allerdings immer auch präsent, und dies nicht gerade sehr dezent. Kontaktaufnahmen dieser Art erinnern eher an die mühsamen Versuche, mit Außerirdischen ins Gespräch zu kommen. Auch sie fühlten sich uns Erdlingen überlegen, auch sie würden glauben, wir Erdlinge wären überglücklich, dass sie gerade uns ausgesucht hätten für einen ersten Kontakt, für ein Zeichen ihres Wohlwollens. Im Falle unseres Ehepaares zeigten sich erste Anzeichen dieser Überlegenheit einer Spezies innerhalb einer Spezies an ihrer akzentuierten Aussprache, einer genauen Kenntnis des zu behandelnden Problems und einer exakten Vorgabe der zu einer Lösung führenden Maßnahmen und Verfahren. Hierin unterschieden sich solche Menschen von extraterrestrischen Lebensformen. Das profunde Wissen, welches diese Menschen in allen Lebenslagen unter Beweis stellen, nährt sich aus einem irgendwann in der Vergangenheit einmal abgeschlossenen Studium. Und obgleich ein nicht geringer Teil dieser Menschen letztlich auch nur einen grauen, beruflichen Alltag in der Folge ihres Studiums erleben dürfen, scheinen sie nur auf den Augenblick zu warten, nicht akademisch gebildete Menschen zu gängeln, die Meinung dieser Menschen in Frage zu stellen und ihnen auf die Nerven zu gehen. Non scolae sed vitae discimus. Die Eheleute Maachste-Wacker hatten also schon am Telefon ihre Kaste tapfer und würdig vertreten, und die Entfernung ihres Wespennestes bis ins Detail geplant. Was sie brauchten, weil theoretisch gewappnet, war die ausführende Hand. Oder anders ausgedrückt, sie hatten das Nest in Gedanken schon hundertfach entfernt, brauchten nur noch einen Idioten, der verrückt genug war, sich diesen stechenden Insekten zu nähern und seinen Kopf für sie hinzuhalten.

Und aus diesem Grunde, und nur aus diesem Grunde, stand ich also vor der Wohnung der Eheleute Maachste-Wacker. Geduldig wartete ich, bis die Türe geöffnet wurde. Ohne Ereignisse vorwegnehmen zu wollen: Aber die Zeit, die es dauerte, bis die Wohnungstüre den Weg freigab, schien endlos lang. Gut, dies ist nicht ungewöhnlich, zumal, wenn man zu einem älteren Menschen bestellt ist. Doch Frau Maachste-Wacker war eine junge Frau. Und, es lag auch nicht an ihrer Schrittgeschwindigkeit, es hatte einzig mit ihrer Entscheidungsfreudigkeit zu tun. Zu diesem Zeitpunkt konnte ich davon jedoch noch nichts wissen und so tappte ich, nachdem die Türe nach einigen Minuten gänzlich offen stand, hinein in die Falle der „vielleicht", der „wenn und aber" und „ich weiß nicht". Nun stand ich ihr also gegenüber. Sie war jung, sie war hübsch, ihre Augen aber waren die eines gehetzten Tieres. Sie schien aufs Äußerste angespannt.

„Lieving", rief ich ihr zu und hielt ihr meine Hand hin.

„Ja."

Die Konversation geriet ins Stocken, kaum dass sie begonnen hatte. Ich unternahm einen neuen Versuch.

„Sie haben da ein Wespennest?"

„Stimmt. Kommen Sie."

Sie machte einen kaum sichtbaren Schritt zur Seite und gab so den Eingang frei. Gerade wollte ich an ihr vorbeischlüpfen, als mich ihr fixierender Blick, eine Mischung aus Abscheu und Unbehagen, auch schon wieder zum Stehen brachte. Sie senkte ihre Augen und heftete sie auf meine Schuhe. Gut, fuhr es mir durch den Kopf, meine Schuhe sind beeindruckend, sie sind schwer, sie wirken klobig und sie lassen jeden, der sein Domizil mit einem hellen

Teppichboden ausgelegt hat, erzittern. Aber, sie schützen und stützen meinen teilprothesen-bewehrten Fuß und sind äußerst bequem.

„Sind Sie der Kammerjäger?", fragte sie, ohne den Blick von meinen Schuhen abzuwenden.

Natürlich nicht, dachte ich, ich bin ein fahrender Geselle, und es ist so meine Art, an fremden Haustüren zu klingeln und meine Mitmenschen nach möglichen Wespennestern zu befragen.

„Ja", sagte ich laut, „ich bin der Kammerjäger. Wo haben Sie denn nun Ihr Nest?"

„Dann sind Sie also der Kammerjäger?"

Puh! Frau Maachste-Wacker war eine Frau, die es aber ganz genau wissen wollte.

„In der Tat", antwortete ich knapp.

„Ich hatte bei der Wohnungsbaugesellschaft und anschließend bei der Schädlingsbekämpfungsfirma angerufen", sagte sie beiläufig, während sie mich ausdruckslos anstarrte, „ich hatte deshalb angerufen, weil wir ein Wespennest haben."

Sehr interessant. Ich hatte – und dies bestimmt auch nur für einen kurzen Augenblick – überlegt, warum ich eigentlich in diesem Haus, in dieser Wohnung aufgetaucht war. Ohne ihren Hinweis wäre ich ewig über den eigentlichen Grund im Zweifel geblieben.

„Ach", gab ich gelassen zurück, „es wäre sehr charmant von Ihnen, Sie würden mir das Nest einfach mal zeigen."

Ihr Blick wanderte wieder zu meinen Schuhen und verweilte dort einen Moment. Dann blickte sie wieder auf und richtete das Wort an mich:

„Ihre Schuhe!"

„Sie gefallen Ihnen, möchten Sie sie haben?"

„Nein, natürlich nicht. Ich dachte nur, Sie möchten sie gerne ausziehen, weil Sie doch den ganzen Tag über mit diesen Schuhen in all dem Ungeziefer herumlaufen."

Der Ekel und das Grauen standen ihr ins Gesicht geschrieben.

„Na ja", sagte ich verständnisvoll, „da haben Sie natürlich Recht. Allerdings gebe ich zu bedenken, dass ich die Schuhe und ebenso die darin befindlichen Strümpfe schon seit rund neun Stunden ununterbrochen an meinen Füßen trage. Ich weiß nicht, was nun schlimmer wäre, die Füße oder die Schuhe?"

Frau Maachste-Wacker entschied sich gegen ihren Wunsch und ließ mir die Schuhe. Gute Entscheidung, hätte ich nicht besser treffen können. Sie ließ mich eintreten.

„Darf ich nun das Nest in Augenschein nehmen?"

Sie rang sich ein gequältes Lächeln ab, so ganz schien sie mit ihrer so spontan getroffenen Entscheidung nicht zufrieden.

„Da müssen wir in das Zimmer unserer Tochter Lisa-Theresia", ihre Lippen öffneten sich kaum, indes spiegelte ihre Mimik das Grauen ob meiner keimverseuchten Schuhe deutlich wider. Von dem tiefen Wunsch getrieben, mein Gegenüber diesbezüglich zu beruhigen, teilte ich ihr kurz mit, dass meine Klienten des heutigen Tages allesamt Wespen gehabt hatten.

„Lediglich mein letzter Kunde", sprach ich weiter beruhigend auf sie ein, „stellte hier eine gewisse Ausnahme dar."

Ihre Mundwinkel zuckten nervös.

„Nicht was Sie denken", fuhr ich fort, „dieser arme Mensch hatte weder Ratten, Mäuse, noch Schaben, er hatte die ganze Wohnung voller Flöhe. Putzmunter und sehr gefräßig."

Ihr anfängliches Unbehagen wich blankem Entsetzen, ihr blankes Entsetzen nackter Angst und ihre Angst einem ausgewachsenen Anfall von Hysterie.

„Keine Sorge", sprach ich weiter beruhigend auf sie ein, „Flöhe laden ihre heiße Fracht, wie die Pest oder Bandwürmer, ja nicht einfach so ab, dazu müssen sie schon stechen. Und sofern ich keine mitgebracht habe, besteht kaum die Möglichkeit, dass Sie oder Ihre Familie an meiner bloßen Anwesenheit erkranken."

Sie lächelte gezwungen, während sie sich unwillkürlich am Oberarm kratzte. Doch auch hier konnte ich ihr dank meines überaus reichen Erfahrungsschatzes helfen.

„Eine vollkommen normale Reaktion", erläuterte ich sachlich, „ist Ihre Psyche. Je mehr ich Ihnen über Flöhe erzählen würde, desto mehr müssten Sie sich kratzen. Geht ganz automatisch. Ist aber nicht so schlimm. Dieser Juckreiz lässt, anders als bei echten Stichen, meist nach ein, zwei Stunden nach."

Ihr Kratzen wurde hektischer, erreichte nun auch die Unterarme und natürlich auch den Nacken und den Haaransatz. Aufrichtiges Mitleid erfasste mich.

„Ihren Beruf möchte ich auch nicht machen", bemerkte sie gequält.

Sie hatte sich gerade heruntergebeugt, um dem beginnenden Juckreiz an ihren Waden mit den Fingernägeln zu begegnen.

„Sie sehen bestimmt oft ganz schlimme Dinge."

„Ach", lachte ich, „zum Glück nicht jeden Tag. Gestern war allerdings wieder so ein Tag."

Ihre Augen weiteten sich erneut, drohten aus den Höhlen zu treten. So motiviert, wollte ich ihr die Geschichte nicht vorenthalten.

„Ich weiß nicht", tastete ich mich vorsichtig vor, „ob ich Ihnen das zumuten kann?"

Ihr Mund stand weit offen, ihr Atem ging schwer. Sie wollte es hören.

„Na gut", sagte ich heiter, „gestern hatte ich zwei vermüllte Wohnungen. Richtig ekelhaft, stanken fürchterlich. Und überall diese Fliegen und kleinen Käfer. Wobei die zweite Wohnung noch schrecklicher war. Der Mensch, der darin gehaust hatte, schien seit Jahren schon keinen Müll mehr außerhalb der Wohnung entsorgt zu haben. Die Käfer waren das geringste Übel, nein, der gesamte Boden klebte und war insgesamt von einer weichen Konsistenz."

Sie rang nach Luft. Sie rang nach Worten.

„Ich zeige Ihnen jetzt das Wespennest", stieß sie hervor.

„Gerne", flötete ich.

Ich hatte gerade meinen ersten Erfolg errungen. Meine Schuhe waren nun völlig nebensächlich. Noch einigermaßen schwach auf den Beinen, schleppte sie sich in das Zimmer ihrer Tochter. Sie durchschritt es zügig und blieb schließlich vor dem doppelflügeligen Fenster am Ende des Zimmers stehen. Ich folgte ihr. Für ein Kinderzimmer viel zu aufgeräumt, kam es mir in den Sinn, sah eher wie eine Seite aus dem Katalog aus.

„Da ist es", sagte sie, „die fliegen dorthin."

Ihr ausgestreckter Finger wies mir den Weg. Ich näherte mich ihr und folgte dem Fingerzeig.

„Ich kann da aber keinen Nesteinflug erkennen", kommentierte ich ihre Bemühungen.

„Sie müssen höher gucken, die fliegen über der Regenrinne ein."

Ich öffnete den einen Flügel des Fensters und beugte mich hinaus. Mein Blick wanderte die Wand hinauf, bis er das Rinneisen unterhalb der Rinne streifte. Knapp eine Körperlänge über mir konnte ich nun die Wespen erkennen. Eifrig flogen sie umher, ließen sich auf der Wand nieder und krabbelten bis zu einem Dachbalken hinauf. Dann hielten sie inne, so als würden sie sich kurz umschauen und verschwanden durch ein kleines Loch ins Dach hinein. Der rege Verkehr ließ auf ein beachtliches Nest schließen. Es ging zu wie auf dem Flughafen – rein, raus.

„Ganz schöner Betrieb", rief ich ihr zu, „ich nehme mal an, Sie möchten die Wespen nicht mehr?"

Ihr Blick wurde wieder von dieser Unsicherheit erfasst.

„Meinen Sie, ich sollte die Wespen dort lassen?"

Ich schüttelte den Kopf.

„Sie treffen die Entscheidung, Sie müssen wissen, ob die Wespen Sie derart beeinträchtigen, dass Sie damit nicht mehr leben können!"

Ich bemerkte ihre Unsicherheit. Sie war hin- und hergerissen, darum ergriff ich die Initiative.

„Ich gehe jetzt meine Sachen holen, und dann werde ich die Wespen abtöten."

„Oh", entfuhr es ihr, „wie werden Sie die Wespen denn töten?"

„Ich sprühe da ein Nervengift rein."

Vom nahenden Ende der Wespen und vom möglich drohenden Ende ihrer Familie angerührt, wich sie einige Schritte zurück.

„Gift? Ich weiß nicht, ob ich das gutheißen kann?"

„Was?"

„Dass die Wespen mit einem Gift getötet werden. Außerdem ist das bestimmt auch für uns gefährlich!"

„Nur, wenn Sie das Mittel direkt einatmen."

„Ein Nervengift?", wiederholte sie teilnahmslos, „klingt sehr gefährlich."

Sie starrte aus dem Fenster.

„Gibt es denn gar keine Alternative?"

„Es gibt immer eine Alternative", sagte ich.

Ihr Gesicht hellte sich auf.

„Und welche?"

„Sie behalten die Wespen und machen sich ein Fliegennetz vor das Fenster."

Ihr Gesichtsausdruck veränderte sich wieder, zeigte wieder jene Unentschlossenheit und Unsicherheit, die sie beim Anblick meiner Schuhe gehabt hatte.

„Also eigentlich möchte ich die Tiere schon loswerden. Der Gedanke, die könnten sich durch das Fliegennetz durchbeißen, gefällt mir nicht. Ganz und gar nicht."

„Also doch Gift?"

Ich wusste schon seit geraumer Zeit, dass ich hier heute nicht mehr arbeiten würde. Selten hatte ich einen Menschen vor mir gehabt, der derart unentschlossen und wankelmütig in seinen Entscheidungen war.

„Aber eine Alternative zu dem Gift gibt es nicht?", fragte sie mich.

Ihre Art zu fragen erinnerte mich an Gespräche, wie man sie auch auf einem Basar zwischen Händler und Käufer hätte verfolgen können. „Kann ich die Vase noch einmal sehen, gibt es die auch in einer anderen Farbe? Was, 100 Euro? Ich würde ihnen 70 geben, und wenn ich doch eine andere nehme? Was, 90 Euro? Nein, lieber doch die kleinere Vase. Wie, 70 Euro? Nein, doch lieber die große Vase." Für einen kurzen Augenblick überlegte ich, ob man ihre Art, die man durchaus auch als nervtötend bezeichnen konnte, nicht alternativ gegen die Wespen einsetzen könnte. Wie aber Frau Maachste-Wacker in ihrer betont spritzigen und quirligen Art mit den Wespen zusammenbringen? Hätte ich dieses Problem jedoch erst gelöst, Frau Maachste-Wacker direkt in das Nest verbracht, dann würde sie ihre Fähigkeiten voll entfalten können. Sie würde so lange mit den Insekten sprechen, bis sich diese ob der ganzen „Vielleichts" und „Für-und-widers", einfach das Leben nehmen würden. Aber, überlegte ich, so wertvoll Frau Maachste-Wacker sich auch als alternative Bekämpfungsmethode erweisen würde, sie selbst stünde dem Einsatz im Wege, da sie ja grundsätzlich den Einsatz von Nervengiften ablehnte.

„Kommt das Mittel nicht auch in die Wohnung?", riss sie mich mit einer weiteren Frage aus meinen Gedanken.

„Na, ich hoffe doch nicht", sagte ich aufmunternd, „außerdem müssen Sie eh zwei Tage lang das Fenster geschlossen halten."

Entsetzt riss sie die Augen suppentellerartig auf.

„Ist das Mittel so giftig?"

„Nein", meinte ich unverbindlich, „das Mittel, also eigentlich der Wirkstoff, ist nach rund acht Stunden wieder ganz abgebaut."

Ich machte einen Schritt zurück, bewegte mich dann langsam auf sie zu, bis ich mich ihr ganz dicht genähert hatte. Fast hätte ich ihr Ohr mit meinen Lippen berühren können.

„Es sind die Wespen."

Ich senkte meine Stimme deutlich, verlieh ihr ein geheimnisvolles, geradezu verschwörerisches Timbre, was sie umgehend erzittern ließ.

„Die werden ganz schön sauer sein, wenn die abgetötet worden sind!"

„Sind die denn nicht tot?", ihre Frage klang kindlich naiv.

„Na schon", erklärte ich, „die im Nest ja, aber die vor dem Nest, also die Heimkehrenden, die sind es, die ihre ganze Wut zum Ausdruck bringen wollen. Um die müssen wir uns Gedanken machen. Aber nach so circa zehn Tagen ist es vorbei."

Ihr Atem flog, eine plötzlich einsetzende vornehme Blässe zierte ihre zarten Wangen. Mal sehen, dachte ich, ob sich dieser Zustand nicht noch verstärken lässt. Ich kniff meine Augenbrauen zusammen und lächelte sie an.

„So richtig sauer sind die Wespen aber nur die ersten zwei Tage, na ja, höchstens drei Tage. In dieser Zeit stechen sie alles und jeden nieder!"

Ihre Blässe näherte sie sich dem Weiß der Wand, sie atmete noch schwerer.

„Deshalb lassen Sie besser das Fenster geschlossen. Denn die Wespen merken schon, dass mit dem Nest etwas nicht stimmt, wissen, dass ihre Mutter und ihre Geschwister getötet worden sind. Daher sind sie hochaggressiv, was man während der ersten Phase nach der Abtötung nicht unterschätzen darf. Aber letztlich nützt den Wespen das alles nichts, letztlich werden sie auch sterben, an gebrochenem Herzen oder so."

„An gebrochenem Herzen?", fragte sie ungläubig.

Ich nickte und schloss teilnahmsvoll meine Augen.

„Ja, ohne Mutter, ohne Schwestern, was sollten sie da noch auf dieser Welt?"

Ihr Gesichtsausdruck war der einer nahen Verwandten eines just Verstorbenen, die kurz davor stand, selbst in ein Grab springen zu wollen, einfach so, aus Solidarität. Ich musste sie davon abhalten.

„Aber keine Angst, die Gefühlswelt der Wespen lässt so ein Gefühl des Schmerzes gar nicht zu. Da ist man sich zumindest ziemlich sicher."

Ihr Gesicht hellte sich leicht auf. Sie trat einen Schritt vom Rande des Grabes zurück. Also fuhr ich fort.

„Die Wirklichkeit sieht vermutlich anders aus."

Begierig, eine Alternative zu hören, fragte sie:

„Und wie?"

„Nun, unsere sozialen Faltenwespen stammen ja ursprünglich von einzellebenden, also solitären Wespen ab."

„Ach", meinte sie tief beeindruckt.

„Na ja, und dieses Grundmuster haben auch die heutigen sozialen Faltenwespen beibehalten. So behutsam sie mit den Ihren auch umgehen mögen. Sobald die Mutter, die Königin, das Nest verlassen hat, beginnt das Hauen und Stechen. Das biologische Ende des Nestes ist nahe. Da bricht eine regelrechte Anarchie aus. Die Arbeiterinnen, eben noch liebende Pflegerinnen, fallen übereinander her, stechen sich, beißen sich zu Tode. Ebenso verfahren sie mit den Larven, den Babys, doch gehen sie hier noch einen Schritt weiter. Diese werden nicht nur getötet, nein, sie werden aus ihren Kammern gerissen und zu Futter für andere Larven verarbeitet. Wird ein Nest jedoch vor dem natürlichen Ende abgetötet, fallen die Arbeiterinnen nicht solchen Attacken anheim, sie sterben einfach an Entkräftung."

Sie hatte schon während meiner Schilderungen wieder einige Schritte an den Rand des Abgrundes getan.

„Und das alles, weil sie keinen Sinn mehr in ihrem Leben sehen, weil die Mutter tot ist."

Sie schickte sich an zu springen. Ich ließ sie gewähren.

„Und nur", stammelte sie, „weil ich das Nest nicht mehr haben will!"

Zustimmend hob ich meine Arme.

„Tja!"

„Was soll ich nur tun?", wollte sie wissen.

„Sie müssen die Entscheidung treffen!"

„Das kann ich nicht", presste sie hervor, „ich muss jemanden anrufen. Aber wen, wer könnte mir in meiner jetzigen Situation helfen?"

Sie warf mir einen fragenden Blick zu. Ich quittierte ihn mit einem Achselzucken.

„Ah, ich weiß, ich rufe meinen Mann an."

Und da sagt man immer, Fernsehen taugt nicht für das Leben. Schon wollte ich ihr sagen, dass sie aber nur einen Joker hätte, doch ich beließ es bei einer Frage.

„Warum möchten Sie das tun? Ich meine, wir leben im 21. Jahrhundert, Frauen dürfen seit geraumer Zeit eigenständig entscheiden, haben sogar das Wahlrecht."

Augen und Mund weiteten sich übernatürlich.

„Ja schon, aber eine Entscheidung dieser Tragweite, nein, so etwas kann ich nicht. Da muss ich schon meinen Mann fragen."

Oh Gott, überlegte ich, eine junge Frau, kaum älter als 35 Jahre, konnte die Entscheidung nicht treffen, ob sie ein Wespennest behalten wollte oder nicht. Schlimm, sehr schlimm. Mit hängenden Schultern und gesenktem Kopf schlurfte sie hinaus. Der Weg durch den Flur war länger als ich ihn in Erinnerung hatte, jedenfalls brauchte sie geraume Zeit, bis sie die Küche erreicht hatte. Dort ergriff sie das Telefon. Leider konnte ich sie nun nicht mehr beobachten, was mich schon ein wenig ärgerte. Angestrengt spitzte ich deshalb die Ohren, ich wollte das Gespräch mit ihrem Telefonjoker um nichts in der Welt verpassen. Endlich vernahm ich einzelne Worte.

„Ja, hallo", leitete sie ihre Anfrage ein, „der Kammerjäger ist ja jetzt bei mir."

Sie machte eine kurze Pause. Wahrscheinlich musste ihr Gegenüber die Botschaft erst einmal verdauen.

„Nein, nein", fuhr sie fort, „er sagt nur, wir müssten die Fenster in Lisa-Theresias Zimmer für zwei Tage geschlossen halten. Nein, nicht wegen dem Gift! Nein, bestimmt nicht. Er sagt, es wäre wegen der Wespen, nein, nur weil die dann so sauer sind. Nein, natürlich sind die anderen dann tot, aber eben nicht diejenigen, die dann noch nicht wieder im Nest sind. Also die, die dann noch zurückkommen."

Ihre nächste Pause nutzte ich dazu, mich nahezu lautlos aus dem Kinderzimmer zu entfernen. Im Flur blieb ich zunächst stehen, lugte vorsichtig um die nächste Ecke und hatte dadurch freie Sicht auf die Küche und eine vollkommen ermattete Frau Maachste-Wacker. Sie warf mir einen flüchtigen Blick zu, ich lächelte aufmunternd. Sie drückte, um mir die Intimität des Gespräches deutlich zu machen, das schnurlose Telefon fester an ihr Ohr. Da ich ihren aufkeimenden Redefluss nicht länger unterbrechen wollte, entfernte ich mich wieder aus ihrem Sichtfeld.

„Ich kann ihn ja mal fragen", hörte ich sie sagen, „warte mal einen Moment!"

Ich schmunzelte, da ich mir durchaus vorstellen konnte, wie diese Frage aussehen würde.

„Herr Lieving", rief sie aus der Küche heraus, „können Sie mal kommen?"

Zehn Sekunden für diesen Satz, alle Achtung.

„Bin schon da", trällerte ich heiter.

„Mein Mann lässt fragen, ob Sie nicht auf die heimkehrenden Wespen warten könnten, damit Sie diese dann auch noch abtöten können."

„Kein Problem", antwortete ich knapp.

„Hast du gehört", rief sie ihrem Mann durch das Telefon zu, „er meint, es wäre kein Problem für ihn."

Und während sie noch verzückt lächelte, hob ich meinen Arm, so wie ich es früher in der Schule tat, wenn ich etwas Wichtiges mitzuteilen hatte.

„Warte mal! Er will mir noch etwas sagen", sie drückte den Hörer an ihre Schulter und reckte den Kopf weit in meine Richtung vor.

„Ich müsste dann nur für maximal 14 Tage zu Ihnen ziehen. Ist aber kein Problem für mich. Muss nur kurz vorher mit meiner Frau noch telefonieren, damit sie mir einige Sachen zum Wechseln bringen kann. Und natürlich weiß sie gerne, wo ich so übernachte."

Schreckensbleich presste sie den Hörer wieder fest an ihr Ohr.

„Er müsste dann für zehn Tage zu uns ziehen", sagte sie stockend. Sie hielt inne.

Nun erst wurde ihr die Tragweite meiner Worte bewusst.

„Warum?", wollte sie wissen.

„Nun ja", begann ich, „weil die Wespen vom ersten Morgengrauen bis zur Dämmerung fliegen. Und so lange werden auch immer wieder Wespen versuchen, in das Nest zu gelangen. Wenn ich also alle anfliegenden Wespen fangen, beziehungsweise töten soll, so müsste ich den ganzen Tag bei Ihnen sein und am Fenster ihrer Tochter wachen. Habe ich zwar noch nie gemacht, aber warum nicht?"

Sie atmete heftig, ihre Augen waren seltsam geweitet. Dann fing sie sich wieder und wandte sie erneut ihrem am Telefon wartenden Mann zu.

„Hast du mitgehört?"

Sekunden bangen Schweigens vergingen.

„Anders geht es aber wohl nicht", hauchte sie in den Hörer, „er muss wohl Tag und Nacht am Fenster sitzen. Ist nicht dein Ernst? Und wo sollen wir mit Lisa-Theresia so lange hin? Was, sie soll so lange in unserem Zimmer schlafen? Und wo soll sie tagsüber hin? Nein, ich glaube nicht, dass ich das möchte."

Im Gegensatz zu seiner Frau schien Herr Maachste-Wacker ein richtiger Pragmatiker zu sein, entscheidungsfreudig und von rascher Auffassungsgabe. Ein Mensch, mit dem man arbeiten konnte. Ich lächelte der Frau des Hauses zu. Sie winkte mich zu sich heran.

„Gäbe es noch andere Möglichkeiten?"

„Nur das Fliegennetz", flüsterte ich konspirativ.

Ein befreiendes Lächeln huschte über ihre Lippen. Hoffnung schöpfend sprach sie in den Hörer.

„Er sagt, eine Alternative wäre das Fliegennetz. Ja, ich denke schon, Moment mal, ich frage ihn."

Da ich ihre nächste Frage bereits ahnte, ihr Blick war zu eindeutig, rief ich ihr spontan zu:

„Kann man getrost auch gegen Wespen einsetzen."

Mit einem bescheidenen, aber durchaus warmen Lächeln quittierte sie meine intuitive Antwort.

„Hast du gehört?", wollte sie von ihrem Gesprächspartner wissen, „gut, dann machen wir es so."

Der nun folgende Konversation konnte ich bedauernswerterweise nicht folgen. Sie sprach sehr leise und entzog sich dadurch meinem Lauschangriff. Dann sagte sie, endlich wieder lauter sprechend:

„Gut, dann machen wir das so."

Ihr Gesicht hellte sich allmählich wieder auf. Wenngleich erschöpft, so presste sie den Hörer dennoch liebevoll, geradezu zärtlich an ihr Ohr, nickte ab und an und lauschte ansonsten den Ausführungen ihres Lebensgefährten und Seelentrösters. Dann aber, wahrscheinlich war sie vor eine unüberwindbare Entscheidung gestellt worden, zeigten sich erste hysterische Anzeichen.

„Dann müsste ich ja noch einmal raus", brach es stockend aus ihr heraus, „ich war heute doch schon draußen. Wie, macht nichts? Ich bitte dich! Nein, es ist nicht zu anstrengend für mich, aber schließlich ist es auch deine Tochter."

Sie ereiferte sich immer mehr.

„Ja, meine ich, außerdem weiß ich nicht, in welchem Geschäft ich welches Fliegengitter kaufen soll? Ja, glaube ich, du hast da mehr Sachverstand als ich. Ich würde mich da total überfordert fühlen."

Die arme Frau! Wie konnte der Mann, Vater eines gemeinsamen Kindes, nur von ihr verlangen, dass sie alleine in einem riesigen Baumarkt stehend, eine so schwerwiegende Entscheidung treffen sollte. Gut, in Bezug auf Fliegengitter gab es nicht die riesige Auswahl, es sei denn, man würde in eine solche Entscheidung noch sämtliche Drahtzäune und Obstnetze miteinbeziehen, die man ja auch irgendwie zu den Fliegengittern zählen könnte. Weitläufig, aber immerhin.

„Gut, dann gehst du also gleich nach der Arbeit hin und besorgst so ein Ding."

Sie lächelte erleichtert.

„Ja, da bin ich sehr erleichtert. Nein, aber ich habe heute schon sehr viele Entscheidungen treffen müssen, da kannst du mir jetzt mal ruhig helfen. Bis gleich!"

Sprach's und legte auf. Geduldig wartete ich nun auf ihr Erscheinen, es sollte noch eine Weile dauern. Ich spähte um die Ecke und entdeckte eine vollkommen ermattete Frau Maachste-Wacker. Ihr Atem ging heftig.

„Hallo", flötete ich, „liebe Frau Maachste-Wacker, was machen wir nun?"

Schlagartig kehrte sie aus ihrer Gedankenwelt zurück in die wirkliche Welt.

„Was? Wie?"

Wenig überrascht setzte ich zur Erläuterung meiner Frage an.

„Ich meine, wie haben Sie sich nun entschieden? Soll ich nun bekämpfen, oder nicht?"

„Ach so", seufzte sie befreit, „nein, wir behalten die Wespen. Wir machen das mit einem Fliegengitter."

Ich war erleichtert und fieberte meinem Abgang entgegen. Gerade wollte ich Abschied von ihr nehmen, da entdeckte ich eine weitere Frage in ihren Augen. Ich hielt einen Augenblick lang inne und ermunterte sie, mir doch ihre Frage zu stellen. Mit einem schlichten „Ja, bitte!", forderte ich sie höflich dazu auf.

„Was", platzte es heftig aus ihr heraus, „kann denn da noch auf uns zukommen, wenn wir das Nest dort lassen?"

„Nun ja", antworte ich betont ruhig, „Sie könnten sich durchbeißen und so in das Zimmer und schließlich in die ganze Wohnung gelangen. Kommt gelegentlich vor."

Sie erschrak. Ich setzte zum Trost an.

„Ich sagte, kann passieren. Muss aber nicht."

Sie schluckte.

„Sehen Sie", sie folgte meinem ausgestreckten Zeigefinger bis zur Zimmerdecke hinauf, „dort an der Zimmerdecke würden Sie einen Fleck sehen, vorher aber würden Sie die Wespen hören. Dann bleiben Ihnen noch rund zwei Tage, vielleicht auch drei Tage."

Sie nickte verständnisvoll.

„Sollte es also so kommen, haben Sie noch ausreichend Zeit, uns anzurufen. Ich käme dann und würde Sie retten."

Sie lächelte zurückhaltend.

„Dann gehe ich jetzt mal."

Ich wartete auf einen Einspruch, dieser blieb jedoch aus.

„Auf Wiedersehen!", ich reichte ihr die Hand, verabschiedete mich artig und verließ die Wohnung.

Als ich wieder in meinem Wagen saß, betrachtet ich eine Weile und recht gedankenverloren den blauen Septemberhimmel über mir. Nun war ich es, der tief ein- und ausatmete. Frau Maachste-Wacker hatte mich geschafft. Obgleich sie nicht die einzige Klientin war, die sich derartig zögerlich gebärdete. In der letzten Zeit, eigentlich in den letzten Jahren, hatte die Zahl solcher Kunden zugenommen. Diese Kunden waren einfach zu beschreiben. Sie hatten ein Problem, wollten es gelöst haben, scheuten jedoch die Auseinandersetzung mit dem Lösungsweg. Menschen wie Frau Maachste-Wacker wollten Sicherheit, eine Garantie, beschrieben aber selbst einen weiten Bogen um die jeweiligen Konsequenzen, die sich aus ihrem Wunsch zwangsläufig ergeben mussten. Solche Menschen wollen in die Pflicht nehmen, drücken sich selbst jedoch davor, Verantwortung zu übernehmen.

Einige Tage später, ich war gerade auf dem Weg nach Düsseldorf, erreichte mich der verzweifelte Anruf unserer Mitarbeiterin.

„Hallo, Herr Lieving", leitete sie ihr Hilfegesuch ein, „da hat mich eine Frau Maachste-Wacker angerufen."

„Was hat sie denn?"

„Sie sagt, Sie seien vor einigen Tagen bei ihr gewesen, wegen eines Wespennestes."

„Die Beweise sind erdrückend", lachte ich, „ich gestehe!"

Der Tonfall in Frau Esches Stimme deutete auf ein Problem hin.

„Sie wollten das Nest aber nicht beseitigen."

„Bitte? Was?"

„Hat sie gesagt", presste eine ansonsten nicht sprachlose Frau Esche hervor, „Sie hätten sich geweigert, das Nest und die Wespen zu beseitigen."

„Hat sie das so gesagt?"

Angesichts meiner Geduld mit dieser Frau, war ich nun doch einigermaßen sauer über ihre Äußerungen.

„Hat sie genau so gesagt", bestätigte Frau Esche.

„Die falsche Schlange!", entfuhr es mir, „was bildet die sich ein?"

„Sie möchte, dass Sie das Nest nun wegmachen."

„Ach!"

„Ja, weil – sie hört die Wespen jetzt in ihrem Schlafzimmer."

„Gut", mein Gemüt beruhigte sich langsam, „ist ja kein Problem. Rufen Sie die Frau noch mal an und sagen Sie ihr, sie möchte vorher ihre Hausverwaltung anrufen, damit die uns einen neuen Auftrag schicken."

„Ist gut", sagte Frau Esche erleichtert.

Fast eine Stunde später erreichte mich erneut ein Anruf in meinem Wagen. Wieder war es unsere Mitarbeiterin.

„Esche hier", sie machte eine Pause, „die Frau von der Hausverwaltung hat sich gemeldet."

„Dann hat sie uns den neuen Auftrag erteilt?"

„Schon", Frau Esches hatte etwas von ihrer resoluten Art verloren.

Irgendetwas bedrückte sie, ihre Stimme klang seltsam gequält.

„Haben Sie sonst noch etwas?"

„Die Frau mit den Wespen hat sich wohl bei ihrer Hausverwaltung über Sie beschwert und sich dahingehend geäußert, dass es wohl eine Unverschämtheit sei, für eine nicht erfolgte Bekämpfung ihrer Wespen auch noch Geld zu nehmen."

„Was hat die Hausverwaltung gesagt?"

„Die war zwar verwundert", antwortete unsere Mitarbeiterin, „aber irgendwie nicht sonderlich überrascht. Anscheinend ist die Dame dort schon wegen ihrer Entschlussfreudigkeit gegenüber Dienstleistern bekannt. Die Frau von der Hausverwaltung meinte, Frau Maachste-Wacker sei dafür bekannt, für Verwirrung und Unannehmlichkeiten zu sorgen."

Ich grinste still vor mich hin. Ich stellte mir vor, wie lange es wohl allein gedauert haben mochte, bis Frau Maachste-Wacker den Mietvertrag unterzeichnet hatte. Nicht auszudenken, wie viele Wochen sie für Umfragen, Diskussionen und Ähnliches gebraucht haben mochte. Dagegen war die Entscheidung für oder gegen ein Wespennest ein geradezu harmloses Unterfangen.

„Da hat die Mieterin natürlich auch recht", meinte ich vergnügt, „ich hätte bei ihr eigentlich auch auf Krankenschein abrechnen müssen. Bedauerlich nur, mein Budget ist für dieses Quartal erschöpft. Zu viele Patienten die letzten Tage."

„Fahren Sie denn trotzdem hin?", fragte Frau Esche zaghaft.

„Na klar", rief ich fröhlich in den Hörer, „so eine einmalige Frau möchte ich mir um nichts in der Welt entgehen lassen. Sagen Sie ihr, ich werde so gegen 17 Uhr bei ihr sein!"

„Wollen Sie wirklich noch so spät zu ihr?"

Seltsam, Frau Esche machte sich doch tatsächlich Sorgen um meinen Feierabend. Ein weiteres Highlight an diesem Tag.

„Tja", erklärte ich ihr, „muss ich wohl. Wissen Sie, Frau Maachste-Wacker ist ja derart mit Kursen und Selbsterfahrungsgruppen beschäftigt, dass sie einfach nicht früher kann. Ich bin mir natürlich sicher, dass es auch heute nicht zu einer Entscheidung kommen wird. Trotzdem möchte ich mir diese Begegnung nicht entgehen lassen."

„So", raunte unsere Mitarbeiterin.

Ich spürte ihren Zweifel an dem Wahrheitsgehalt meiner Aussage und fügte erklärend hinzu.

„Die Frau ist eine einzige Erfahrung."

„Muss ich Sie jetzt verstehen?"

„Nein, Frau Esche, um meine Freude zu verstehen, müssten Sie die Frau kennengelernt haben."

Punkt fünf Uhr parkte ich meinen Wagen vor dem Haus von Frau Maachste Wacker. Ich war gespannt, ob sie meine Freude über unser Wiedersehen teilen würde. Wieder ließ ich meine Wespensachen im Auto, warum hätte ich sie auch mitnehmen sollen? Ich schlenderte gelassen auf die Haustüre zu und drückte in gewohnter Manier auf den Klingelknopf – einmal, zweimal, dreimal. Nach einer relativ kurzen Weile vernahm ich ein Summen, der Türöffner war gedrückt worden und die Haustüre ließ sich öffnen. Leichtfüßig betrat ich den Hausflur und eilte die Treppen hinauf. Ich flog geradezu die zwei Etagen empor, bis ich endlich vor ihrer Wohnungstüre stand. Und, kaum angekommen, öffnete eine vollkommen entspannte Frau Maachste-Wacker die Pforte.

„Grüße Sie!", trällerte ich unbeschwert.

„Hallo, Herr Lieving, kommen Sie doch bitte herein."

Einen Wimperschlag lang wusste ich nicht recht, wie mir geschah. Diese Frau war mir unheimlich. Umgehend machte sie den Weg frei, ohne meine Schuhe auch nur eines Blickes zu würdigen. Irgendwie war mir die Sache mit ihrem Stimmungsumschwung nicht geheuer. Vielleicht stand aber auch nur ihre Zwillingsschwester vor mir. Wenn sich die Dinge auch weiterhin so normal gestalteten, würde ich wohl doch meine Wespensachen holen müssen.

„Wie sieht es denn mit den Wespen aus?"

Entrückt schaute sie mich an, spitzte ihre Lippen und flüsterte:

„Ich kann sie hören. So wie Sie es vorausgesagt haben!"

„Aha!"

Daher wehte also der Wind. Ich hatte eine Prophezeiung gemacht und sie war in Erfüllung gegangen. Nun war ich vom Kammerjäger zum Guru mutiert.

„Ja", hauchte sie, „ich höre sie in der Nacht, wenn ich im Bett liege."

„Sie hören die Wespen also im Schlafzimmer?", folgerte ich messerscharf.

Sie nickte bestätigend. Unvermittelt, kein weiteres Wort sagend, lief sie von dannen, stürmte den Wohnungsflur entlang und blieb abrupt vor einer verschlossenen Türe stehen. Sie drehte sich um, überzeugte sich kurz, dass ich auch in ihrer Nähe war, dann drückte sie die Klinke runter und schob die Türe vorsichtig auf. Da sie den Raum nicht betrat, schob ich mich an ihr vorbei und warf einen Blick hinein. Ein Bett, ein Schrank, ein Regal, ein ökologisch korrekter Teppich, noch ein Regal und ein Schreibtisch. Das Bett war nicht gemacht, Bettzeug und Nachtwäsche lagen ungeordnet herum, der Teppich warf Wellen. Unter der Zimmerdecke hing, nicht ganz mittig, eine bunte Lampe. Mit ihrem farbenfrohen, mit bekannten Zeichentrickfiguren beklebten Lampenschirm hätte sie eher in das Kinderzimmer gepasst, zumal sie zu der ansonsten recht faden Einrichtung so gar nicht passen wollte. Frau Maachste-Wacker zwängte sich an mir vorbei, durchschritt das Zimmer und blieb schließlich vor dem Fenster stehen. Mit ihren Augen und ausgestrecktem rechten Arm deutete sie zu der Dachschräge hin.

„Da oben in der Ecke höre ich sie. Natürlich nicht jetzt, sondern nur in der Nacht."

Der Unterton in ihrer Stimme ließ keinen Zweifel an ihrer Aussage zu. Einzig ihr Blick verriet ihre mir schon bekannte Unsicherheit.

„Da in der Ecke", ergänzte sie ihre Schilderung, „ganz leise zwar, aber ich kann es hören. Summ, summ, summ – knabber, knabber. Es ist, wie Sie es beschrieben haben."

„Gut, dann will ich mal schauen, ob ich die Wespen auch hören kann."

Ich zog mein Stethoskop aus der Jackentasche, drückte die Hörmembran auf die entsprechende Stelle der Schräge, steckte mir das andere Ende in die Ohren und lauschte angestrengt in die Tiefe und Stille des Dachs. Irgendwo in der Nachbarschaft rief eine Mutter nach ihrem Kind, ein Auto fuhr lautstark in die kleine Siedlung ein und ein Hund meldete sich bellend zu Wort. Einzig die Wespen schwiegen.

„Ich kann nichts hören", berichtete ich nach einer Weile.

„Die schlafen bestimmt", meinte sie entschuldigend.

„Wespen schlafen nicht", erklärte ich beiläufig, „sollten sie es aber dennoch tun, dann bestimmt nicht, solange die Sonne scheint. Tagsüber ist ihre Aktivitätsphase am größten. Wenn ich sie überhaupt hören könnte, dann jetzt."

„Aber", protestierte sie zaghaft, „ich kann sie hören!"

„Glaube ich Ihnen doch", besänftigte ich sie, „es ist nur so, dass ich die Tiere zur Zeit nicht hören kann."

Frau Maachste-Wacker warf alle therapeutischen Ansätze beiseite und kehrte zu ihrem normalen Verhalten zurück. Ich indessen trat ans Fenster, öffnete es und schaute hinaus. Der Einflug der Wespen erstreckte sich nunmehr über die gesamte Länge zwischen Kinderzimmer- und Schlafzimmerfenster, fast anderthalb Meter. Das eigentliche Nest lag irgendwo zwischen der Dachrinne und der ersten und zweiten Pfannenreihe. Bestimmt aber lag es nicht in der Dachschräge, dort wo sie es mir gezeigt hatte. Ich schloss das Fenster wieder, presste erneut die Membran meines Stethoskops auf die Wand. Langsam bewegte ich den Membrankopf auf der Wandschräge hin und her. Hören konnte ich jedoch nichts, zumindest keine Wespen. Schon wollte ich das Hörgerät aus der Hand legen, da konnte ich in der untersten Ecke der Wand, also fast schon in Richtung Dachrinne, ein schwaches Summen vernehmen. Ich drehte den Lautstärkeregler höher. Das Geräusch wurde lauter und deutlicher. Kein Zweifel, es handelte sich um Wespen, sehr viele Wespen. Das Nest musste mittlerweile von einigen hundert auf einige tausend Tieren angewachsen sein. Allerdings, das Nest lag nicht dort, wo es Frau Maachste-Wacker vermutet hatte. Das Nest lag rund einen Meter tiefer im Dach. Da ich den Nesteinflug von außen nicht erreichen konnte, musste ich es wohl vom Schlafzimmer aus versuchen. Ein Routineeingriff, kleines Besteck. Ich schaute zu meiner Klientin hinüber, lächelte aufmunternd und flüsterte mit geheimnisvoller Stimme:

„Ich kann sie hören. Da unten in der Ecke."

„Aha", meinte sie anerkennend, „und können Sie es beseitigen?"

„Klar. Ich bohre ein, zwei Löcher in die Schräge, stecke eine Kanüle hindurch, leite dann das Nervengift ein und zack – nach einigen Minuten sind die Tiere allesamt tot."

„Alle?"

Ich schüttelte den Kopf.

„Nein, natürlich nicht. Nur die, die sich zum Zeitpunkt des Angriffes im Nest befinden. Einige werden dann zwar noch flüchten können, zum Beispiel in die Zwischendecke des Schlafzimmers, aber auch die werden irgendwann einmal sterben. Alles nur eine Frage der Zeit."

Ihrem Blick nach hatten meine erklärenden Worte ihre Wirkung nicht verfehlt. Ihr vortherapeutischer Zustand war wiederhergestellt. Ihre nun aufkeimende, geradezu körperlich greifbare Unentschlossenheit forderten geradezu eine, wenn nicht die entscheidende Frage:

„Und? Was machen wir?"

„Ach", seufzte sie, „ich weiß nicht, eigentlich habe ich ja nur die Befürchtung, die Wespen könnten durch die Zimmerdecke kommen, könnten sich durchbeißen. Verstehen Sie mich?"

„Ja, ich verstehe!"

Nun war es wieder so weit. Frau Maachste-Wacker tauchte erneut in die Welt der Zweifel und Bedenken ein. Innerlich stellte ich mich auf eine weitere und am Ende ergebnislose Diskussion ein. Derweil also mein ach so entscheidungsfreudiges Gegenüber mit der Abwägung aller Gründe und Folgen des Eingriffs beschäftigt war, nutzte ich diese Zwangspause, um mir die diversen in den Regalen befindlichen Bücher und deren Titel anzuschauen. Und, obwohl ich es bis zu diesem Zeitpunkt noch nicht hundertprozentig wusste, die Auswahl der Bücher und deren thematische Gewichtung ließen kaum noch einen Zweifel zu. Frau Maachste-Wacker hatte studiert! Möglicherweise, bestimmt sogar, Pädagogik. Um meinem Verdacht weitere Bausteine hinzufügen zu können, las ich nun einige der Buchtitel aufmerksam. Die Einbände verrieten mir, dass es sich hier nicht um Bücher handelte, die für Laien geschrieben worden waren, sondern um den akademischen Nachwuchs zu schulen. Frau Maachste-Wacker hatte Psychologie studiert. Wahrscheinlich Psychologin, vielleicht auch Therapeutin? Nun gut. Ich schloss meine Ermittlungen ab und nutzte die kurze Pause, die Frau Maachste-Wacker eingelegt hatte, um ihr das Ergebnis meiner Recherche mitzuteilen.

„Sie haben Psychologie studiert?"

Ihre Augen weiteten sich schlagartig.

„Woher wissen Sie das?"

„Nun, auch ein Kammerjäger kann lesen. Überdies, es gibt da so eine gewisse Klientel innerhalb unseres Kundenstammes, die Gattung der Akademiker. Besondere Arten sind Lehrer, Pädagogen, aber auch Psychologen. Sie zeichnen sich dadurch aus, dass sie nicht besonders entscheidungsfreudig sind und selten anderen Menschen vertrauen, insbesondere dann, wenn diese nicht studiert haben."

Ihr Erstaunen war grenzenlos. Sie schien aufrichtig beeindruckt. Warum nur entzogen sich einige Akademiker hartnäckig jedem Versuch, sich nach Beendigung ihres Studiums auch weiterhin mit den relevanten und durchaus neuen Erkenntnissen des Lebens zu beschäftigen? Warum zogen sie es vor, ihr einmal erlerntes Wissen zu einer Trutzburg auszubauen und gegen jeden äußeren Einfluss zu verteidigen? Problematisch nur: Sie glaubten fest an die Richtigkeit und Beständigkeit dieser Festung. Das galt und gilt natürlich auch für Vertreter anderer Berufsgruppen und Gesellschaftsschichten, alleine, sie gehen nicht derart damit hausieren.

„Und nun denken Sie", holte mich Frau Maachste-Wacker zurück aus meinen Gedanken, „ich könnte mich deshalb nicht entscheiden?"

„Richtig", entgegnete ich ihr knapp, „sehen Sie, schon bei meinem letzten Besuch drehte es sich um dieselben Fragen. Sie haben ein Wespennest, wollen es aber nicht haben, weil Sie hierin eine Gefährdung sehen, die Sie zwar nicht konkret beschreiben können, die Ihnen jedoch irgendwie Angst und Sorge bereitet. Der Gedanke aber, die Tiere abtöten zu lassen, behagt ihnen auch nicht. Sie möchten die Tiere nicht haben und die Konsequenzen ihres Wunsches bereiten Ihnen großes Unbehagen. Und die Abwägung aller Möglichkeiten und Zweifel führt bei Ihnen zu keinem Ergebnis."

„Es ist aber auch eine schwierige Entscheidung", sagte sie trotzig.

„Ist es nicht. Im Laufe des Sommers treffe ich auf viele Menschen, die eine Entscheidung über Leben und Tod anderer Lebewesen zu ihren eigenen Gunsten treffen müssen. Da sind Sie nicht alleine. Doch andere Menschen treffen diese Entscheidungen."

„Ja aber", warf sie ein, „wie soll ich mich denn nur entscheiden, wenn ich die Konsequenzen gar nicht abschätzen kann. Ich meine, da sind die Wespen, die könnten durchbrechen oder auch nicht. Und dann ist da das Abtöten, danach sind die Tiere für kurze Zeit sauer, oder auch nicht. Und da ist das Gift, es kann hier in den Raum gelangen oder auch nicht. Wie soll ich mich da nur entscheiden können?"

Sie setzte sich auf das Bett und starrte zur Decke empor.

„Warum können Sie denn diese Entscheidung nicht für mich treffen?"

„Kann ich nicht", antwortete ich ihr mit fester Stimme, „denn, es handelt sich um Ihre Wespen, Ihre Wohnung und Ihre Zweifel. Sie haben ein Problem mit den Wespen und der notwenigen Entscheidung. Aber, Sie müssen entscheiden! Sie ganz alleine, denn Sie müssen mit den möglichen Folgen der Abtötung leben, Sie müssen aber auch mit den Folgen einer nicht durchgeführten Abtötung leben. Ich kann hier nicht über Ihren Kopf hinweg entscheiden. Denn täte ich dies, würden Ihre Zweifel und Ihre Unsicherheit zunehmen, nicht beseitigt werden. Und dies möchte ich nicht."

Sie sank noch tiefer in sich zusammen.

„Wie lange kann es denn dauern, bis die Wespen durchgebrochen sind?"

„Die Frage ist, ob die Wespen überhaupt durchbrechen. Sollten sie dies jedoch tun, so erkennen Sie dies an der zunehmenden Geräuschkulisse und einem oder mehreren dunklen Flecken auf der Tapete."

„Stimmt, hatten Sie ja gesagt. Ich erinnere ich mich."

Mit einem Ruck stand sie auf, kam auf mich zu und starrte gebannt auf die Dachschräge.

„Und wie viel Zeit bleibt mir dann noch?"

„Kann ich nicht sagen. Vielleicht ein Tag, vielleicht auch ein Monat. Es hängt alleine von den Wespen ab."

„Wie schnell könnten Sie dann hier sein?"

„Bei einem Durchbruch? Innerhalb eines Tages."

Zum ersten Male in unserer ungewöhnlichen Beziehung schaute sie mir in die Augen.

„Ich weiß nicht, was ich tun soll?"

Ihre Lage war verzweifelt. Ich empfand Mitleid mit ihr. Irgendwie hatte sie von der Gefährlichkeit der Wespen gehört. Nun hatte sie Angst um die Gesundheit und das Wohlbefinden ihrer Lieben. Auf der anderen Seite wusste sie nicht, ob ihre Einschätzung der Gefahr realistisch genug war, um einen solch endgültigen Schritt zu wagen. So gerne ich ihr in ihrer Situation geholfen hätte: Aber solche Menschen waren gefährlich. Sie erfuhren im Anschluss an die Bekämpfung Beschwerden, die ansonsten niemand bekam. Aus diesem Grunde musste sie die Entscheidung alleine treffen, sie musste für die Folgen einstehen.

„Frau Maachste-Wacker, es ist doch ganz einfach. Sie gehen noch mal in sich, warten noch ein paar Tage ab, achten auf die von mir beschriebenen Anzeichen und melden sich, wenn Sie sich ganz sicher sind, was Sie wollen. Ist das ein Angebot?"

Ein leises Lächeln huschte über ihr Gesicht.

„Wird wohl die beste Lösung sein."

„Bestimmt", pflichtete ich ihr bei, „und wer weiß, vielleicht stirbt das Nest ja auf natürlichem Wege, bevor es für Sie zu einer Bedrohung wird."

Ihre Augen leuchteten.

„Und das kann wirklich geschehen?"

„Sicher. So ein Nest lebt ja nicht ewig."

„Gut, dann verbleiben wir so", sagte sie fest entschlossen, „ich bin froh, dass wir heute dieses Ergebnis erzielen konnten."

„Gewiss."

Damit war die Therapiestunde beendet. Ich verabschiedete mich, verließ Frau und Haus und freute mich auf meinen Feierabend.

Zwei Wochen später, ich war eher zufällig im Büro, läutete das Telefon. Unsere Mitarbeiterin nahm den Hörer ab und begann wie üblich das Gespräch. Nach einigen Augenblicken schaute sie immer öfter zu mir hinüber.

„Ja", hörte ich Frau Esche sagen, „Sie hören die Wespen jetzt rund 90 Prozent des Tages."

Ich saß regungslos auf meinem Stuhl und nickte Frau Esche aufmunternd zu. Sie sollte das Gespräch alleine führen. Sie schien meinen Gedanken zu erraten und quittierte es mit einem gequälten Lächeln. Auch wenn Frau Esche es ahnte, ich wusste es besser, dieses Gespräch würde sich endlos hinziehen, letztlich jedoch zu keinem Ergebnis führen. Am Ende würde Frau Maachste-Wacker sich bei Frau Esche bedanken, würde ihre Wespen weiterhin behalten und sich einige Wochen später wieder bei uns melden. Blieb nur zu hoffen, dass wenigstens die Wespen bald ein Einsehen haben und sich auf ihr natürliches Ende besinnen würden. Anderenfalls sollten wir doch ernsthaft darüber nachdenken, ob wir nicht bei der Kassenärztlichen Vereinigung um eine Zulassung für eine therapeutische Praxis nachsuchen sollten.

Wo Tradition das Handeln bestimmt

Bäckermeister Stompf hatte ein Problem. Sein Betrieb war geschlossen worden. Ausgerechnet sein Geschäft. Es lag günstig. Die Fußgängerzone von Königswinter führte direkt an seiner Bäckerei mit dem angeschlossenen Geschäft vorbei. Tagein, tagaus wurden seine Backwaren von den zahlreichen Touristen und einigen Einheimischen über die Ladentheke hinweg gekauft. Sein eigenwilliger Charme und seine durchaus beachtlichen Backkünste hatten ihm überdies Lieferverträge mit diversen Hotels und Restaurationen eingebracht. Unterm Strich sollte er eigentlich ein glückliches und zufriedenes Leben führen. Und so hatte er es auch all die Jahre über gehalten. Vor einigen Tagen jedoch tat sich in seiner heilen Welt ein gewaltiger Riss auf, der ihn und sein Bild von der Welt zu verschlingen drohte.

Eine junge Frau war in Begleitung ihrer Tochter in sein Geschäft eingekehrt. Und, was ihn unter normalen Umständen wenig gekümmert hätte, sie war eine von außerhalb, eine Touristin. Eine, die ja nur durch Zufall – also weil es ihr gerade vor seiner Bäckerei in den Sinn gekommen war, sich ein Brot zu kaufen – plötzlich in seinem Geschäft gestanden hatte. Bäckermeister Stompf seufzte, während er den Brief mit dem amtlichen Briefkopf betrachtete. Eigentlich, so überlegte er, hatte das Erscheinen der Frau ja nicht direkt zu jenem Scherbenhaufen geführt, vor dem er nun saß. Eigentlich war es ja das Kind an ihrer Seite gewesen, welches mit kindlicher Zielsicherheit den Meister von seinem Thron gestürzt hatte. Es, dieses kleine Balg, hatte ihn ins Unglück gestürzt. Bäckermeister Stompf saß einsam und ebenso verlassen in der großen Wohnküche, die den Verkaufsraum von der Backstube trennte und starrte auf die blanke Tischplatte vor sich. Das Schreiben lag vor ihm, auf Augenhöhe. Niedergeschlagen und bitter von der Gerechtigkeit enttäuscht, versenkte er sein Haupt zwischen seinen gekreuzten Armen. Eine derartige Ungerechtigkeit und Niederträchtigkeit hätte es zur Zeit seiner eigenen Kindheit gewiss nicht gegeben. Die Mutter hätte ihr Brot dankend in Empfang genommen, hätte das nach einem Mürbchen quengelnde Kind ignoriert, oder strengstens ermahnt. Aber in der heutigen Zeit? Er schnalzte abschätzig, heute schien ja alles möglich. Die Bilder der Mutter und des nervigen Balgs kehrten zurück.

Zunächst hatte die Mutter, wenn auch nicht sehr nachdrücklich, den Wunsch ihrer Tochter unter dem Hinweis auf das nahende Mittagessen abgelehnt. Der Meister atmete tief durch, hob leicht seinen Kopf und schlug hart auf die Tischplatte.

„Hätte sich die dumme Pute doch gegen ihr Balg durchgesetzt!", rief er in die Stille der Küche hinein.

Zu seiner Zeit hätte er die Worte seiner Mutter beherzigt, hätte den Mund gehalten und nicht weiter gedrängelt. Wieder schüttelte er sein müdes Haupt. Uneinsichtig, weil vollkommen verzogen, hatte das Balg auf seiner unverschämten Forderung beharrt. Und anstatt dem Kind eine zu knallen, hatte die Mutter versucht, ihre Tochter von der Richtigkeit ihrer Bedenken zu überzeugen. Ein erwachsener Mensch versuchte, mit einem vielleicht fünfjährigen Kind zu diskutieren! Meister Stompf konnte es nicht fassen. Mit einem Kind diskutierte man nicht, man bedeutete ihm, wo es lang ging. Er würde noch nicht einmal mit seinen Angestellten diskutieren, oder gar mit seiner Frau. Er vergrub sein von Mehlstaub ergrautes Haupt tief zwischen seinen großen Händen. Eine Woche war es nun her, doch noch immer konnte er sich an jede Kleinigkeit des Vorfalls erinnern.

„Aber Lena-Charlotte, die Mami hat dir doch gesagt, gleich werden wir eine Kleinigkeit essen. Und die Mami möchte nicht, dass du vorher etwas isst, weil Du doch sonst keinen Hunger mehr hast."

Doch die so Belehrte zeigte sich vollkommen ungerührt von den Worten der Mutter. Wütend stampfte sie mit den Füßen auf den Boden herum und schrie immer wieder:

„Ich will aber ein Mürbchen!"

Die Mutter drehte sich peinlich berührt zu den anderen Kunden herum, hob unschlüssig die Schultern und wandte sich dann wieder ihrer schreienden Tochter zu.

„Aber Lena-Charlotte, Liebes, die Mami und die anderen Menschen hier finden dein Verhalten gar nicht gut."

„Ich will aber! Ich will! Ich will! Ich will!"

„Nein. Schon gar nicht, wenn du die Mami so unter emotionalen Druck setzt!"

Die anderen Kunden verdrehten die Augen, einige steckten ihre Köpfe verlegen in die Auslagen eines großen und für den sonntäglichen Familienfrieden äußerst segensreichen Kaffeerösters. Lena-Charlotte hatte sich indes auf den Boden geworfen.

„Stell dich bitte wieder hin, der Boden ist zu kalt und schmutzig."

Die junge Verkäuferin hinter der Ladentheke lächelte gequält, während die Mutter versuchte, ihres strampelnden und zappelnden Kindes habhaft zu werden. Endlich hatte sie Lena-Charlottes Arm gefasst und zog sie ungeschickt zu sich heran. Wütend ließ sich die Tochter einfach hängen.

„Lena-Charlotte, die Mami wird dich so nicht mehr lange halten können. Stell dich bitte wieder hin. Gleich wird die Mami aber ganz böse!"

Ein Raunen erfüllte den Raum und die Hoffnung auf ein baldiges Ende des Disputes machte die Runde.

„Ich will aber ein Mürbchen!", ereifert sich Lena-Charlotte.

„Ich dachte", unternahm die Mutter einen weiteren Versuch, die Tochter milde zu stimmen, „wir hätten diese Frage bereits geklärt und eine Vereinbarung erzielt."

Natürlich wusste Lena-Charlotte von einer solchen Vereinbarung rein gar nichts. Und so fuhr sie mit der lautstarken Bekundung ihres Willens fort.

Der Meister kehrte für einen kurzen Augenblick aus den Tiefen seiner Erinnerung zurück. Stompf raufte sich die staubigen Haare. Noch immer sah er diesen Panz mit weit aufgerissenem Mund, schreiend und strampelnd auf dem Boden herumliegen. Warum hatte er damals nicht reagiert, warum nur war er nicht seinem ersten Impuls gefolgt? Warum nur hatte er nicht einfach ein Mürbchen genommen und es dieser Lena-Charlotte in den Hals geschoben? Das Kind und die umstehenden Kunden wären glücklich gewesen. Und, er grinste still vor sich hin, der Balg hätte mit dem Mürbchen im Mund nicht mehr schreien können. Doch er hatte nicht reagiert. Eine Träne der Verzweiflung rann über seine linke Wange. Er hatte die letzte Gelegenheit zur Abwendung der Katastrophe ungenutzt verstreichen lassen. Er schloss seine Augen und eine weitere Szene des Dramas kehrte zurück.

„Lena-Charlotte", meinte eine nunmehr völlig aufgelöste Mutter, „bitte, hör doch auf!"

Doch anstatt auf ihre Mutter zu hören, war das Kind nun sichtlich damit beschäftigt, die Mutter zu treten. Ungeschickt versuchte diese, den Tritten ihrer Tochter auszuweichen, wobei sie abwechselnd eine ältere Dame hinter sich und die Verkaufstheke neben sich touchierte. War es nun ihre Hilflosigkeit oder feste Überzeugung? Die Mutter setzte zu einem weiteren pädagogisch wertvollen Kniff an, der jedoch an Lena-Charlottes Zorn abprallte.

„Lena-Charlotte, bitte, so nicht!"

Ein beleibter Herr in der hinteren Reihe der stetig wachsenden Schlange von Kunden mischte sich plötzlich in die stockende Diskussion zwischen Mutter und Tochter ein.

„Mein Gott, geben Sie dem Panz doch das Mürbchen!"

„Richtig", stimmte die Frau am Regal des Kaffeerösters dem Vorschlag zu, „dann geht es hier auch endlich weiter und auch wir bekommen unser Brot."

„Wir haben ja nicht den ganzen Tag Zeit!", schimpfte der beleibte Mann, „mir ist es nämlich egal, ob der Panz anschließend noch sein Mittagessen aufisst oder nicht!"

Die Verkäuferin ließ ihre Hand schon langsam in die Richtung der Mürbchen gleiten, während die Mutter hektisch ihren Kopf abwechselnd zwischen den anderen Kunden, der Verkäuferin und Lena-Charlotte drehte. Die Verzweiflung war ihr ins Gesicht geschrieben. Eigentlich hätte sie protestieren wollen, eigentlich hatte sie sich geschworen, keinerlei Einmischung in ihre Erziehung zu dulden. Doch die steigende Anzahl wartender Kunden ließ sie in diesem Punkt einknicken. Und während sie noch schwankte, zückte der beleibte Herr seine Geldbörse und kramte einige Cents heraus, welche er auf der flachen, ausgestreckten Hand balancierte, während er sich zielsicher der Verkaufstheke näherte. Demonstrativ, und um dieser Peinlichkeit ein Ende zu bereiten, legte er das Geld dort auf der Glasabdeckung hin.

„So!", rief er, „wird wohl für das Mürbchen reichen. Geben sie es dem Panz und dann können wir hier weitermachen!"

Zustimmendes Gemurmel war der Lohn seiner energischen Tat. Die junge Verkäuferin lächelte entspannt und die Mutter schien ebenfalls erleichtert. Sie ließ all ihre Vorsätze und Regeln fahren. Die Verkäuferin nahm ein Mürbchen, reichte es Lena-Charlotte, die eigens zu diesem Ereignis aufgestanden war, und nahm das Geld von der Theke. Die Umstehenden atmeten erleichtert auf. Endlich würde es weitergehen. Lena-Charlotte hielt das Mürbchen zwischen ihren kleinen Händen fest und hob es lachend an ihre Lippen. Noch von Tränen benetzt öffnete Lena-Charlotte ihren Mund und schob die Spitze ihres teiggewordenen Lohnes zwischen ihre Zähne und bis herzhaft zu.

Ein kalter Schauder lief dem Bäckermeister den von Gram gebeugten Rücken hinunter und warf ihn unsanft in die Gegenwart zurück.

„Warum nur", fragte er laut, „warum nur musste das Kind gerade dieses Mürbchen bekommen?"

Er warf einen verstohlenen Blick auf den Brief, zog ihn mit ausgestrecktem Finger langsam zu sich heran und überflog die ersten Zeilen unter der Anrede.

„..., wird Ihnen vorgeworfen, ein süßes Brötchen mit einer eingebackenen toten Schabe verkauft zu haben und überdies unverhältnismäßig auf den Vorfall reagiert zu haben."

Er schob den Brief wieder von sich weg. Ärger stieg in ihm auf. Trotz aller Verzweiflung musste er grinsen. Denn kaum hatte Lena-

Charlotte den ersten Bissen getan, da ließ ihre Mutter sämtliche pädagogische Vorsätze fallen und schlug ihrer Tochter das Mürbchen aus der Hand. Mit der anderen Hand hatte sie die Wangen ihrer Lena-Charlotte derart zusammen gedrückt, so dass diese das abgebissene Stück wieder hervorwürgte. Zehn Augenpaare hatten diese Aktion verfolgt.

„Spuck es aus!", hatte die Mutter hysterisch geschrien, „Spuck das Stück wieder aus!"

Stompf ballte seine grobe Hand zur Faust und hob sie drohend in die Luft. Sein Blick wanderte zu dem Verkaufsraum hinüber.

„Und was tut diese dusselige Verkäuferin?", brüllte er zornig, „läuft wie eine Wahnsinnige um die Theke herum und hebt das angebissene Mürbchen und das ausgespuckte Stückchen auf!"

Er sprang auf, stellte sich in den Türrahmen und ließ seinen Kopf erschöpft hängen.

„Und anstatt das Teil im Mülleimer verschwinden zu lassen, gibt das Dusseltier das Mürbchen der Mutter zurück", er lachte grimmig, „und als wäre es noch nicht genug, da hält die dusselige Nuss das abgebissene Stück der Mutter unter die Augen!"

Er schloss seine Augen. Die Bilder kehrten wieder.

Die Mutter nahm das Beweisstück, bohrte ihre Daumen in das weiche Mürbchen und zog die so entstandenen Hälften auseinander. Die anderen Kunden, auch der beleibte Mann, reckten die Hälse. Nun waren sie gespannt, was die Mutter gegen ihre Grundsätze hatte verstoßen lassen.

„Da ist eine Kakerlake drin!", ihre Stimme überschlug sich.

Lähmende Stille breitete sich im Laden aus. Lena-Charlotte

schwankte zwischen Erbrechen und Schreien, entschied sich nach reiflicher Überlegung zunächst für die erste Option, was weder der Theke, noch den darin befindlichen Backwaren zuträglich war. Sehr zum Verdruss des Bäckermeisters. Beim Anblick des kotzendes Kindes und der toten Schabe begann eine Kundin, nun ebenfalls zu würgen, hielt sich schützend die Hand vor den Mund und rannte umgehend aus dem Geschäft. Die Mutter ließ ihr Brot fallen, steckte den weichen, gut duftenden Sarg der Schabe in die Manteltasche und verließ in Begleitung des beleibten Mannes ebenfalls die Bäckerei.

Bäckermeister Stompf kehrte zurück an den Tisch, beugte sich schwer über den Brief und las die letzten Zeilen.

„… und daher werden wir Ihr Geschäft und die Backstube für den Zeitraum von einer Woche schließen. Sämtliche nicht verpackten Lebensmittel sind umgehend zu entsorgen und eine Bekämpfung und Kontrolle auf andere Schädlinge ist sofort einzuleiten."

Er legte seinen Zeigefinger auf das Papier und gab ihm einen Schups. Sanft glitt es über die Tischplatte. Der Brief bäumte sich leicht auf, dann verschwand er über die Tischkante hinweg und fiel zu Boden. Stompfs Blick war leer, doch er wusste, auch er befand sich im freien Fall, auch er würde irgendwann irgendwo aufschlagen wie der Brief, der all das ausgelöst hatte. Er ließ sich auf den Stuhl fallen, streckte die Beine aus und schaute sich in der Küche um. Dann schlug er die Hände vors Gesicht und atmete einige Male tief ein und aus.

„Wenn es in meiner Backstube doch dreckig wäre", maulte er vor sich hin, „dann könnte ich ja die ganze Aufregung verstehen. Aber so?"

Einen Tag später saß ich zusammen mit Bäckermeister Stompf an dem großen Küchentisch. Er hatte mir den Vorfall in allen Einzelheiten geschildert, nicht weil er die Notwendigkeit der Schließung eingesehen hatte, nein, ich sollte verstehen, warum er sich ungerecht behandelt fühlte.

„Wenn es doch schmutzig bei mir wäre", zitierte er sich selbst, „ich kann gar nicht verstehen, warum die Lebensmittelkontrolle so reagiert hat. Ich meine, wegen einer Schabe in einem Mürbchen!"

Er lehnte sich auf seinem Küchenstuhl zurück, führte seine Hände in den Nacken und hielt diesen schützend und fest umschlossen; das Schwert des Damokles schwebte über ihm. Langsam drehte er sich zu mir hin und blickte mich aus seinen müden Augen ernst an.

„Auch wenn ich mich wiederhole: Wissen Sie, wenn es in meinem Betrieb dreckig wäre, dann könnte ich die ganze Aufregung ja verstehen. Aber so. Ich meine, da gibt es doch wohl andere Betriebe, die schmutziger sind und ein größeres Problem mit Ungeziefer haben als ich. Da sollten die Herren Kontrolleure doch bitte mal hin!"

„Also", unterbrach ich ihn zaghaft, „haben Sie in ihrem Betrieb Schaben?"

Er lächelte vielsagend.

„Ach junger Mann, in jeder Backstube findet man Ungeziefer, gehört zum Handwerk und zur Tradition."

Ich hätte ihm widersprechen können, genutzt hätte es aber wenig. Also versuchte ich das Gespräch auf die Schaben und deren Bekämpfung zu lenken.

„Nun ja, ich kann mir vorstellen, dass die Mutter nicht gerade begeistert darüber war, als sie mit ansehen musste, wie ihre Tochter in eine Schabe biss."

„Ach was", meinte er trotzig, „die Frau hat übertrieben und der Lebensmittelkontrolleur auch!"

„Na ja", versuchte ich die Maßnahme der Kontrolleure zu verteidigen, „ich denke mal, es ist schon ein sehr einschneidendes Erlebnis für ein kleines Mädchen, wenn es nach langem Kampf um den Sieg gebracht wird, nur weil in ihrem Mürbchen eine Schabe eingebacken war."

Eine kurze Handbewegung wischte meinen Einwand beiseite.

„Niemand, niemand hat das Kind gezwungen, in das Mürbchen hineinzubeißen. Hätte sich das Balg nicht derart benommen, hätte das Mädchen auf seine Mutter gehört, es wäre nichts passiert. So ist das nämlich. Die Schabe, die da eingebacken war, ist eine Sache, aber das Mürbchen zu essen eine andere!"

„Schön, aber meinen Sie nicht, es hätte auch einen anderen Kunden treffen können? Ich meine, das Mürbchen wäre doch bestimmt an diesem Tage noch verkauft worden."

Er nahm die Hände aus dem Nacken und setzte sich entspannt hin. Mit dem Zeigefinger der rechten Hand malte er betont lässig auf der Tischplatte herum. Er zog die linke Augenbraue hoch.

„Wir verkaufen mehr Brote, Grau-, Roggen- und Schwarzbrot", erklärte er mir, „Teilchen gehen auch noch ganz gut, aber Mürbchen, nein, die gehen hier kaum."

Schön, dachte ich, war also doch eher eine Verkettung unglücklicher Umstände. Ihn traf also keine Schuld. Hätten sich die Mutter und ihre Tochter also an die Gepflogenheiten der Bäckerei gehalten, hätten sie also die gängigen Backwaren erstanden, es wäre nichts geschehen. Hätte die Tochter auf ihr Mürbchen verzichtet, die Schabe hätte auch weiterhin in Frieden ruhen können. Die

Totenruhe war in der Wirklichkeit des Bäckermeisters durch die massive Forderung der Kundin gestört worden. Pech! Denn ob und wann es dieses, oder ein anderes Mürbchen über die Ladentheke geschafft hätte, war unter normalen Umständen nicht abzusehen gewesen. Meister Stompf erhob sich müde, seine Augen lagen tief in ihren Höhlen, dunkle Ringe umrandeten sie.

„Warum nur", murmelte er, „warum musste dieses hysterische Weib dann auch noch zum Ordnungsamt gehen? Ich kann es nicht verstehen."

Leicht wankend kam er mit schweren Schritten auf mich zu. Er blieb erst stehen, als er fast meine Nasenspitze berührte.

„Ihnen kann ich es ja sagen, Sie reagieren ja von Berufs wegen schon ganz anders. Es war doch niemandem etwas passiert. Und es wäre auch niemandem etwas passiert. Die Schabe war ja gebacken, da war nichts mehr dran, was einen krank gemacht hätte."

Er lächelte gezwungen. Seine Augen fixierten mich, suchten nach meiner Zustimmung. Er senkte seine Stimme, versuchte mich in seinen Bann zu ziehen.

„Hätte dann meine dösige Verkäuferin dem Balg nur nicht das Mürbchen wieder zurückgegeben; ich hätte das Ding ja wegge-schmissen und gut wäre es gewesen! Natürlich hätte ich dem Panz ein neues Mürbchen gegeben. Ich denke mal, die Wahrschein-lichkeit, zweimal so 'ne Kakerlake zu finden, wäre recht gering gewesen."

Ich nickte. Irgendwie hörte ich ihm und seiner Argumentation gerne zu. Er stritt nichts ab, er log nicht, er hatte lediglich seine eige-ne, irgendwie traditionelle Sichtweise. Auch wenn sie falsch oder eigentlich auch nur nicht mehr zeitgemäß war.

„Aber was macht diese Mutter?", stöhnte er laut und schaute flehentlich zum Himmel, „Eben noch bekommt sie ihren Mund nicht auf, um ihrer Tochter mal den Marsch zu blasen, und nun schreit sie wie eine Furie herum „Mein armes Kind ist verseucht, mein armes Kind hat in eine Schabe gebissen!". Was natürlich so nicht stimmt. Der schreiende Panz hatte natürlich nicht in die ganze Schabe gebissen, ich hab es ja gesehen. Die Kleine hatte lediglich den Kopf freigelegt. Die hat also im Grunde genommen nur Teig im Mund gehabt. Und der kann ja wohl kaum gesundheitsschädlich sein! Die Schabe war vollkommen unversehrt. Warten Sie mal!"

Er drehte sich um, ging zurück zum Küchentisch und griff nach dem Brief. Geradezu triumphierend hielt er ihn in die Luft.

„Hier! Schwarz auf weiß! Also vom Amt bestätigt. Die konnten eine ganze Schabe in dem Mürbchen feststellen. Und die war so gut erhalten, dass sie sogar sagen konnten, was es für eine Schabe war. Eine deutsche Schabe nämlich!"

Ich war in der Tat beeindruckt.

„Sie wissen aber schon", unternahm ich einen weiteren Versuch, die Reaktion der anderen Menschen außerhalb seiner Bäckerei zu rechtfertigen, „es ist für eine Anzeige nicht ausschlaggebend, ob einer Ihrer Kunden in die Schabe hineingebissen oder sie nur aus ihrem Grab befreit hat."

Er warf den Brief abschätzig zurück auf den Tisch.

„Aber wenn doch nichts passiert ist? Ich meine, wenn der Panz die Schabe aufgegessen hätte, ja dann, aber so? Ich bitte Sie, Sie müssen es doch wissen!"

Ich erkannte die Aussichtslosigkeit meines Versuches und überlegte mir eine andere Möglichkeit, hinter das Geheimnis der eingebackenen Schabe zu kommen.

„Aber Sie haben schon Schaben in Ihrem Betrieb?", fragte ich behutsam.

Er nickte.

„Und Sie möchten auch, dass ich Ihnen bei deren Beseitigung helfe?"

Er lächelte gezwungen, drehte seinen Kopf leicht zu mir herum und holte einmal tief Luft.

„Ach, junger Mann", er schüttelte den Kopf, „wenn Sie wüssten!"

Er ging zu einem großen Wandschrank, öffnete zwei Türen und gestattete mir so den Blick auf eine ganze Batterie von Sprühflaschen. Womit sie gefüllt waren oder gewesen waren, erkannte ich an ihren Etiketten und Aufdrucken. Nervengifte aller Couleur, sogar einige der mittlerweile verbotenen Wirkstoffe. Stompf machte eine ausladende Geste.

„Glauben Sie mir, junger Mann, ich weiß das besser. Sehen Sie, ich habe fast die Hälfte von diesem Zeug in meiner Backstube, dem Umkleideraum, dem Laden und dem Büro meiner Frau versprüht. Doch hat es geholfen?"

Ich hob als Zeichen meiner Ahnungslosigkeit die Schultern. Er warf einen Blick auf den Brief, dann fixierte er mich.

„Nein, hat es nicht."

Schwer enttäuscht ließ er sich auf einen Stuhl sinken.

„Ich sage Ihnen, gegen diese Viecher kann man nichts machen."

„Warum haben Sie sich denn nicht schon früher an eine Fachfirma gewandt, ich meine, Sie hätten sich die ganze Sprüherei sparen können, und das Geld für das Zeug ebenfalls. Wäre überdies auch gesünder für Sie gewesen."

Er lächelte gezwungen. Dann verfinsterte sich seine Miene.

„In unserer Backstube sind wir bis zum heutigen Tage noch immer alleine klar gekommen. Und Ungeziefer gibt es schon seit Tausenden von Jahren in jeder Bäckerei, glauben Sie mir, wenn sich diese Heinis von den Behörden nicht einmischen würden, wären wir alle besser dran."

Er stand auf, lief quer durch die Küche und blieb vor einem alten Regal stehen. Dort fegte er einige Zettel und Papierbögen beiseite und ergriff einen schmuddeligen Ordner. Triumphierend hielt er ihn mir unter die Nase.

„Wissen Sie was das ist?"

Ich zog meinen Kopf leicht zurück, betrachtete den Ordner aufmerksam; er war prall gefüllt mit irgendwelchen Papierbögen, die sich teilweise der Geborgenheit des Ordners entzogen hatten und nunmehr ermattet über dessen Rand hingen. Der gesamte Eindruck war schaurig. Ich wagte eine erste Vermutung.

„Der Ordner gehörte Ihrem Großvater oder Vater?"

Eine Zornesfalte huschte über seine Stirne.

„Unsinn! Dies ist der Ordner, den ich alleine mit Hygieneplänen und ähnlichem Kram füllen musste. Können Sie sich vorstellen, welche Arbeit dahintersteckt?"

Ich konnte nicht.

„Den haben Sie den Kontrolleuren aber nicht vorgelegt?"

„Und ob!"

Er begab sich zurück an den Küchentisch und knallte den Ordner auf die Platte.

„So", grinste er, „genauso habe ich den Ordner vor diesen Menschen auf den Tisch geknallt. Und wissen Sie auch warum?"

Als Rheinländer wusste ich, dass die kleine Pause nicht dazu dienen sollte, mir die Gelegenheit zu einer Antwort zu geben, sie sollte lediglich die Spannung erhöhen. Ich schwieg und lauschte.

„Als die meinen Betrieb durchsucht hatten, meinten die doch tatsächlich, bei mir wäre es dreckig! Bei mir! Und dann sagte so eine junge Schnepfe noch, dass ich ja wohl überhaupt keine Ahnung von Hygiene hätte. Ich! Aber da hatten die sich geschnitten. Ich habe denen den Ordner auf den Tisch geknallt. Hat ganz schön Staub aufgewirbelt."

Was ich mir durchaus vorstellen konnte. Ich wagte eine Frage.

„Und was haben die dann gesagt?"

Er lachte lauthals.

„Die waren natürlich total erstaunt. Hätten Sie mal sehen sollen, wie die geguckt haben. Pah, da ist denen erst einmal nichts mehr zu eingefallen. Doch dann, dann beugte sich doch diese Schnepfe über den Ordner, zog mit spitzen Fingern angewidert eines der Blätter heraus, hielt es hoch und fragte mich, was das wäre? Ich hab einen kurzen Blick darauf geworfen und ihr dann gesagt, dass sie da wohl den Putzplan erwischt hätte. Sie schaute ungläubig ihre Kollegen an und meinte dann, so ein Plan wäre ja wohl ein Witz, aber zumindest würde er so dreckig aussehen wie die ganze Bäckerei."

Ich verkniff mir eine bestätigende Bemerkung. Allerdings witterte ich eine reelle Chance, die Backstube doch noch mit eigenen Augen sehen zu können.

„Solche Vorwürfe, vor allen Dingen in Anbetracht Ihrer umfangreichen Bemühungen, wiegen bestimmt schwer. Aber ich kann mir natürlich nur ein Bild machen, wenn ich den Betrieb einmal sehen darf."

Für einen Moment wirkte er unsicher. Er schien nicht recht zu wissen, was er von meiner Offerte zu halten hatte. Schließlich aber siegte die Überzeugung in ihm, vollkommen zu Unrecht beschuldigt worden zu sein. Er grinste breit und entspannt.

„Na, dann kommen Sie mal!", lud er mich ein und stapfte davon.

Wir verließen die Küche, liefen einen schmalen Flur entlang und gelangten zu einer Türe. Stompf nahm die Klinke in die Hand und drückte sie langsam herunter. Die Türe öffnete sich einen spaltbreit und der Geruch von Abgasen drang an meine Nasenschleimhäute. Ich verzog mein Gesicht. Dann hörte ich das Knattern eines Motors. Stompf zuckte mit den Achseln.

„Ist mein altes Motorrad, habe ich gestern aus dem Schuppen geholt, stand jetzt drei Jahre da. Gestern habe ich sie sauber gemacht und nun muss sie sich einlaufen."

Er öffnete die Türe ganz und hüpfte aufgekratzt in den Hof. Ich blieb in dem Durchgang stehen und folgte erstaunt dem nun folgenden Schauspiel. Einem kleinem Kind gleich näherte sich der Meister dem Krad, schlich darum herum und streichelte liebevoll über Sitzbank und Chromlenker. Während ich näher kam, bemerkte ich, dass der Auspuff des laufenden und qualmenden Krads in Richtung Eingangspforte der Backstube zeigte. Indes drehte Stompf als Zeichen der Vitalität seiner alten Maschine den Gashebel bis zum Anschlag zurück. Der folgende Lärm war ohrenbetäubend und wurde nur noch von den dicken Abgaswolken, die sich in ihrer Mehrheit in die Backstube flüchteten, übertroffen. Stompf lächelte selig.

„Ist das ein Motörchen?"

Ich nickte zustimmend.

„Macht einen ganz schönen Lärm", schrie ich ihm entgegen, „und die Abgasfahne ist auch nicht ganz ohne!"

„Ja, ja! 30 Jahre ist sie jetzt alt. Gute Qualität."

Befremdet schaute ich auf die Fenster der Backstube. Wenn ich mich nicht täuschte, hatte man vor einigen Augenblicken noch ins Innere schauen können, nun aber verwehrten dichte blaue Rauchschwaden die Sicht.

„Steht die Maschine nicht etwas unglücklich dort vor der Türe?"

Stompf drehte sich kurz um, nahm das Gas zurück und schaltete die Maschine schließlich ab.

„Kommen Sie, lassen Sie uns reingehen! Ich geh mal vor."

Drinnen angelangt, öffnete er alle Fenster und wedelte mit einem Pappteller in den Abgasen herum.

„Machen Sie sich mal keine Sorgen", meinte er beruhigend, „der Qualm zieht immer fix raus. Dauert höchstens fünf Minuten."

Er schnupperte ausgiebig.

„Ist das ein Duft, herrlich! Ich liebe diesen Geruch von Benzin und verbranntem Öl. Einfach köstlich", er schaute mich durchdringend an, „eigentlich schade, ihn wieder ziehen zu lassen."

„Aber all die Lebensmittel", ich zeigte auf die allmählich aus dem

Nebel auftauchenden Säcke mit Mehl, Zucker und anderen Backzutaten, „die werden doch alle geräuchert?"

Er machte eine abwehrende Handbewegung.

„Macht der Fleischer auch mit seinen Würsten, da sagt doch auch niemand was!"

„Mit Abgasen?"

„Im Grunde schon."

Nachdem sich der Qualm völlig verzogen hatte, machte ich eine erste Bestandsaufnahme des Raumes. Links neben dem Eingang, direkt unter einem der Fenster, stand ein langer Arbeitstisch. Dieser bestach, genauso wie der Fußboden, durch seine Unordnung und den Schmutz, der an und auf ihm haftete. Dieser Schmutz, Teig-, Lasur- und Fettreste, war eine geradezu symbiotische Verbindung mit seinen jeweiligen Untergründen eingegangen. Säcke mit Mehl und anderen Zutaten standen vor, auf und neben dem Tisch. Am Ende des Tisches harrten zwei große Kupferschüsseln ihrer weiteren Bestimmung; noch waren sie mit den Resten einer rötlichen Konfitüre gefüllt. Ein Handwaschbecken auf der gegenüberliegenden Seite ließ einen gewissen hygienischen Standard erwarten; ein Hoffnungsschimmer. Bei näherem Hinsehen aber wurde rasch deutlich, dass es sich bei diesem Hort der allgemeinen Hygiene mehr um einen Aufbewahrungsort für diverse Reinigungs- und Gebrauchsgegenstände handelte, die sich ihrerseits allerdings einer baldigen Entsorgung als Sondermüll entgegensehnen mochten. Einzig ein keck unter schmutzigen Lappen hervorlugender Wasserhahn erinnerte an die ursprüngliche Bestimmung des Beckens. In der Mitte des Raumes, zwischen Arbeitstisch und Waschbecken, stand eine Teigmaschine. Ihr Zweck offenbarte sich mir nicht direkt, da auch hier zahlreiche Säcke, Lappen, Teigreste und dicke Krusten das typische Äußere einer solchen Maschine verbargen. Beim Anblick dieses Gerätes fühlte ich mich an den Untergang der Titanic erinnert. Ein Drittel des Eisberges war sichtbar, zwei Drittel lagen verborgen unter der Wasseroberfläche. Die Teigmaschine verhielt sich ähnlich; wobei, der Eisberg, der zum Untergang des Schiffes und seines Kapitäns führte, bestach durch seine Reinheit. Ich ließ weitere Gedanken in dieser Richtung fahren. Mein Blick streifte kurz die Decke der Backstube. Die Fruchtkörper des allgegenwärtigen Schwarzschimmels mühten sich nach Kräften, die Staub- und Fettschicht der Deckenverkleidung zu durchdringen. An einigen Stellen waren sie derart erfolgreich gewesen, dass sie die Wand- und Deckenbereiche in einen dunklen, flauschigen Flaum hüllten. Ich war beeindruckt. Ich warf einen Blick auf den Boden, das Grauen setzte sich fort. Schon wollte ich dem Meister einen Vortrag über mangelnde Hygiene halten, da entdeckte ich an der Unterkante des Waschbeckens einige auffällige Fragmente. Ohne den Meister über die Entdeckung meines Fundes in Kenntnis zu setzen, unterzog ich die Überreste eines Insektes einer genaueren Untersuchung. Ich ging in die Hocke, beugte mich leicht vor und blickte unter das Handwaschbecken.

„Gewaltig", meinte ich begeistert, „die sind ja putzmunter, was für ein Anblick."

„Was haben Sie denn da?", tat der Meister ahnungslos.

„Pst!", ermahnte ich ihn, „Sie stören den Familienfrieden."

Ich erhob mich wieder und schaute dem Meister tief in die Augen.

„Haben Sie noch mehr davon? Ich meine, Sie wissen doch bestimmt, wo sich die Biester innerhalb Ihres Betriebes am liebsten aufhalten?"

Meister Stompf zog die Augenbrauen hoch, unruhig wankte er von einem Bein auf das andere.

„Die sind hier überall", bestätigte er meinen Verdacht schließlich, „ich weiß doch auch nicht, was ich noch machen soll?"

„Sie müssen gar nichts mehr machen", gab ich ihm zur Antwort, „wenn Sie uns beauftragen, werde ich dafür sorgen, dass Sie in einigen Wochen keine Schaben mehr in Ihrem Betrieb vorfinden. Vorausgesetzt, Sie sorgen für mehr, für viel mehr Sauberkeit. Können Sie das?"

Er nickte stumm.

„Gut, dann zeigen Sie mir nun den Rest des Betriebes!"

Von diesem Augenblick an schwieg der Bäckermeister. Schweigend verließ er die Backstube und führte mich in den Umkleideraum seiner Mitarbeiter. Dieser Raum, ein schmuddeliges, kleines Loch, lag ein Stockwerk höher, direkt über der Backstube. Als wir durch die Türe traten, schlug mir der Geruch von Schweißfüßen und Schwarzschimmel entgegen. Die sich selbstständig machenden Raufasertapeten bestätigten meinen ersten Eindruck. Dieser Ort war menschenunwürdig. Dennoch hatte Stompf es geschafft, hier seine Mitarbeiter zeitweise unterzubringen. Ich zog einen Einweghandschuh aus meiner Westentasche, stülpte ihn vor den Augen eines erstaunten Bäckermeisters über und begann an einer der herabhängenden Tapeten zu ziehen.

„Und ich dachte schon", scherzte ich, „der Kleister wäre in dem tropischen Klima des Raumes an seine natürlichen Grenzen gestoßen. Dabei waren es die Schaben, die den Kleister verspeist haben."

Über meine Schulter hinweg warf ich Stompf einen flüchtigen Blick zu.

„Ich möchte nicht wissen", fuhr ich fort, „wie oft man einen unschuldigen Anstreicher zur Rechenschaft zieht, obwohl es in Wirklichkeit Schaben waren, die das Werk des Tapezierers zunichte gemacht haben."

Stompf lächelte verhalten. Ich widmete meine Aufmerksamkeit erneut dem Tapetenfetzen zu, zog weiter und legte so eine Großfamilie frei. Mein Eindringen in die Intimsphäre der munteren Insekten wurde mit einer blitzartigen Flucht quittiert.

„Sieht es in Ihrem ganzen Betrieb so aus?"

Der Meister öffnete seinen Mund, war kurz davor, sein Schweigegelübde zu brechen, dann jedoch hielt er inne, kniff die Lippen wieder zusammen und nickte stattdessen. Kurz darauf drehte er sich um und verließ den Raum. Ich warf noch einen letzten Blick auf die unzähligen, wenngleich akut obdachlos gewordenen Schaben und folgte ihm. Er führte mich die Eisentreppe hinunter in den Hof. Dann standen wir wieder in dem kleinen Flur zwischen Küche, Büro und Ladengeschäft. Still räumte er einige mobile Regale beiseite. Zutage trat eine rechteckige, eiserne Bodenluke, die er mittels einer Kurbel hochzog.

„Hier ist der Keller", sagte er knapp und wies mit seiner Hand nach unten.

„Licht?"

Er drückte auf einen Schalter und eine schwache Birne begann mit letzter Kraft die Treppenstufen in ein fahles Licht zu tauchen. Vorsichtig schritt ich die Stufen hinab, Stompf dicht auf den Fersen. Der Keller war feucht, musste einen Vergleich mit einer Tropfsteinhöhle nicht scheuen. Stompf führte mich in einen Raum, der wärmer war als die übrigen und schaltete wiederum das Licht ein. Was ich nun sah, überstieg meine kühnsten Vorstellungen.

Natürlich hatte ich vor diesem Augenblick schon manches gesehen, doch hier, in den Katakomben einer Bäckerei, durfte ich Zeuge einer von Menschen verlassenden und von Insekten eroberten Welt werden. Die Wände und der Boden glichen einem Teppich aus Schaben. Die Tiere waren überall. Durch das blasse Licht der Deckenlampe aufgeschreckt, verließen sie ihre angestammten Nischen und eilten hastig durch den Keller. Amüsiert sah ich dem Treiben dieser Urinsekten zu. Nach und nach zogen sie sich in diverse Spalten und Ritzen des alten Gemäuers zurück, suchten Schutz und Geborgenheit. Nach einigen Sekunden waren lediglich noch einige Fühler zu erkennen, die geradezu keck aus den neu gefundenen Nischen lugten, stets bereit, auf neue Störungen zu reagieren. Einen Augenblick lang betrachtete ich die Masse von Schaben, meine Achtung vor ihnen wuchs stetig. Ich warf einen Blick auf den hinter mir stehenden Bäckermeister, schüttelte den Kopf und sagte:

„Wissen Sie, was ich an diesen Tieren so großartig finde? Anders als wir Menschen wissen diese Insekten, was sie wollen."

Er starrte mich verständnislos an.

„Und", fuhr ich fort, „wissen Sie, was sie wollen? Ich meine, warum bin ich eigentlich hier, Herr Stompf?"

Der Meister drehte sich um und verließ den Keller. Ich folgte ihm wenig später. In seiner Küche trafen wir uns wieder. Als ich hereinkam, saß er schon am Tisch und hielt wieder den Brief in der Hand. Er wirkte niedergeschlagen, am Boden zerstört.

„Ich denke nicht", sagte er nach einer Weile, „dass wir zusammenkommen."

Seine Worte überraschten mich nicht.

„Es ist nicht, weil ich Ihnen nicht zutraue, dass Sie die Tiere aus meinem Laden herausbekommen können."

Mit einem Ruck stand er auf, nahm den Brief, zerknüllte ihn und warf ihn auf den Boden.

„Es ist", er schluckte heftig, „es ist, weil es gegen die Tradition ist. Sehen Sie, die Familie meines Großvaters lebte schon mit dem Ungeziefer, die Familie meines Vaters lebte mit dem Zeug und ich, ich kann diese Tradition nicht einfach brechen. Komme was wolle! Keine Behörde der Welt kann mich von der Tradition abbringen."

„Die gesundheitlichen Gefahren für Sie, Ihre Mitarbeiter und Kunden sind Ihnen egal?"

Er schüttelte den Kopf.

„Seit Jahrhunderten backen wir Brot, niemand ist daran gestorben. Niemand. Gestorben sind die Menschen an Kriegen und Hunger, aber nicht an Ungeziefer!"

„Aber", unternahm ich einen letzten Versuch, „das Ungeziefer hat immer auch einen entscheidenden Beitrag zum Tode unzähliger Menschen geliefert."

Er schüttelte den Kopf.

„Nein, nein, nicht in unserer Bäckerei. Ich denke, die von der Behörde wollen nur ihre Daseinsberechtigung behalten. Mit ernsthaften Absichten hat das nichts zu tun. Ich sage Ihnen, was ich tun werde. Ich werde gar nichts tun."

Er warf einen Blick auf sein Aktenregal.

„Ich habe einen Hygieneplan, für das Ungeziefer kann ich nichts. Und, damit die Leute vom Amt glücklich sind, werde ich den Kakerlaken den Kampf ansagen. Ich habe da schon meine Mittel."

Ich glaubte ihm, wenngleich ich die Aussichten auf einen Erfolg seiner Bemühungen nicht sah. Ich konnte nur hoffen, dass die Lebensmittelkontrolle seine Backstube bald schließen würde. Einige Augenblicke später verabschiedete ich mich von Bäckermeister Stompf und verließ diesen Ort und diese Stadt.

Wochen später erhielten wir einen Anruf aus Bonn. Die Inhaberin eines Eissalons klagte über neuerdings in ihrem Geschäft herumlaufende Schaben. Der Umstand, dass sie sicher war, bei den munteren Gesellen in ihrem Geschäft würde es sich um Schaben handeln, wunderte meine liebe Frau, die den Anruf entgegengenommen hatte, nicht. Verwundert war sie lediglich über die Tatsache, dass die Besitzerin unsere Telefonnummer von Bäckermeister Stompf erhalten hatte. Die Anruferin war verzweifelt und bat darum, ihr so schnell wie möglich zu helfen. Meine Frau versprach ihr diese Hilfe und schickte mich nach Bonn.

Als ich nun einige Tage später vor dem kleinen Eiscafé stand, fiel mir ein Schild auf, welches an dem Haus angebracht war. „Zur Fähre". Mein Blick folgte der Spitze des Schildes. Die Straße führte leicht bergab, bog dann um eine Ecke und verschwand so aus meinen Augen. Aber irgendwo da unten, überlegte ich, musste die Anlegestelle der Fähre nach Königswinter sein. Da mich mein Navigationssystem über Bonn, also die linksrheinische Seite geführt hatte, war mir im Augenblick meiner Ankunft gar nicht bewusst gewesen, wie nah ich dem Rhein und dem jenseitigen Ufer gewesen war. Einige Minuten später klärte mich die Inhaberin des Eissalons, eine quirlige Italienerin namens Maria Scampo, auf. Sie erzählte mir, dass wir, sofern die Fähre pünktlich ihren Dienst versah, keine fünf Minuten von Königswinter entfernt wären. Ich stutzte.

„Und Sie kennen Herrn Stompf?"

Es war eigentlich nur so ein Gedanke, ein Bauchgefühl. Gab es da etwa eine Verbindung zwischen ihren Schaben und dem Bäcker auf der anderen Seite des Rheins?

„Ihn weniger", antwortete sie, „seine Frau ist meine beste Freundin. Warum fragen Sie?"

„Nun, ja, Sie haben unsere Telefonnummer von ihm. Und ich frage mich nun, was Sie noch von ihm haben?"

Nach einem längeren Gespräch stellte sich nun heraus, dass sie vor rund sechs Wochen, es war genau an einem Sonntag, in arge Bedrängnis gekommen war. Ihr war der Zucker ausgegangen. Und ohne Zucker hätte sie kein Eis mehr machen können. Also hatte sie ihre Freundin auf der anderen Rheinseite angerufen und sie um einen 25-Kilo-Sack Zucker gebeten. Diese hatte sofort ihren Mann losgeschickt, ihrer Freundin auszuhelfen. Unglücklicherweise hatte er nun nicht nur den Zucker gebracht, sondern eben auch einige Schaben. Als Frau Scampo die ersten Käfer in ihrem Geschäft bemerkte, hatte sie wiederum ihre Freundin angerufen. Diese hatte dann erneut ihren Mann über den Rhein geschickt.

„Und was hat der getan?", wollte ich wissen.

Frau Scampo rührte entrückt in ihrem Espresso herum.

„Na, zunächst einmal hat er mir erklärt, dass es sich bei diesen Käfern um Schaben handeln würde. Dann hat er gesagt, wer die einmal habe, bekäme die kaum noch los. Ich war natürlich verzweifelt. Doch er tröstete mich und meinte, er hätte da einen Trick."

„Und dann?"

„Er lief zu seinem Wagen und kam einige Minuten später mit zwei großen Zeitungsseiten zurück. Die legte er mir dann in mein Labor. Er hatte mir erklärt, er habe die Seiten mit einer Mischung aus Gift und Klebstoff bestrichen. Ich sollte mir keine Gedanken machen."

„Und hat es funktioniert?"

„Zuerst ja, doch es wurden immer mehr Schaben, die sich da täglich auf der Zeitung tummelten. Es hörte nie auf. Ich rief also meine Freundin erneut an. Und nun riet sie mir, ich sollte mich doch besser an Ihre Firma wenden. Was ich ja auch getan habe."

„Schön", sagte ich, „dann lassen Sie uns die Tiere mal beseitigen."

„Und", sie schaute mich zweifelnd an, „glauben Sie denn, es wird funktionieren?"

„Sicher. In Ihrem Betrieb ist es sauber und Sie wollen die Schaben ja auch wieder loswerden. Also werden wir es auch schaffen."

Sie lächelte.

„Der Stompf hat nämlich gesagt, den Kammerjäger könnte ich mir sparen. Wäre nur teuer und brächte nichts."

„Mit seiner Einstellung und seiner Vorstellung von Sauberkeit muss ich ihm da zustimmen. Aber bei Ihnen ist das anders. Nur, Sie dürfen keine Sachen mehr von der Bäckerei nehmen."

„Warum nicht?"

„Ich bin mir ziemlich sicher, dass die Schaben mit dem Zucker in ihr Haus gekommen sind."

Ihre Augen weiteten sich.

„Sind Sie sicher?"

„Sehr sicher. In der Bäckerei gibt es kaum eine Stelle, wo die Tiere nicht sind."

„Dann stimmt die Sache mit dem Mürbchen also?"

„Ja."

„Schrecklich, die arme Irene!", sie schüttelte den Kopf, „Können Sie denen nicht auch helfen?"

„Nein."

„Warum nicht?"

„Er will nicht, besteht auf seine Tradition. Und da kann ich nicht dran rütteln."

Vier Pfoten und ein Dielenboden

Was immer man unter dem Dielenboden eines Fachwerkhauses erwarten könnte: Ratten, und zwar ein ganzes Rudel davon, würde man dort gewiss nicht vermuten. Meine Frau und Chefin hatte mich nach Solingen geschickt. Der Eigentümer des Hauses hatte unsere Firma darum gebeten, die Familie Pöttgen, Mieter eines kleinen Fachwerkhauses, aufzusuchen, da diese behaupteten, seit einiger Zeit rattenähnliche Tiere in den Räumen ihres Hauses zu sehen! In der Manier eines echten Vermieters, hatte er zunächst – also für rund sechs Monate – eine solche Fremdnutzung seines Hauses durch nicht in den Mietvertrag aufgenommene Untermieter, ignoriert. Er hatte die Mieter dazu aufgefordert, sich einerseits nicht so anzustellen und sich andererseits Schlagfallen zu besorgen, um die „eine" Ratte oder Maus doch selbst zu fangen. Schließlich aber hatte die Natur gesiegt!

Als ich vor dem Grundstück stand, fielen mir umgehend zwei Dinge auf: Ein großes Schild am Gartentor mit der Aufschrift „Vorsicht vor dem Hund!" und der Sperrmüll, dessen Ausdehnung sich über die Fläche vor dem Haus erstreckte. Zu einem späteren Zeitpunkt durfte ich dann feststellen, dass sich die Sammlung vergangenen Hausrats über das gesamte Grundstück mehr oder weniger gleichmäßig verteilte. Mein Blick wanderte zurück auf das Schild mit der Aufschrift. Ich hob den Kopf, schaute hinüber zur Haustür, schätzte grob die Entfernung zur rettenden Haustür ab und berechnete meine Chancen auf diesen rund vier Metern nicht auf den Hund treffen zu müssen, sofern sich dieser unter einem der zahlreichen Sperrmüllhaufen auf dem Grundstück vor meinen Augen verbarg. Vier Meter konnten so endlos lang sein. Mein Blick streifte erneut das Gartentor. Noch war es fest verschlossen, noch schützte es mich vor dem Haushund. Zu meinem Entsetzen bemerkte ich, dass sich an dem Gartentor überhaupt kein Klingelknopf befand. Ich hätte also zur Haustür hinüber müssen, um auf meine Anwesenheit aufmerksam zu machen. Ich dachte über meine Situation nach, wägte ab, wie aussichtsreich es sein mochte, mit intakten Gliedmaßen das Haus zu erreichen, also ohne in den Fängen des geifernden Hundes zu landen. Dann bewegte ich mich langsam zurück zu meinem Wagen. Ich öffnete die Beifahrertüre und griff nach meinem Telefon. Ich wählte die Telefonnummer der Familie Pöttgen. Es klingelte, zwei-, dreimal, es läutete ein viertes Mal. Dann endlich nahm jemand ab. Doch anstelle einer menschlichen Stimme, die ich normalerweise erwartet hätte, gellte mir das ohrenbetäubende Bellen eines recht großen Hundes entgegen. Fast zerriss es mir das Trommelfell. Instinktiv warf ich den Hörer auf den Beifahrersitz. Ich rieb mir mein Ohr. Das Bellen verstummte nicht, hallte weiter durch den Hörer. Gleichzeitig glaubte ich, das Bellen hinter mir zu hören. Langsam und in Erwartung der Bestie drehte ich mich um. Die Haustüre war noch immer fest verschlossen, dennoch war der Hund deutlich zu hören. Na, dachte ich, wenigstens richtig verbunden. Dann geschah etwas Merkwürdiges. Vollkommen unvermittelt hörte ich hinter und vor mir, fast zeitgleich, die laute Stimme einer Frau. Tapfer schrie sie gegen das Bellen des Hundes an. Einige Augenblicke später verstummten die Schreie und das Bellen. Bedauerlich nur, auch die Telefonverbindung war verstummt. Der langgezogene Ton verriet mir, dass Frau Pöttgen die Verbindung getrennt hatte. Vielleicht hatte sie auch den Hund mit Hilfe des Apparates zum Schweigen gebracht. Ein mir nicht unangenehmer Gedanke. Ich schloss die Beifahrertüre und lief zurück zu dem Gartentor. In der festen Überzeugung, der Hund würde nicht frei auf dem Grundstück herumlaufen, sondern, erschlagen von einem Telefonapparat, benommen in einer Ecke liegen, öffnete ich das Tor und bahnte mir mit festen Schritten den Weg zur Haustüre. Ich klingelte, kein Hund rührte sich. Nach einer Weile wurde die Türe geöffnet. Eine Frau, das dunkle Haar zerzaust, ihr Blick verwirrt, lugte durch den schmalen Spalt der leicht geöffneten Türe.

„Ja?"

„Lieving, ich komme wegen Ihrer Ratten!"

Eine durchaus herzliche Begrüßung. Sie öffnete die Türe nun ganz und winkte mich hinein. Vorsichtig und voller Argwohn ob des vielleicht doch noch sprungbereiten Hundes überschritt ich die Türschwelle. Ein kleiner mit Schränken vollgestopfter Flur lag vor mir. Links von mir führte eine Treppe in den ersten Stock, rechts von mir versperrte eine weitere Türe den Weg. Sie war angelehnt. Frau Pöttgen blieb stehen, drehte sich zu mir um und fragte mich:

„Hat der Eigentümer Sie angerufen?"

Nein, dachte ich, wir haben Sie aus dem Telefonbuch nach dem Zufallsprinzip ausgesucht! Fragen waren das …

„Ja", sagte ich schließlich, „genau der!"

Ich glaubte ein Lächeln auf ihren grell geschminkten Lippen erkennen zu können. Sie ergriff die Türklinke, hielt die Türe jedoch weiterhin fest verschlossen.

„Haben Sie Angst vor Hunden?"

„Nein", antwortete ich wahrheitsgemäß, „eigentlich nicht."

„Gut."

Sie drückte die Klinke nun ganz hinunter, das Schloss klackte laut, dann stieß sie die Türe weit auf. Im selben Augenblick stürmten fast

70 Kilogramm eines Riesenschnauzers auf mich zu. Schwanzwedelnd und hechelnd sprang er mich an, legte seine riesigen Pranken auf meine Schultern und blies mir seinen übel riechenden Atem entgegen. Ich drehte mein Gesicht aus dem Wind, zur Belohnung schleckte er mir über die Wange. Frau Pöttgen lächelte.

„Er mag Sie", meinte sie lapidar, während sie gemächlich, ohne auch nur die geringsten Anstalten zu machen, mich von ihrem Liebling zu befreien, an mir vorüber schlurfte.

Unfähig mich von meinem neuen Freund zu lösen, blieb ich wie angewurzelt auf meinem Platz stehen und hoffte einfach darauf, dass Frau Pöttgen spätestens in einigen Minuten bemerkte, dass ich ihr nicht gefolgt war. Augenblicke später vernahm ich eine männliche Stimme, die sich nach meinem Verbleib erkundigte. Die weibliche und nunmehr antwortende Stimme ließ mich frösteln.

„Der wird wohl noch mit Acco spielen, keine Angst, der kommt schon gleich."

Schweißperlen rannen mir von der Stirne. Indes schickte sich Acco an, die salzhaltigen Zeichen meines Unbehagens als eine Geste der Freundschaft zu werten. Genüsslich schleckte er mir die Tropfen aus dem Gesicht. Ich ließ es geschehen, wagte nicht, mich gegen diesen Liebesbeweis zu wehren. Es hätte wohl auch keinen Sinn gemacht. Acco erweckte nicht den Eindruck, als würde er sich jemals wieder von mir trennen wollen. Endlich, nach unendlichen Stunden, nein, nach Tagen, vielleicht sogar Wochen, kehrte Frau Pöttgen in den Flur zurück. Entzückt betrachtete sie uns und sagte lächelnd:

„Acco, mein lieber Schatz, jetzt musst du den Herrn Lieving aber mal arbeiten lassen, sonst wird der Papa ungehalten. Bestimmt mag der Herr Lieving ja nachher noch mit dir spielen."

Sprach's und zog im selben Atemzug gefühlte 200 Kilo Hund von meinen Schultern herunter. Selten war ich einem Menschen dankbarer. Ihren Schatz im Schlepptau machte sie kehrt und steuerte auf den Raum hinter dem Wohnzimmer zu. Ich folgte ihr in respektvollem Abstand und gelangte schließlich in die Küche.

„So", eröffnete sie ihren Monolog, der offensichtlich an ihren Mann gerichtet war, „dies also ist Herr Lieving, der von unserem Eigentümer beauftragt worden ist, unsere Ratten zu bekämpfen. Und das ist mein Mann. Der hat ja schon seit Wochen versucht, die Löcher, die die Ratten in die Wände gebissen haben, mit Mörtel und Bauschaum zu verschließen, was aber natürlich nichts nutzte. Kaum war er fertig, da waren die Löcher wieder auf. Hätte ich mich nicht durchgesetzt – auf mich hört man ja erst immer, wenn es zu spät ist – dann würde der noch immer mit dem Mörtel arbeiten, wir hätten die Ratten noch immer durch die Wohnung laufen und der Eigentümer hätte noch immer keinen Fachmann gerufen. Die Ratten haben ja auch nur wir! Mein Sohn, der wohnt über uns in der Wohnung, seit er von Cindy, seiner Frau, getrennt lebt, hat keine Ratten. Der hört nichts, hat er gesagt, was mich aber auch nicht wundert, bei der schrecklichen Musik, die der immer hört. Tag und Nacht dieses Gewumme, grausam. Aber der liebe Papa hört ja nichts. Stellt seinen Fernseher lauter, was mir und meinem Acco natürlich mächtig auf die Nerven geht. Aber was soll's. Ich hab hier ja nichts zu melden. Letztlich bleibt natürlich alles an mir hängen." Sie hielt inne, sah ihren in einer Zeitschrift blätternden Mann strafend an. „Genauso mit den Ratten. Glauben Sie, dieser Mann hätte sich darum gekümmert?"

Der so beschriebene Mann schaute kurz auf. Er lächelte verhalten.

„Wo sind denn nun die Ratten?", ich nutzte die kurze Pause für meine Frage.

„Im ganzen Haus, also hier auf der Etage", antwortete sie knapp.

Sie fixierte ihren Mann. Ihr Blick ließ ihn die Zeitung beiseite legen. Weitere Reaktionen ließen sich ihm jedoch nicht entlocken.

„Wo genau laufen denn die Ratten herum?"

„Na hier", ihre Hand vollführte eine Kreisbewegung, die die ganze Wohnung mit einbezog.

Ich zweifelte an ihrer Aussage.

„Sie meinen, die laufen in der ganzen Wohnung umher?"

„Ha", lächelte ihr Mann, „wegen einer Ratte in einem Zimmer hätten wir doch dem Eigentümer nichts gesagt."

„Nicht?"

„Ach junger Mann", grinste Frau Pöttgen breit, „so lange es nur ein Zimmer wäre, wo die Biester herumliefen, hätten wir ja damit leben können. Wissen Sie, zunächst beschränkten sie sich ja nur auf den kleinen Bereich hinter dem Sofa."

Wie aufs Stichwort faltete Herr Pöttgen seine Zeitung zusammen und warf sie auf den Tisch.

„Richtig", rief er, „bis dann dein Schatz Acco meinte, er müsste die Ratten hinter dem Sofa aufstöbern und quer durchs Zimmer jagen! Ist ja kein Wunder, dass die Ratten sich da ein neues Zuhause suchen mussten."

„Mein Acco?", geiferte die Hüterin des Fellriesen, „der Hund gehört auch dir! Im Übrigen wollte er uns nur beschützen!"

„Ach was!", beharrte Herr Pöttgen auf seiner Meinung. „Aufgescheucht hat er die armen Ratten. Regelrecht über das Sofa hat er sie gejagt."

„Ach, jetzt ist etwa mein Schatz an allem schuld?"

Herr Pöttgen richtete sich vollends auf seinem Stuhl auf, strich sein Unterhemd glatt und warf seiner Frau einen mahnenden Blick zu.

„Die Ratten sind jedenfalls nicht gegen den Fernseher gesprungen und haben ihn dann mit ihrem dicken Hintern vom Sideboard gefegt!"

Frau Pöttgen warf ihre Arme vor die weit ausladende Brust, verbarg das Gesicht vor lauter Seelenqualen und jammerte lauthals.

„Erstens hast du selbst gesagt, der Fernseher wäre eh nur Schrott und eigentlich wärst du froh, dass der jetzt kaputt wäre. Zweitens: Mein Acco hat keinen dicken Hintern."

„Und deine Gläser? Waren die etwa auch Schrott?"

„Der Hund war im Jagdfieber."

„Und danach haben sich dann die Ratten im Hause ausgebreitet?", wollte ich wissen. Obwohl, wenn ich es recht bedachte, war es mir eigentlich egal gewesen. Ich wollte mit meiner Frage lediglich einer weiteren Eskalation des Streites zwischen den beiden Eheleuten vorbeugen. Naiv gedacht.

„Ach wo", erklärte Herr Pöttgen, „also, nachdem Acco den Fernseher und die Gläser neu platziert hatte, war er zunächst so erschrocken, dass er sich wie ausgeknipst auf seinen dicken Hintern fallen ließ. Mitten im Raum."

„Daran siehst du ja wohl, wie leid es ihm getan hat."

„Jedenfalls", fuhr Herr Pöttgen fort, „als er nach einer Weile wieder aufstand, dachte ich zuerst, er hätte auf den Teppich geschissen."

„Als wenn Acco jemals auf den Teppich gemacht hätte", verteidigte Frau Pöttgen ihren Schatz.

„Hatte er ja auch nicht", meinte Herr Pöttgen versöhnlich, „als ich aufgestanden war, um dem Hund mal richtig die Meinung zu sagen, sah ich, dass der Haufen gar kein Haufen war. Der Hund hatte doch tatsächlich mit seinem dicken Hintern eine Ratte platt gemacht. Mitten auf dem Teppich!

„Immerhin waren die Opfer so nicht vergebens."

„Und weiter?", nun war meine Neugierde geweckt.

„Ach", seufzte sie, „der arme Schatz war zutiefst getroffen. Schwer depressiv zog er sich in sein Körbchen zurück. Der Arme!"

„Für die Ratten schien der Verlust jedoch keinen entscheidenden Einschnitt zu bedeuten", stellte Herr Pöttgen nüchtern und klar erkennend fest, „kaum fünf Minuten später raschelte es in der anderen Ecke, irgendwo unterm Sessel."

„Und Ihr Hund, schlug er wieder an?", wollte ich wissen.

Herr Pöttgen lachte herzhaft, was seiner Frau gar nicht behagte.

„Quatsch, der arme kleine Kerl stand noch immer unter Schock."

„Brauchst du gar nicht so zynisch zu erzählen", schnaubte sie wütend, „ich möchte nicht wissen, was du alles angestellt hättest, wäre die Ratte unter dir gestorben."

„Was geschah dann?", lenkte ich den neuerlich aufkeimenden Disput auf eine sachliche Ebene zurück.

„Acco erholte sich nur langsam", gedachte Frau Pöttgens des Martyriums des Vierbeiners, „es dauerte Tage, bis er sich überhaupt wieder auf seinen Po setzte. Hat die ersten Tage immer nur gestanden, oder auf der Seite gelegen."

„Der Mann wollte wissen, wie es mit den Ratten weiterging!", schnaubte Herr Pöttgen.

Ich nickte.

„Hat er aber so nicht gesagt", verteidigte sich Frau Pöttgen.

„Hat er aber so gemeint, was glaubst du denn, warum der sonst hier ist, wegen der Geschichte mit dem Kläffer?"

„Du sollst nicht immer Kläffer zu ihm sagen. Er kann das nicht leiden. Da ist mein Acco sehr sensibel."

Frau Pöttgen war sichtlich aufgebracht. Sie wandte sich an mich. Ein leises Lächeln huschte über ihre schmalen Lippen.

„Der Herr Lieving ist da ganz anders, der versteht die zarte Seele meines kleinen Schatzes. Kein Wunder, dass Acco dich nicht leiden mag!"

„Und ob der mich leiden kann", empörte sich der so Verleumdete, „wer geht denn immer mit ihm spazieren?"

Noch bevor Frau Pöttgen ihre Gegenoffensive starten konnte, ergriff ich das Wort.

„Darf ich noch einmal auf die Ratten zurückkommen? Also, nachdem Acco die erste Ratte getötet hatte, verkrochen sich die anderen Tiere unter dem Sessel. So weit, so gut. Doch was geschah dann? Und warum begannen sich die Ratten dann in der ganzen Wohnung auszubreiten?"

Herr und Frau Pöttgen sahen sich eine kurze Weile ratlos an. Meine spontane Intervention hatte sie etwas aus dem Gleichgewicht des geübten Ehezwistes gebracht. Diesen Umstand ausnutzend, formulierte ich meine Frage neu.

„Wann sahen Sie die Tiere zum ersten Mal in den anderen Räumen?"

Herr Pöttgen erwachte als Erster aus seiner temporären Abwesenheit.

„Kurz nachdem der Hund sich wieder einigermaßen normal benahm."

„Normal?", maulte Frau Pöttgen erregt, ein deutliches Zeichen dafür, dass auch sie wieder unter die Lebenden zurückgekehrt war. „Als wenn mein Schatz jemals verrückt gewesen wäre!"

„Also?", wollte ich wissen, „wann hat Ihr Acco wieder angefangen, die Ratten aufzustöbern?"

Ein breites, vielsagendes Lächeln huschte über das Antlitz von Accos Mama.

„Und wie der stöberte! Kaum hatte er die Viecher unter dem Sessel aufgespürt, da stand er auch schon davor, ließ sich langsam auf den Bauch gleiten und legte dann sein Köpfchen ganz flach auf den Teppichboden."

Ich erinnerte mich flüchtig an das Köpfchen, an den übel riechenden Atem, die sabbernde Zunge und das riesige, mit dolchartigen Zähnen besetzte Maul! Sie neigte zu Untertreibungen! Kopfschüttelnd sah ich sie an. Frau Pöttgen schien meine Gedanken zu ahnen, schien meine Zweifel an ihrer Beschreibung zu spüren. Sie legte ihren Kopf auf die Seite und schaute mich durchdringend an.

„Auch wenn man sich das gar nicht vorstellen mag", sagte sie schließlich, „aber mein kleiner Schatz knurrte die Ratten an."

Nur wer von dem lieben Schatz begrüßt worden war, so wie ich, konnte sich so etwas vorstellen. Ich nickte zustimmend.

„Kaum war Acco sich seiner Sache sicher, da erhob er sich von seinem Po, schob sich sachte über die Vorderpfoten nach vorne und versuchte, die Ratten unter dem Sessel hervorzutreiben. Einige Zeit geschah nichts, doch dann, plötzlich, mit einem Mal jagten die Biester unter dem Sessel hervor, sprangen über Schnauze und Rücken meines lieben Schatzes. Tief gruben sich die Krallen in die Haut meines Schatzes, ein schlimmer Anblick."

Sie hielt inne, schaute liebevoll, fast zärtlich zur Küche hinüber, dort wo sich der Held des Hauses zurzeit aufhielt. Indes nutzte ihr Mann die Gelegenheit, das Wort zu ergreifen.

„Nun müssen Sie aber nicht glauben, dass sich der Hund auch weiter um die Ratten gekümmert hätte!"

„Hat er nicht?", fragte ich erstaunt. Ich konnte mir kaum vorstellen, dass ein Hund von seiner Größe einen solchen Angriff ohne Gegenreaktion über sich ergehen ließ.

„Nein, nein", schüttelte Herr Pöttgen den Kopf, „der feige Hund war ja wie gelähmt. Vollkommen hysterisch schwang er seinen Hintern herum und rannte anschließend wie von der Tarantel gestochen durch die Wohnung!"

„Was ja wohl auch nur zu verständlich ist", verteidigte Frau Pöttgen ihren Schatz, „ich möchte dich mal erleben, wenn eine Ratte über deinen Rücken laufen würde!"

Der so Gescholtene wehrte den Vorwurf mit einer Geste ab.

„Ich wäre ja erst gar nicht so blöd, die Ratten unter dem Sessel hervorzujagen!"

Eine dunkle Wolke, die sich in einem heftigen Gewitter zu entladen drohte, zog in der Wohnung auf. Ich musste erneut schlichtend eingreifen.

„Und von diesem Moment an breiteten sich die Ratten in der ganzen Wohnung aus?"

„Na klar", ereiferte sich Herr Pöttgen, „wissen Sie, auch wenn immer alle behaupten, Ratten wären so schlau, ich glaube da nicht dran. Meiner Meinung nach sind die nicht heller als der Hund. Eigentlich hatte ich ja angenommen, die Biester müssten den Rückzug antreten. Aber nichts! Von da an zeigten sie sich in aller Öffentlichkeit. Jede Nacht."

„Und der Hund?"

„Der", meinte Frau Pöttgen verzagt, „der traute sich kaum noch ins Wohnzimmer. Und stöbern wollte er auch nicht mehr."

„Was die Ratten aber nicht mitbekamen", ergänzte Herr Pöttgen, „deshalb sag ich ja, schlau sind die nicht. Die zeigten und zeigen sich nur noch in der Nacht! Und dann auch nur noch ab und an, die meiste Zeit aber bleiben sie im Verborgenen." Er stampfte fest mit dem Fuß auf. „Hier unten im Boden!"

„Nun ja", gab ich zu bedenken, „Sie müssen schon zugeben, dass ein solches Verhalten durchaus intelligent ist. Immerhin haben sie gelernt, dass es besser und weniger gefährlich ist, sich nicht mehr tagsüber in aller Öffentlichkeit zu zeigen."

„Könnte man so sehen", meinte Herr Pöttgen spöttisch. Er drehte seinen Kopf zur Küche hin und rieb sich nachdenklich das Kinn. „Sie meinen, die haben uns und den Hund ausgetrickst?"

Ich nickte, auch wenn ich nicht an eine solche Möglichkeit dachte.

„Sie denken wirklich, die machen das extra? Die wollen uns täuschen?"

„Na ja", versuchte ich das Verhalten der Ratten in ein gutes Licht zu rücken, „ich glaube, die Ratten werden sich gedacht haben, dass es wohl besser wäre, sich nicht mehr zur selben Zeit mit Mensch und Hund zu zeigen. Was glauben Sie, werden sich die Ratten gesagt haben, als sie zum ersten Male auf die schwarze, sich dann auch noch bewegende Wand geschaut haben? Auch wenn sie nicht davon überzeugt sind, Ratten sind recht intelligent. Die Tiere haben sich nur in den Untergrund geflüchtet, um sich nun in aller Ruhe einnisten zu können. Nach und nach werden die das Haus erobern!"

„Was heißt hier nach und nach?", schimpfte Frau Pöttgen, „die haben das Haus bereits erobert. Wir sehen die Biester ja nicht nur, wir hören sie auch überall. Und das ist viel schlimmer." Sie holte schwer Atem. „Und jeden Morgen finde ich in jeder Ecke diese fiesen Köttel. Es ist einfach furchtbar."

Herr Pöttgen ging einen Schritt auf mich zu, beugte sich leicht vor und sah mich Hilfe suchend an.

„Werden wir die Biester wieder los?"

„Na sicher!", ließ ich kurz den Silberstreif am Horizont erscheinen, „keine Frage!"

„Sie machen bestimmt den Boden dafür auf", stellte Frau Pöttgen nüchtern wenn auch unbegründet fest.

„Bestimmt nicht. Sie haben ja gerade eben recht lebhaft geschildert, dass die Ratten in der Nacht quer durch die Wohnung laufen. Also kann ich die notwendigen Maßnahmen ergreifen, ohne den Boden öffnen zu müssen. Ich stelle die Köder einfach auf den Boden, dann kommt die Ratte, riecht, befindet ihn für gut und frisst."

„Und dann", führte Frau Pöttgen meinen Gedanken zu Ende, „stirbt die Ratte!"

Schuldbewusst hob ich die Schultern.

„Nun ja, ist wohl der Sinn der Sache!"

„Und diese Köder?", fragte Frau Pöttgen weiter, dabei schaute sie sorgenvoll in die Küche, „würden die auch meinen kleinen Schatz umbringen?"

„Ja!", sagte ich knapp.

„Oh", kam es ebenso knapp aus zwei Mündern zurück.

Frau Pöttgen suchte entsetzt die Nähe ihres Mannes. Von dieser spontanen Vertrautheit ebenso überrascht wie ich, warf er die Arme in die Luft, verdrehte gelangweilt die Augen und rief mit der Inbrunst eines Fernsehpredigers:

„Ja, mein Gott, Alma! Der erste Hund wurde überfahren, der zweite lief weg und der dritte brach sich das Kreuz, als dein Sohn im zarten Alter von 13 Jahren meinte, er müsse auf ihm reiten! Wenn Du so willst, alle drei Hunde starben also vollkommen sinnlos!"

Frau Pöttgen lief hochrot an. Drohend hob sie den Zeigefinger.

„Du", keifte sie, „Du würdest also das Leben meines Accos opfern?"

„Papperlapapp! Ich wollte doch nur damit sagen, dass sein Opfer zumindest nicht umsonst gewesen wäre, würde er denn auf der Strecke bleiben! Ausnahmsweise würde dieser Hund in der Gewissheit sterben, wenigstens einmal in seinem Leben etwas Sinnvolles zum Nutzen der Familie getan zu haben!"

„Ich fasse es nicht!", empörte sich Accos Mama.

„Ach, reg dich nicht auf. Hättest du dich mal so aufgeregt, als dein dummer Hund meinen schönen Fernseher umgeworfen hat!"

„Der war ja auch schon alt!"

„Dein Hund auch!"

Irgendwie beschlich mich das Gefühl, nunmehr ein weiteres Mal schlichtend eingreifen zu müssen. In Windeseile kramte ich sämtliche in der letzten Zeit, natürlich nur flüchtig geschauten Nanny-Dokus hervor. Nach kurzer Recherche fühlte ich mich gewappnet.

„Darf ich mal", begann ich meine heikle Mission behutsam, „Frau Pöttgen, Herr Pöttgen, außer den Ratten wird niemand hier sterben!"

Die beiden Eheleute sahen mich ungläubig an.

„Aber Sie haben doch eben gesagt?"

„Richtig, rein theoretisch könnte ihr Hund oder Ihr Mann auch an den Ködern sterben."

Ein leises, aber trotzdem intensives Lächeln huschte über ihre schmalen Lippen.

„Aber", fuhr ich fort, „damit dieser Fall eintreten könnte, müsste der Hund oder ihr Mann davon essen, was jedoch nicht geschehen wird."

Frau Pöttgen entspannte sich wieder, obwohl sich in ihren Augen ein leichter Anflug von Enttäuschung zeigte.

„Da bin ich ja froh. Für einen kurzen Augenblick hatte ich schon meinen Acco neben den Ratten liegen sehen."

Aus dem Augenwinkel heraus konnte ich beobachten, wie Herr Pöttgen die Stirne runzelte.

„Natürlich müssen Sie aufpassen", mahnte ich, „Sie müssen immer darauf achten, dass Ihr Hund nicht an die Köder kommt, beziehungsweise eine tote Ratte frisst!"

„Doch so gefährlich?"

„Na ja, sehen Sie, Frau Pöttgen, ein Restrisiko gibt es immer. Aber es wird Ihrem Hund nichts geschehen, da Sie, Ihr Mann und ich dies verhindern werden."

Ob aus Enttäuschung, oder weil er die Lektüre seiner Tageszeitung spannender fand, als die Bekämpfung der Ratten, Herr Pöttgen stand unvermittelt auf und verließ den Raum. Mit leicht herabhängenden Schultern schlenderte er der Küche entgegen. Vor dem Küchentisch angekommen warf er einen abschätzigen Blick auf den Hund und ließ sich dann seufzend auf den Stuhl fallen. Kopfschüttelnd nahm er die Zeitung, überflog die Überschriften. Plötzlich runzelte er die Stirn.

„So viele Unglücke passieren in der Welt, aber wir müssen Rücksicht nehmen!"

Frau Pöttgen, die die letzte Bemerkung ihres Mannes mit deutlichem Missfallen quittierte, beugte sich leicht vor und flüsterte mir zu.

„Sie dürfen ihn nicht so ernst nehmen. Im Grunde meint er es nicht so", sie lächelte gequält, „eigentlich kommen Acco und er ganz gut miteinander aus. Aber seit der Sache mit dem Fernseher hat ihre Beziehung einen leichten Riss bekommen."

„Natürlich", meinte ich verständnisvoll, „und darum sollten wir auch alles tun, dieses Verhältnis wieder ins rechte Lot zu bringen.

Gehen wir gegen die Ratten vor. Immerhin stellen diese Tiere eine ernsthafte Bedrohung für den Hausfrieden dar. Die Ratten stellen ja auch eine erhebliche gesundheitliche Gefahr für Ihren Acco dar."

„Nein!"

„Gewiss, schließlich ist ein Hund ja auch nur ein Mensch."

Als hätte ich einen Schalter im Kopf von Accos Mama umgelegt, strahlte sie mich aus tiefstem Herzen an.

„Wie schön Sie das gesagt haben. Ich habe es gleich gewusst, Sie sind ein wahrer Hundefreund!"

Ich schluckte heftig, dachte an den Anfang meiner Beziehung zu meinem tierischen Freund. Wieder spürte ich seine großen Pfoten auf meinen Schultern und seinen höllischen Atem unter meiner Nase.

„Acco, mein Schatz!", riss mich Frau Pöttgen aus meinen Gedanken, „komm mal her zur Mutti!"

Wie wohl erzogen der Liebling doch war. Kaum das letzte Wort ausgesprochen, stand er auch schon hechelnd und schwanzwedelnd vor uns. Noch nicht allzu ferne Bilder bahnten sich ihren Weg vor mein geistiges Auge. Frau Pöttgen grinste breit und wuschelte ihrem Liebling artig durch das struppige Fell.

„Siehst du, mein Schatz, der gute Mann hier hat ein echtes Herz für dich!"

Mit beiden Händen umarmte sie den mächtigen Kopf ihres Lieblings, drückte ihn fest zusammen und beugte sich derart tief vor, dass sie mit ihrer Nasenspitze die des Hundes berührte. Sie warf mir einen glückseligen Blick zu.

„Schau mal, mein Schatz, dieser liebe Mann hier macht uns die

Ratten weg. Und dann kann der liebe Acco wieder durch das Wohnzimmer toben, ohne dass ihn die bösen Ratten weiter ärgern."

Und da Acco eigentlich nicht begriff, was Frauchen da gesagt hatte, drückte sie seinen Kopf kurzerhand hoch und runter. Er ließ es geschehen. Denn eines hatte er im Laufe seines Lebens gelernt: Frauchen tätschelt meinen Kopf, was unangenehm ist, und sie hört erst wieder auf und belohnt mich mit einem Leckerchen, wenn ich meinen Kopf von ihr auf und nieder bewegen lasse und einmal kurz belle. Also tat er, was von ihm erwartet wurde.

„Ja", strahlte sie, „bist ein guter Hund, und die Mami hat Dich so lieb."

Sprach's, ließ seinen Kopf wieder sinken und gab ihm zum Abschluss einen kräftigen Klaps auf den Rücken. Dumpf hallte der Schlag wider. Befreit von der mütterlichen Fürsorge, drehte sich das Monster langsam um und wandte sich nun mir zu. Seine dunklen Augen fixierten mich. Er öffnete leicht sein Maul, seine riesigen Fangzähne leuchteten drohend. Für einen kurzen Moment glaubte ich ein hämisches Grinsen in seinem Gesicht erkennen zu können. Mich schauderte es. Kaum merklich knickte er mit den Hinterbeinen ein. Meine Nackenhaare sträubten sich. Acco schien zum Sprung bereit. All meinen Mut zusammennehmend, streckte ich meine Hand aus und ließ sie klopfend auf seine Schultern fallen. Ich schaute ihn streng an und bedeutete ihm so, von seinem Ansinnen, mir erneut seine Zuneigung zeigen zu wollen abzulassen. Vollkommen überrascht von meiner forschen Vorgehensweise knickte er ein und ließ sich auf seinem Hintern nieder.

„Braver Hund", sagte ich, „bist ein guter Junge."

Aus dem Augenwinkel heraus beobachtete ich Frau Pöttgens Strahlen in den Augen. Hier konnte ich noch einen drauf setzen.

„Und bald kann sich der liebe Acco auch wieder frei in der Wohnung bewegen, ohne dass ihn die bösen Ratten ärgern. Und dann muss sich die Mutti auch keine Sorgen mehr machen, dass der liebe Acco krank wird.“

So sagte ich und klopfte ihm noch einige Male auf den Rücken. Frau Pöttgen faltete die Hände vor lauter Entzücken vor der Brust zusammen, neigte leicht den Kopf und schaute mich überglücklich an.

„Ach“, seufzte sei, „was können Sie mit Hunden doch gut umgehen.“

„Na ja“, antwortete ich, durchaus verlegen, „er macht es einem aber auch leicht. So ein lieber Hund.“

Sie schluckte schwer.

„Sie können es aber auch.“

Wir schwiegen einen Augenblick.

„Was machen wir nun mit den Ratten?“

„Ach, die Ratten“, wiederholte ich ihre Worte, „die sollten wir bekämpfen. Je schneller, desto besser!“

Nachdem nun die zwischenmenschlichen Belange geklärt und Acco mein Freund geworden war, machten wir uns gemeinsam, also ohne Herrn Pöttgen, an die praktischen Ausführungen der Maßnahme. Ich lief zum Wagen zurück. Aus dem Kofferraum entnahm ich 15 Rattenboxen, klemmte mir den Karton mit den Ködern unter den Arm und überlegte kurz, wie ich wohl die Heckklappe meines Kofferraumes schließen könnte. Nach einer kurzen Weile entschied ich mich, den Karton auf den Bürgersteig abzustellen. Solche logistischen Probleme lösend, begab ich mich kurze Zeit später zurück in Accos Reich. Eine jede Wette gewinnend, erfüllten sich kurz nach dem Überschreiten der Hausschwelle meine schlimmsten Ahnungen. Acco hatte nicht nur in den Startlöchern, sondern bald darauf auch mit beiden Vorderpfoten wiederum auf meinen Schultern gestanden. Nun schien sich mein Übermut von vorhin zu rächen. Vollkommen hilflos, der Warmherzigkeit des Hundes ausgeliefert, meine Arme und Hände durch meine Mitbringsel blockiert, hoffte ich erneut auf die mildtätige Hilfe von Accos Mama. Doch diesmal schien sie keinen Gedanken an meine Rettung zu verschwenden.

„Frau Pöttgen", rief ich verzweifelt, direkt in Accos weit aufgerissenes Maul, „Frau Pöttgen!"

Die Gerufene reagierte nicht. Indes schien sich Acco nun jedoch aufgefordert zu fühlen, unsere freundschaftlichen Bande zu vertiefen. Irgendwie hatte er meinen Schrei in sein geöffnetes Maul vollkommen falsch verstanden. Er sah darin wohl eine Aufforderung, einmal quer mit einem Lappen von Zunge durch mein Gesicht und wieder zurück zu wischen. Angewidert verzog ich meine Gesicht und zog meinen Kopf tiefer auf die Schultern. Irgendwie hoffte ich so seinen Annäherungen entgehen zu können.

„Alles klar, Herr Lieving, kommen Sie zurecht?", vernahm ich die Stimme der Hoffnung.

Wie gerne hätte ich geantwortet, wie gerne hätte ich in diesem Augenblick meiner Verzweiflung freien Lauf gelassen und lauthals um Hilfe geschrien. Doch außer einem „humpf, frouw" brachte ich kein Wort mehr heraus. Meine Angst, Acco würde meine erneuten Rufe wiederum falsch verstehen, ließ mich schweigen. Angestrengt dachte ich nach. Ich war gewillt, den Hund loszuwerden. Ich versuchte meine Schultern unter seinem Gewicht auf und ab zu bewegen, anschließend drehte ich sie leicht hin und her. Acco war begeistert. Zur Belohnung schleckte er wieder durch mein Gesicht. Abschütteln konnte ich ihn also nicht. Ich duckte mich rasch, wollte unter ihm wegtauchen. Acco empfand diesen neuerlichen Versuch als sehr amüsant und anspornend. Er glich meine Bewegung mit einer festeren Umklammerung aus. Mein Gott, irgendwann musste doch auch dieser blöde Hund begreifen, dass ich seine Liebe und Zuneigung nicht erwidern wollte! Aber Acco bemerkte nichts! Langsam begann ich, mich zu drehen. Er drehte sich mit. Ich machte einen kleinen Schritt zur Seite. Acco folgte. Na gut! Wenn ich ihn nicht von meinen Schultern herunterbekam, dann musste ich ihn wohl mit ins Wohnzimmer nehmen. Vielleicht würde Frau Pöttgen ja dann meine Situation erkennen und mir helfen. Ich machte also einen weiteren Schritt zur Seite, bewegte gleichzeitig mein linkes Bein leicht nach vorne. Acco wedelte freudig mit dem Schwanz und grunzte vergnügt. Ich wagte eine weitere Drehung, nun jedoch zur anderen Seite. Diesmal schob ich das rechte Bein sacht nach vorne. Acco folgte bereitwillig. Geschafft, jubelte ich innerlich. Gemeinsam wiederholten wir diese Übung so lange, bis wir, der Hund voran, die Türe zum Wohnzimmer erreicht hatten. Meinem Gefühl und meiner Schätzung nach hatte dieser erste Teil dieses Zirkusaktes rund eine Stunde oder mehr gedauert. In Wirklichkeit waren knapp fünf Minuten vergangen. Ich machte noch eine Drehung, noch einen Schritt, dann erkannte ich Frau Pöttgens Silhouette. Ich hielt inne. Acco tat es mir gleich. Er bedankte sich noch einmal schleckend und sabbernd für diese gelungene Abwechslung seines eintönigen Alltags und verharrte ansonsten weiterhin auf meinen Schultern. Frau Pöttgen bemerkte uns, drehte kurz den Kopf in unsere Richtung und lächelte beglückt. Mit einem Satz sprang sie aus ihrem Sessel. Freudig, nein, vollkommen beglückt klatschte sie sich auf die Schenkel und rief:

„Nein, ist das schön! Was haben Sie denn da mit meinem Schatz einstudiert. Wie goldig! Vati, schau doch mal, was der Herr Lieving da mit unserem Acco für ein Kunststück eingeübt hat."

Acco schien den unerwarteten Ruhm zu genießen, hob kurz seinen riesigen Kopf und bellte einmal kurz.

„Ja, mein Accolein", gluckste die Mami vor Entzücken, „die Mutti hat schon gedacht, du hättest den Mann gefressen. Dabei habt ihr beiden ein Ballett für die Mami einstudiert!"

Mir gefror das Blut in den Adern. Acco fraß Menschen? Ein Kampfhund! Und ich Ahnungsloser war ihm ausgeliefert. Frau Pöttgen schien meine Gedanken zu erahnen. Sie schaute mich mit vor Freude triefenden Augen an.

„Ach Herr Lieving, ich mach doch nur Spaß! In Wirklichkeit hat er noch niemanden gefressen, noch nicht einmal gebissen. Nicht mein Acco! Höchstens mal ein wenig mit seinen Zähnen gezwickt! Der kleine Schatz!"

„Na", versuchte ich mir ein Lächeln abzuringen, „da bin ich aber beruhigt. Hätte ich mir aber nicht vorstellen können."

Frau Pöttgen gluckste vor Glück, machte jedoch keinerlei Anstalten, mich aus meiner misslichen Lage zu befreien.

„Jetzt", versuchte ich das Problem noch einmal darzustellen, „müsste ich mich aber mal langsam um die Ratten kümmern."

„Natürlich, machen Sie nur."

Sie schien den hinter meinen Worten stehenden Hilferuf nicht zu verstehen. Ich musste deutlicher werden.

„Mit Ihrem Liebling auf den Schultern wird das wohl kaum gehen."

„Ach so", sie hatte verstanden, „Acco, komm zur Mutti. Der Herr Lieving muss jetzt arbeiten."

Acco gehorchte umgehend. Um einem erneuten Beweis seiner Liebe zu entgehen, machte ich mich umgehend ans Werk. Ich füllte die schwarzen Kunststoffboxen jeweils mit einem Köder, verschloss sie fest und stellte sie eine nach der anderen in der Wohnung auf. Natürlich achtete ich darauf, dass die Boxen so aufgestellt waren, dass sie für Acco unerreichbar waren. Herrn Pöttgen, der zwischenzeitlich seine Lektüre beendet und sich nun wieder zu uns gesellt hatte, waren meine Bemühungen, die Boxen hinter den Möbelstücken zu verstecken, nicht entgangen.

„Meinen Sie, die Ratten finden die Dinger hinter der Couch?"

„Ich denke schon."

„Aber", meinte er gelassen, „die Ratten laufen doch mitten durch den Raum. Warum stellen Sie die Dinger denn nicht vor die Couch oder den Schrank?"

Ich ahnte den Hintergrund seiner Frage. Er hatte die Sache mit dem Fernseher noch immer nicht verarbeitet.

„Weil sonst der liebe Acco auch an die Boxen herankäme."

„Ach so", seufzte er, „und dann würde er ja von den Ködern fressen und könnte ebenfalls sterben?"

„Genau!"

„Wäre natürlich nicht so gut."

Nun hatte auch Accos Mutti den Sinn hinter den Fragen ihres Mannes verstanden. Wutentbrannt schaute sie ihn an, warf sich schützend über ihren Liebling und herzte ihn ganz fest.

„Hab keine Angst! Die Mami und der Herr Lieving passen schon auf den lieben Acco auf."

Sie entließ ihren Acco wieder aus ihrem Klammergriff und bewegte sich einen Schritt auf ihren Mann zu. Ihren Zeigefinger ließ sie direkt unter seine Nase schnellen.

„Wie kannst du nur!"

So kurz der Satz auch war, er verfehlte seine Wirkung nicht. Herr Pöttgen schlurfte zurück in die Küche. Wieder hatte ich das Gefühl, Acco würde die Zurechtweisung mit einem Grinsen quittieren. Zufrieden sprang er auf die Couch und streckte sich genüsslich aus. Bei diesem Anblick verzog sich Frau Pöttgens Unmut sehr rasch. Ihre Augen strahlten.

„Ist er nicht süß?"

„Ist er", und aus tiefstem Herz fügte ich noch hinzu, „insbesondere, wenn er so friedlich und entspannt auf der Couch liegt."

Ich ergriff die Gelegenheit und den Karton mit den restlichen Ködern und verabschiedete mich von Frau und Herrn Pöttgen. Acco warf ich noch einen kurzen Blick zu, bevor ich das Haus endgültig verließ.

Als ich in meinem Wagen saß, warf ich noch einmal einen Blick auf das Haus. Ich dachte an die Ratten, die Pöttgens und an Acco. Und ich dachte daran, dass ich noch einige Male in dieses Haus musste – zu den Ratten, den Pöttgens und dem lieben Acco. Und er würde mich gewiss wiedererkennen, sich freuen und mich erneut mit seiner Zuneigung überschütten. Ich holte tief Luft. Irgendwie konnte ich Herrn Pöttgen verstehen.

That's life

Nur wer in Wuppertal beruflich mit dem Auto unterwegs ist, weiß, wie glücklich man sich schätzen kann, wenn man in einer Wohnsiedlung einen uneingeschränkt nutzbaren Parkplatz gefunden hat. Dieses Glück, in manchen Gegenden gleicht es gar einem Wunder, mag man dann auch nicht leichtfertig verspielen. Darüberhinaus gibt es in Wuppertal Straßen, die Orientierung zu einer mystischen Angelegenheit werden lassen. Und fallen diese beiden Dinge zusammen, das Finden eines Parkplatzes und das Auffinden der richtigen Straße, dann versetzt einen dies in Verzückung. Und es war ein solches Gefühl, welches mich leicht schwebend auf den Eingang des Hochhauses zueilen ließ, in welchem ich an diesem Morgen Schaben bekämpfen sollte.

Ich warf einen Blick auf meinen Arbeitszettel, suchte kurz nach einem Namen, einer Telefonnummer und stellte mich suchend vor das Klingelbrett. Sechs Reihen in der Waagerechten, acht Spalten in der Senkrechten. Teilweise waren die Namensschilder kaum zu lesen oder nur noch in Fragmenten erhalten. Ich ließ meine Augen zunächst die ersten zwei Reihen überfliegen, ließ die nächsten beiden Reihen folgen und arbeitete mich so bis in die letzte Reihe vor. Allein, mir fehlte noch immer der Name, den ich auf meiner Arbeitskarte stehen hatte. Ich versuchte es mit Kombinationen, mit dem Umstellen oder Weglassen von Buchstaben. Schließlich kam ich zu dem Schluss, dass entweder der Name oder die Hausnummer nicht stimmen konnte. Bei telefonischen Aufträgen konnte dies schon mal vorkommen. Ich schaute wieder auf den Zettel und entdeckte, was ich gesucht hatte: die rettende Telefonnummer. Denn, wenn mir ein Mensch sagen konnte, wie er hieß oder wo er momentan wohnte, dann war es der Wohnungsinhaber. Ich lief zurück zu meinem Auto, betrachtete noch einmal den wunderschönen, direkt vor dem Haus liegenden Parkplatz. Inständig hoffte ich, dass der Name falsch aufgeschrieben worden war. Mein Autotelefon in der Hand haltend, wählte ich die Nummer und lauschte in die Stille des Äthers. Es klingelte einmal, auch ein zweites Mal, es folgte ein drittes Mal, dann kamen Nummer vier bis sieben, dann endlich meldete sich eine Stimme.

„Ja!"

Die Stimme einer Frau. Ich war verwirrt. Eigentlich hatte sich unter der Nummer ein Mann, also die Person, die ich hätte aufsuchen sollen, melden müssen. Mit einer Frau hatte ich nicht gerechnet. Vielleicht handelte es sich bei ihr ja um die Dame des Hauses.

„Sind Sie Frau Scharlag?"

„Ja."

Der Name stimmte also.

„Mein Name ist Lieving", versuchte ich das recht einsilbige Gespräch in Schwung zu bringen, „ich komme wegen der Schaben."

„Ach so", sprudelte es aus Frau Scharlag heraus, „der Mann wartet schon auf Sie. Gehen Sie ruhig ins Haus."

„Würde ich ja gerne machen", gab ich zurück, „ich befürchte nur, ich stehe vor dem falschen Eingang. Könnten Sie mir die Hausnummer noch einmal sagen?"

„Von welchem Haus?"

Oh Gott, dachte ich, warum müssen die Dinge am frühen Morgen sich derart kompliziert gestalten?

„Vielleicht möchten Sie mir einfach die Hausnummer von dem Haus geben, wo Sie sich gerade aufhalten?"

„Kann ich."

„Ich bin bereit."

„Gut."

„Also?"

„63a, Mastweg, Ronsdorf."

Hausnummer falsch notiert, stellte ich fest, dann kann der Mann ja da auch nicht wohnen, wo ich geklingelt hatte.

„Ist in Wuppertal", fügte sie beiläufig hinzu.

Für alle Nicht-Wuppertaler sei gesagt, dass der Wuppertaler sich nicht automatisch als Wuppertaler fühlt, nur weil er dies in seinem Ausweis stehen hat, oder weil die A46 keine zehn Meter von seinem Schlafzimmer entfernt vorbeiführt. Er sieht in der Regel zunächst seinen Stadtteil, seinen Bezirk, und teilt diesen dem Fragenden auch meist zuerst mit. Nicht zu verwechseln mit dem Rheinländer, der sich zu seiner Stadt bekennt, jedoch in seinem „Veedel" verhaftet ist. Daher gibt es Menschen, die zwar in Wuppertal wohnen, aber in Ronsdorf, Cronenberg, Elberfeld, Barmen, Sonnborn, Vohwinkel, Beyenburg, Langerfeld, Oberbarmen, Sudberg, oder Heckinghausen leben. (Man möge mir verzeihen, sollte ich einen Stadtteil vergessen haben, ich bin einer dieser Zugereisten.) Und dies möchten sie auch beachtet wissen. Eigentlich dürfte sich Wuppertal nicht Stadt Wuppertal, sondern Kreis Wuppertal nennen. Egal, ich war nur glücklich, nunmehr die richtige Adresse bekommen zu haben.

„Ich bin dann gleich bei Ihnen."

„Nicht bei mir", protestierte sie heftig, „der Mann wartet auf Sie."

„Schon gut", sagte ich abschließend, ich warf einen Blick auf meine Uhr, „bin ja gleich bei ihm."

Ich hörte ein Knacken in der Leitung, ein deutliches Zeichen dafür, dass sie das Gespräch für beendet betrachtete. Ich legte den Hörer auf, startete den Motor und fuhr zurück auf die Straße. Die angegebene Hausnummer im Mastweg zu finden, gestaltete sich nicht schwierig, obgleich der Mastweg kein Weg, sondern eine ausgewachsene Straße mit labyrinthischen Zügen ist. Nach rund fünf Minuten hatte ich mein Ziel erreicht. Erneut suchte ich mir einen Parkplatz, stieg wieder aus, nahm meinen Arbeitszettel, meine Gelpistole und begab mich auf den Weg. Nun muss der nicht in Wuppertal Wohnende wissen, dass es einigen Architekten im Bergischen Lande gefallen hat, die Ergüsse ihres Geistes in die steil abfallenden Hänge zu bauen. Auf diese Weise entstanden unzählige Terrassenhäuser. Die Tücke dieser Häuser liegt in den Zugängen, was für jeden Besucher eine Tortur bedeutet. Wahrscheinlich handelte es sich bei den Mietern um Einsiedler, die in vollkommener Askese lebten und niemals Besuch bekamen. Die Zugänge waren steile Abgänge; unzählige Stufen hinab in den Hang. 63a lag einen Treppenabsatz, dann einen zweiten und noch einen dritten und einen vierten unterhalb des Straßenniveaus. Es folgte eine halbe Treppe, dann stand ich vor der Haustüre. Auf dem Klingelschild stand nur ein Name. Einfamilienhaus. Ein Blick auf meine Karte, was ich mir eigentlich hätte sparen können. Mittlerweile wusste ich den Namen meines Kunden auswendig. Wieder gab es keine Übereinstimmung mit dem Namen auf der Haustüre. Ich schaute mich kurz um, die Treppen lagen vor mir, steil und bergauf führend. Grausam. Der ganze Weg umsonst. Für einen Augenblick war ich versucht, den Menschen, die tatsächlich in diesem Haus wohnten, als Kunden zu betrachten und diesen eine

Bekämpfung angedeihen zu lassen. Ich ließ meinen Plan jedoch rasch wieder fallen. Irgendwie konnte ich mir nicht vorstellen, dass fremde Menschen erfreut über einen imaginären Schabenbefall sein würden. Ich zog mein Handy aus der Hosentasche, tippte Frau Scharlags Nummer ein. Der Rufton überwand den Äther. Endlos drang das Freizeichen an mein Ohr. Doch die Angewählte versagte mir ihre Aufmerksamkeit. Ich warf noch einmal einen kurzen Blick auf die Haustüre. Vielleicht konnte ich Familie Müller von einer Bekämpfungsmaßnahme gegen Schaben überzeugen, vielleicht wären sie ja ganz froh gewesen. Und als vorbeugende Maßnahme hätte ich den Müllers natürlich auch einen wesentlich günstigeren Preis gemacht. Ich schaute auf meine Uhr, lauschte dem Freizeichen. Gerade wollte ich die Verbindung wieder kappen, als sie sich eine vollkommen aufgelöste Frau Scharlag meldete.

„Ja", hechelte sie.

„Frau Scharlag?"

„Ja", gab sie ziemlich gehetzt zurück.

„Lieving hier noch mal, können Sie mir bitte noch einmal die Hausnummer und den Namen des Mannes sagen, den ich wegen der Schaben aufsuchen soll?"

„Was?", antwortete sie vollkommen irritiert, „was soll ich?"

Ihr Atem ging heftig und schwer.

„Ich brauche", reduzierte ich meine Frage auf das Wesentliche, „Namen und Hausnummer."

„Geht jetzt nicht!", brüllte sie in ihr Telefon, „bleiben Sie mal dran. Ich muss den Hund erst holen."

Was nun folgte, gehört zu den längsten, wenngleich auch aufregendsten und unwirtlichsten Minuten, die ich während meiner Zeit als Kammerjäger erleben durfte. Dem raschelnden Geräusch nach verschwand ich samt meiner Frage in einer Hosentasche. Dieser Umstand führte nun dazu, dass ich zwar einerseits die Stimme der Frau Scharlag, andererseits aber auch ein permanentes Rauschen, Schaben und Knirschen an meinem Ohr hörte. Recht erregt rief sie unentwegt ihrem Hund hinterher, wobei sie sich recht schnell bewegte. Und anstatt ihr und nunmehr auch mir den Gefallen zu tun, endlich zu ihr zu kommen, entfernte sich der Hund offenbar immer weiter von ihr.

„Kommst du her", rief sie laut, wobei sie anscheinend kurz stehen geblieben war, „du sollst sofort herkommen!"

Der Hund dachte jedoch nicht daran, der Aufforderung zu folgen. Dem Rauschen nach setzte sich Frau Scharlag nun wieder in Bewegung. Die Intensität des Rauschens und Raschelns nahm deutlich zu, was weder für mein Gehör, noch für meine Nerven förderlich war.

„Wenn ich dich kriege, Bursche", zeterte sie, „dann kannst du was erleben! Tausend Mal habe ich dir schon gesagt, du sollst nicht weglaufen! Verdammtes Vieh!"

Die Geräusche verstummten. Sie war stehen geblieben. Ich wechselte rasch das Ohr. Da ich mir nicht sicher war, in welcher Tasche ich tatsächlich verschwunden war, es hätte ja auch eine Jackentasche sein können, unternahm ich einen erneuten Versuch, die Aufmerksamkeit der Frau Scharlag zu erregen. Ich hielt mein Handy vor den Mund und rief laut ihren Namen hinein. Eine Reaktion auf mein Rufen blieb aus. Noch bevor ich mich über meinen Fehlversuch hätte ärgern können, folgte nun etwas, was ich bisher nur aus dem Fernsehen kannte. Der Hund hatte sich in seinem Bestreben, seiner Herrin zu entkommen, wohl dem Rand einer

Straße genähert. Was wiederum Frau Scharlag dazu bewegte, sich und weitere Ermahnungen in Marsch zu setzen.

„Nicht auf die Straße, dummer Köter! Wenn ich dich kriege, dann werde ich dir den Arsch verhauen. Kannst dich drauf verlassen, brauchst auch gar nicht so blöd zu gucken", sie machte eine Pause, holte tief Luft, „nicht auf die Straße, blöder Hund!"

Das Rascheln nahm stetig zu, sie schien zu rennen.

„Kommst du her!", brüllte sie.

Doch der Hund lief unbeirrt weiter, wahrscheinlich wechselte er zwischenzeitlich auch die Straßenseite. Da aber hatte er die Rechnung ohne sein Frauchen gemacht. Die mir nun schon vertrauten Geräusche wurden nun rhythmischer, gleichmäßiger. Frau Scharlag trabte ihrem Hund hinterher. Ich ging auf die Treppe zu, erklomm gerade die erste Stufe, als mich eine weitere Aufforderung des Frauchens erreichte.

„Bleibst du stehen!"

Da ich nicht genau wusste, wen sie gemeint hatte, entschied ich mich, ihr zu gehorchen.

„Du sollst stehen bleiben", rief sie, ihr Atem ging schwer.

Ob nun aus Mitleid oder Erschöpfung, der Hund blieb stehen. Anscheinend hatten wir beide gelernt.

„Klasse!", freute ich mich für sie.

„Braver Hund", lobte sie den Vierbeiner.

Erleichtert schwebte ich die zweite Stufe empor.

„So ist gut", lobte sie weiter, „jetzt komm brav zur Mutti!"

Ich gehorchte und erklomm die dritte Stufe.

„Jaaaaaa fein", setzte sie ihr Lob fort, „ja, wer kommt denn da?"

Wozu diese unsäglichen Hundetrainer-Sendungen doch gut waren! Konnte man den Privatsendern am Ende doch noch etwas Gutes abgewinnen? Ich hatte währenddessen den nächsten Absatz erreicht. In meinem Übermut wollte ich gerade weitere Stufen erklimmen, als mich ein einziger Satz von Frau Scharlag wieder in die Realität des wahren Lebens zurückwarf.

„Nicht weiter!", schrie sie vollkommen hysterisch, „keinen Schritt gehst du mehr weiter!"

Enttäuscht trat ich mit dem Fuß gegen die unterste Stufe des nächsten Absatzes.

„Blöder Hund!", rief ich.

„Nicht", drohte sie ihm, „nicht in den Bus!"

Ich hielt inne, presste das Ohr fester an den Hörer.

„Du sollst sofort aus dem Bus kommen!"

Frau Scharlag musste unmittelbar vor einem Bus stehen, die Geräusche waren eindeutig. Im Hintergrund konnte ich den Busfahrer hören, der über die Verzögerung der Abfahrt, von deren Ausmaß weder er noch ich zu diesem Zeitpunkt etwas ahnten, wenig begeistert war. Das Rascheln und Rauschen hob wieder an, sie stöhnte laut, wahrscheinlich erklomm sie gerade den Bus. In ihrer gewohnt kurzen Art wies sie den Fahrer an, die Fahrt nicht fortzusetzen, bevor nicht der Hund den Bus verlassen hätte.

„Mein Hund darf nicht mit!"

„Für Hunde besteht kein generelles Beförderungsverbot!", rief der

Busfahrer durch sein Mikrofon in den Bus hinein und fügte hinzu, „natürlich nur, wenn Sie mitfahren und einen gültigen Fahrausweis haben."

Vollkommen unbeeindruckt durch die Anwesenheit der anderen Fahrgäste, erhob sie erneut ihre Stimme:

„Du sollst endlich herkommen!"

„Was ist jetzt?", fragte der Fahrer, „wollen Sie und Ihr Hund jetzt mitfahren, oder steigen Sie jetzt mit Ihrem Hund aus?"

„Ich will meinen Hund", maulte sie, „ich will nicht irgendwo hinfahren!"

„Dann nehmen Sie Ihren Hund doch endlich", forderte ein zunehmend gereizter Busfahrer, „ich habe nämlich wenig Zeit. Ich muss weiter."

Anschwellendes Gemurmel unter den Fahrgästen unterstützte den Fahrer in seinem Ansinnen.

„Ohne meinen Hund", giftete Frau Scharlag, „werde ich den Bus bestimmt nicht verlassen! Und Sie werden auch bestimmt nicht mit meinem Hund abfahren!"

Ich erklomm die letzten Stufen und gelangte so endlich auf den Garagenhof. Noch zwei weitere Treppenabsätze und ich würde meinen Wagen wiedersehen. Und dieser Anblick würde mir die Sicherheit geben, irgendwann aus diesem Irrsinn wieder in die reale Welt zurückkehren zu können.

„Liebe Frau", unternahm der Fahrer einen weiteren Versuch, Frauchen und Hund loszuwerden und seinen Zeitplan wieder einholen zu können, „verstehen Sie doch, ich kann doch nicht warten, bis Sie ihren Hund eingefangen haben."

„Aber Sie können auch nicht losfahren", meldete sich eine mir unbekannte Stimme, „solange der arme Hund hier in dem Bus ist."

„Toll!", meinte eine weitere Stimme, „ich habe einen Termin, soll ich etwa wegen eines blöden Hundes meinen Termin verpassen?"

„Also bitte", empörte sich eine andere Stimme, „der Hund ist doch nicht blöd!"

„Egal wie", schimpfte eine raue Stimme, „wir jagen den dummen Köter jetzt, packen ihn und schmeißen ihn dann aus dem Bus!"

„Der arme Hund", empörte sich die erste der Stimmen, „wie können Sie nur so herzlos sein? Bestimmt ist der Hund ganz verängstigt."

„Mein Hund", grunzte Frau Scharlag, „ist nicht verängstigt, der ist einfach nur blöd!"

„Egal wie", sagte der Busfahrer streng, „der Köter muss raus, weil ich weiter muss!"

„Was?", geiferte Frau Scharlag. „Was glauben Sie denn, was ich hier mache? Ich versuche ja, den Köter einzufangen."

Sie setzte sich wieder in Bewegung.

„Und du kommst jetzt sofort zu mir", schrie sie, „oder ich lass dich vom Hundefänger jagen. Blöder Hund!"

„Wenn Sie so mit Ihrem Hund reden", ergriff eine zart klingende Stimme Partei für den Hund, „dann kann der ja nicht hören. Der hat ja Angst vor Ihnen!"

„Genau", meinte eine andere Stimme, „Sie müssen den Hund freundlich und aufmunternd ansprechen. Er muss das Gefühl haben, dass er bei Ihnen Geborgenheit findet."

„Sicher kann der sich nur in einem sein", keifte Frau Scharlag, „entweder kriegt er Prügel, oder er landet im Tierheim!"

„Herr Busfahrer", meldete sich eine tiefe Stimme, „können Sie nicht über Funk einen Tierfänger rufen?"

„Sie Unmensch", empörte sich die zarte Stimme, „wie können Sie nur?"

Frau Scharlag stapfte mit schweren Schritten durch den Bus.

„Wo ist der Köter überhaupt?"

„Ist mir egal", meinte der Fahrer gleichgültig, „wenn der nicht gleich verschwunden ist, fahre ich auch mit ihm los!"

„Ich sage Ihnen", zischte Frau Scharlag gereizt, „Sie werden mit meinem Hund nirgendwo hinfahren."

Plötzlich kam Bewegung in den Bus.

„Da ist er ja, der kleine Schatz", flötete die zarte Stimme, „hast dich vor der bösen Mutti unter dem Sitz versteckt?"

Noch ehe die zarte Stimme den Hund bergen konnte, setzte sich Frau Scharlag wiederum in Bewegung. Ihre Schritte klangen schwer und äußerst zielgerichtet.

„Ei", meinte die zarte Stimme, „und was er für ein süßes Gesichtchen er hat, das liebe Hundi."

Frau Scharlag blieb stehen.

„Hallo", meldete sich der Busfahrer über das Mikrofon, „wir müssen los!"

„Sie grober Mensch", die zarte Stimme war außer sich, „Sie machen dem kleinen Hundi ja Angst!"

Der Lautsprecher verstummte.

„Komm jetzt", fauchte Frau Scharlag, „blöder Hund, du kommst jetzt sofort zu mir!"

Ich hörte, wie sie in die Hocke ging. Wahrscheinlich versuchte sie nun, sich ihren Hund zu greifen. Lautes Stimmengewirr, eine Gemisch aus Flüchen, Ermahnungen, guten Ratschlägen und dem Jaulen und Kläffen des Hundes drangen an mein Ohr.

„Halten Sie ihn doch fest", brüllte Frau Scharlag, „wenn Sie mir nicht helfen, kann ich den Hund auch nicht einfangen und Sie können auch nicht weiterfahren!"

„Ich werde den Teufel tun und Ihren struppigen Köter anfassen!", brüllte die tiefe Stimme zurück. „Womöglich ist der voller Flöhe."

Der Hund bellte laut, die zarte Stimme schrie entsetzt auf.

„Er wollte mich beißen! Dabei wollte ich ihn doch nur streicheln."

„Haben Sie eben davon", meinte Frau Scharlag, „ich habe Ihnen doch gesagt, er ist ein blöder Hund."

„Jetzt reicht es mir aber", rief der Fahrer durch sein Mikrofon, „verlassen Sie und Ihr Hund sofort meinen Bus! Dies ist mein Bus und ich kann hier bestimmen, wer mitfährt und wer nicht."

In der Zwischenzeit war ich an meinem Wagen angekommen. Ich lehnte mich an die Beifahrerseite und grinste. Diesen Satz hatte man ihm bestimmt während der Ausbildung beigebracht. Bei Menschen mochte er so eine gewisse Wirkung erzielen, aber bei Hunden?

„Hätten Sie", entgegnete Frau Scharlag dem um seinen Fahrplan kämpfenden Busfahrer, „hätten Sie nicht die Türen offen stehen lassen, mein Hund wäre ja gar nicht hereingekommen."

„Jetzt habe ich noch Schuld?"

„Wer sonst? Ist doch Ihr Bus!"

„Verdammt noch mal!", meldete sich nun eine neue Stimme aus dem hinteren Teil des Busses. „Können wir jetzt endlich losfahren?"

„Wenn", wiederholte Frau Scharlag in betont bedrohlicher Manier ihren Standpunkt, „wenn, der Hund draußen ist, dann können Sie fahren!" Dann setzte sie noch einen drauf: „Und vorher fährt hier niemand los!"

„Ich habe jetzt endgültig die Nase voll!", rief der Fahrer, diesmal jedoch nicht über sein Mikrofon, er schien nun aktiv eingreifen zu wollen.

Ich zog meine Pfeife aus der Jackentasche, stopfte sie und zündete sie an. Die dicken Rauchwolken stiegen gemächlich in die Luft. Eigentlich hatte ich die Hoffnung schon aufgegeben, jemals in die Wohnung gelangen zu können. Ich hatte beschlossen, mir dieses Hörspiel auch weiterhin anzuhören. Den Geräuschen nach, war der Fahrer von seinem Sitz aufgestanden, wohl in der Absicht, sich an der Jagd nach dem Hund zu beteiligen. Vielleicht wollte er aber einfach auch aus diesem Irrsinn flüchten. Dann schien er stehen zu bleiben, die Schritte entfernten sich wieder, er kehrte zurück auf seinen Platz. Es folgte ein Zischen und Pfeifen.

„Lassen Sie doch um Himmelswillen die Türen zu!", rief Frau Scharlag entsetzt.

Doch der Fahrer wollte nicht auf ihre Forderung eingehen. Unbarmherzig öffneten sich die Türen weiter. Die Hartnäckigkeit des Fahrers wurde von Frau Scharlag mit Flüchen und Beschimpfungen quittiert. Hier schimpfte jedoch nicht die besorgte Besitzerin eines nicht hören wollenden Hundes, Frau Scharlag war einfach nur sauer. Es ärgerte sie einfach, dass der Fahrer nicht auf sie hören wollte. Außerdem erhielt der Hund so die Möglichkeit, sich ihrem Zugriff zu entziehen, was er auch einige Augenblicke später tat. Der laute Aufschrei einer einzelnen Frau, ein zeitgleicher Jubelschrei unzähliger Stimmen zeigte mir an, dass der Hund den Bus endgültig verlassen hatte. Ein plötzlich einsetzendes Scharren verriet mir, dass Frau Scharlag nun ebenfalls aus dem Bus gestiegen war.

„Bleibst du stehen", kreischte sie, „ins Heim lasse ich dich bringen, verlass dich drauf!"

Aus irgendeinem Grunde hatte der Hund keine Lust mehr, sich weiter von seinem Frauchen jagen zu lassen. Frau Scharlags Bewegungen wurden ruhiger, sanfter. Dann hörte ich sehr versöhnliche Worte aus ihrem Munde.

„So ist brav. Na also, geht doch. Und jetzt komm zur Mutti."

Das gleichmäßige Rascheln und Rauschen ließen mich eine gewisse Ruhe und Gelassenheit in der Beziehung zwischen Frau Scharlag und ihrem Hund vermuten. Diese Chance wollte ich nutzen.

„Hallo!", rief ich in das Telefon, „hallo, Frau Scharlag?"

Erwartungsgemäß erfolgte keinerlei Reaktion. Stattdessen vernahm ich ein eigenartiges Echo. Ich hielt das Handy weit von meinem Ohr entfernt. Das Rascheln hatte aufgehört. Nun vernahm ich die Stimme eines männlichen Passanten. Was mich verwirrte, ich hörte einerseits die Stimmen und Gesprächsfetzen über mein Handy, andererseits aber glaubte ich diese Stimmen auch ganz in meiner Nähe hören zu können. Zunächst glaubte ich an eine technische Störung meines Handys. Ich verließ daher meinen Wagen, ging einige Schritte, bis ich den Rand des Gehweges erreicht hatte. Mir gegenüber bemerkte ich zwei ältere Männer, die sich mit einer korpulenten Frau angeregt unterhielten. Seltsam, dachte ich, sie führt einen Hund an der Leine? Kein schöner Hund, eher ein Straßenköter, aber er passte zu ihr. Unwillkürlich musste ich an die Frau im Bus denken. Plötzlich durchfuhr mich ein Gedanke. Vielleicht waren ja die Person aus dem Bus und die Frau auf dem Gehsteig gegenüber ein und dieselbe Person. Ich wagte einen letzten Versuch.

„Frau Scharlag", rief ich über die Straße hinweg. Das Echo war deutlich. Doch die Frau auf der anderen Straßenseite reagierte nicht. Ich rief sie noch einmal an.

„Frau Scharlag!"

Die Frau auf der anderen Straßenseite drehte sich sichtlich irritiert nach mir um. Sie trug eine Brille und diese saß gefährlich nahe der Nasenspitze.

„Sind Sie Frau Scharlag?", rief ich hinüber.

„Ja", erwiderte sie knapp.

Ich atmete erleichtert auf. Endlich schien meine Odyssee ein Ende zu finden.

„Frau Scharlag, ich versuche schon seit einigen Minuten, Sie zu sprechen."

„Ach?"

„Es wäre schön gewesen, Sie wären mal an Ihr Telefon gegangen!"

„Tut mir leid", entschuldigte sie sich, „wenn Sie wüssten, was ich in den letzten zehn Minuten für einen Stress gehabt habe, dann wären Sie gewiss auch nicht ans Telefon gegangen."

Demonstrativ schaltete ich mein Handy aus.

„Ich habe alles mitbekommen. Die Sache mit ihrem Hund und

dem Bus. Ich habe praktisch die ganze Zeit über in Ihrer Hosentasche gelegen."

Sie lächelte gequält, griff beiläufig in ihre Hosentaschen und zog aus der linken Tasche ihr Handy hervor. Sie warf einen Blick auf das Anzeigefeld, zog die Augenbrauen hoch und drückte hastig auf den Tasten herum.

„Dann haben Sie mich die ganze Zeit über belauscht?", fragte sie vorwurfsvoll.

„Belauscht? Nein, so möchte ich das nicht ausdrücken, immerhin war ich ja nicht freiwillig in Ihrer Hosentasche."

Frau Scharlag starrte mich ausdruckslos an. Der Hund zappelte an ihrer Leine, und es war unschwer zu erkennen, er wäre am liebsten erneut fortgelaufen. Die beiden waren schon ein seltsames Gespann, passten aber irgendwie doch zueinander. Vollkommen unvermittelt hellte sich Frau Scharlags rundes, von einem imposanten Doppelkinn beherrschtes Gesicht auf. Sie rang sich sogar ein kurzes Lächeln ab.

„Dann waren Sie der Mann, der mich eben angerufen hat und wissen wollte, wie er zu den Kakerlaken kommt?"

„Der war ich", bestätigte ich ihre Annahme, „aber eigentlich wollte ich nicht zu den Schaben, sondern zu einem Herrn Reha!"

Ich hatte das Gefühl, dass Frau Scharlag meine Frage nicht verstanden hatte. Ich erinnerte mich an eine dieser unsäglichen Gerichtssendungen, wo die Anwälte vor ähnlichen Problemen standen. Ich stellte die Frage anders.

„Frau Scharlag, sagen Sie mir doch bitte noch einmal die Hausnummer."

„Können Sie die nicht finden?"

Wahrscheinlich nicht, grollte ich innerlich.

„Richtig", bestätigte ich ihren Verdacht, „ich glaube, ich habe die falsche Hausnummer, und jetzt hätte ich gerne von Ihnen die richtige."

„Aber", rief sie weiterhin über die Straße hinweg, „ich habe die Hausnummer doch der Frau im Büro gegeben. Also, ich habe da die ganze Adresse abgegeben."

Wahrscheinlich handelte es sich hier um eine Einweg-Hausnummer, mehrfach durfte man sie nicht nennen, sonst löste sich das ganze Haus auf. Vielleicht könnte ich sie aus der Reserve locken, sie doch noch zu verwertbaren Angaben bringen, wenn ich direkt vor ihr stehen würde. Also wechselte ich die Straßenseite und ging langsam auf sie zu. Je näher ich kam, desto unruhiger wurde sie. Der Hund versteckte sich hinter ihren Beinen. Als ich vor ihr stand, wiederholte ich meine Frage noch einmal.

„Die Hausnummer!"

„163a", hauchte sie.

„Ach! Nicht 63a? Da wohnt aber kein Herr Reha!"

„Der heißt ja auch nicht so. Gehen Sie mal nach 163a, ein paar Straßen von hier, da werden Sie den Mann finden. Vor dem Haus stehen zwei Klos. Eine einzige Baustelle ist das."

„Ist das denn auch der Mastweg?"

„Vermutlich schon", sagte sie gewohnt knapp.

Der Hund wagte sich wieder hinter ihren Beinen hervor, schaute kurz zu seinem Frauchen auf und versuchte dann, den Abstand zu ihr zu vergrößern. Die Leine spannte sich. Frau Scharlag warf einen abschätzigen Blick auf ihn.

„Lass das!", ranzte sie ihn kurz an und wandte sich dann wieder mir zu: „Da drüben wohnt kein Mann."

Der Hund zerrte weiter an der Leine. Gerne wäre er seinem Frauchen wieder fortgelaufen. Als sie seine Absichten erkannte, zog sie ruckartig an der Leine. Um einer Strangulation zu entgehen, stellte sich der Hund auf die Hinterbeine und wimmerte verhalten. Vollkommen unbeeindruckt von dem Hilferuf ihres Hundes zog sie die Leine noch fester an.

„Nicht auf die Straße!", brüllte sie die arme Kreatur an.

Der Angeschriene ging entsetzt auf die Krallenspitzen.

„Sonst kommt der böse Bus", mischte ich mich in das Gespräch ein, „macht die großen Türen auf und zack, ist der kleine Wuffi wieder drin."

Frau Scharlag betrachtete mich zunächst ungläubig, dann entspannten sich ihre Gesichtszüge. Sie lachte. Nur gut, dass ich nicht am anderen Ende der Leine hing.

„Keine Angst", erklärte sie uns beiden, „der nächste Bus kommt erst in einer Stunde und dann sind wir längst wieder zuhause."

Sie lockerte die Leine und beugte sich leicht vor.

„Nein, du wirst in den nächsten Minuten höchstens überfahren, wenn du auf die Straße läufst."

Sie lockerte den Zug an der Leine nun gänzlich. Der Hund bedankte sich mit einem befreienden Hecheln.

„Wie heißt denn nun der Mann?"

„Welcher?"

„Der, der in Hausnummer 163a wohnt."

„Also", sie rieb sich nachdenklich ihr Kinn, „ich kenne keinen Reha. Der Mann, den ich meine, heißt Neer, aber ohne Herr, sondern mit Ralf vorne. Also Ralf Neer!"

Na wunderbar! Da hatte meine liebe Frau doch tatsächlich den falschen Namen und die falsche Hausnummer notiert. Tja, also zumindest für den falschen Namen fand sich eine Entschuldigung, sofern man Frau Scharlags Telefonstimme und Aussprache kannte. Aus Ralf Neer konnte so leicht Herr Reha werden. Und die Sache mit der Hausnummer würde sich bestimmt auch noch aufklären.

„Und wie", versuchte ich ihr das Geheimnis nun endgültig zu entlocken, „komme ich nun zu Herrn Neer hin?"

Vollkommen überraschend beugte sich Frau Scharlag zu ihrem Hund herunter und tätschelte ihm seltsam vertraut den Kopf. Dann sah sie mich von schräg unten an und grinste breit, ihre Augen strahlten seltsam heiter.

„Ich bring Sie hin", meinte sie irgendwie verschlagen, „finden Sie sonst nie! Komm Hund, wir fahren Auto!"

Ich schluckte heftig, ein Hund in meinem Auto, diese Frau in meinem Auto! Sämtliche Alarmglocken in meinem Kopf schrillten, angespannte Nerven suchten verzweifelt nach einem Ausweg. Aus dem Augenwinkel heraus beobachtete ich, wie sich Frau Scharlag und ihr Hund langsam auf mein Auto zu bewegten. Mir blieb nur wenig Zeit, die kommende Katastrophe von mir und meinem Fahrzeug abzuwenden. Dann endlich zeigte sich vor meinem geistigen Auge ein Schild mit der Aufschrift „Ausreden". Schon seit geraumer Zeit nicht mehr genutzt, brannten sie darauf, endlich freigelassen zu werden.

„Tut mir leid", bahnten sie sich ihren Weg, „ich habe kaum Platz in meinem Wagen. Ich meine auch gehört zu haben, dass die Dämpfe und Rückstände in meinem Wagen für Sie und Ihren Hund nicht förderlich sind. Bedenken Sie nur, all das Gift!"

Meine Ausreden warteten noch auf eine entsprechende Rückmeldung.

„Na, macht nichts", sagte sie, ohne eine Spur der Enttäuschung, „dann gehen wir vor und führen Sie."

Erleichterung erfasste meine gequälte Seele! Meine Nerven beruhigten sich allmählich und mein Puls sank.

„Dann fahre ich mal hinter Ihnen her."

Was folgte, war eine Autofahrt der besonderen Art, Frau Scharlag und ihr Hund schritten Seite an Seite voran, mitten auf der Straße, und ich folgte ihnen in geringem Abstand. Die von ihrem Hund erzwungenen Zwischenstopps gestalteten die Fahrt nicht gerade angenehm. Seltsamerweise unterwarf sich Frau Scharlag nun dem Wunsch ihres Hundes, ließ ihn an jedem Autoreifen schnüffeln und sein Bein heben. Nach zehn Metern und rund einem Tausendstel der gesamten Strecke, fragte ich mich insgeheim, ob die beiden Wesen mich aus Bosheit oder Rache dergestalt führten. Nein, ich schob meine Gedanken beiseite, Frau Scharlag warf mir einen entschuldigenden Blick zu. Dann zerrte sie ihren Hund weiter. Ich lächelte freundlich zurück. Sie schien mich in ihr Herz geschlossen zu haben, und das nach so kurzer Zeit. Für den Bruchteil einer Sekunde dachte ich darüber nach, mich ihrer Führung durch Flucht zu entziehen, doch verwarf ich diesen Gedanken gleich wieder. Nach all diesen Irrungen und Missverständnissen wusste ich nämlich nicht mehr, wo ich mich befand. Ich war ihr, zumindest in diesem Augenblick, auf Gedeih und Verderb ausgeliefert. Ich hatte die Hoffnung auf ein baldiges Ende dieser Reise schon aufgeben, da hielt sie vollkommen unvermittelt an, diesmal jedoch nicht, weil ihr Hund dies verlangte, sondern weil sie es als notwendig erachtete. Ich stoppte meinen Wagen, eigentlich drückte ich die Kupplung nur ganz durch, und sah sie fragend an. Frau Scharlag schien sich neu orientieren zu müssen. Mir indes kam die Ecke, an der wir angehalten hatten, sehr bekannt vor. Ich war schon einmal dort gewesen. Ich schlug mit der flachen Hand auf mein Lenkrad. Klar, links in die Straße rein, dann noch ein Stückchen fahren und ich würde wieder an meiner vor knapp zwei Stunden aufgegebenen Ausgangsposition mit den beiden mobilen Toilettenhäuschen stehen. Mastweg 163a. Hatte sie mich am Ende doch aus Rache über Umwege hierher geführt, oder war mir der Weg nur so unendlich lang vorgekommen. Ich ließ die Scheibe hinunter.

„Und wohin jetzt?"

Sie machte eine ausladende Geste mit ihrem linken Arm, vergaß dabei aber vollkommen, dass sie mit ihrer linken Hand auch die Leine hielt. So folgte der Hund denn auch im hohen Bogen dem Arm, was er mit einem Jaulen bedachte.

„Der wohnt im dritten Stock", sagte sie abschließend, „ich bin der Freund."

Ich wunderte mich kurz, erwiderte jedoch nichts. Ich hatte Frau Scharlag schon lange genug bemüht. Ich ließ die Scheibe wieder hochfahren, winkte ihr noch einmal zu, setzte den Blinker und bog in die Straße ein. Gewohnheitsgemäß blickte ich vor dem Abbiegen noch einmal in Seiten- und Rückspiegel, eigentlich nur, um den rückwärtigen Verkehr beobachten zu können. Was ich jedoch sah, trübte meine gute Stimmung schlagartig. Zunächst überlegte ich, ob ich die Person, die hinter meinem Wagen wedelnd und winkend auf- und abhüpfte, einfach ignorieren oder ob ich anhalten und sie nach dem Grund ihrer spontanen Erregung befragen sollte. Da sie mit ihren wilden Gesten fortfuhr, entschied ich mich anzuhalten. Wieder ließ ich die Seitenscheibe herunter. Geduldig wartet ich auf Frau und Hund.

„Wollen Sie jetzt zu ihm?", hechelte sie, als sie auf der Höhe meines Wagens war.

„Ja, eigentlich schon!"

„Vergessen Sie es!", sie holte tief Luft: „Der ist jetzt nicht mehr da. Der ist zur Therapie oder so."

„Sie meinen also, es wäre jetzt vollkommen sinnlos, wenn ich ihn aufsuchen würde?"

„Ja. Sie sind ja auch schon über die Zeit. Hätten eben sofort hinfahren sollen und nicht Ihre Zeit mit dem Belauschen fremder Telefonate verplempern sollen!"

Ich schwieg und fühlte mich schuldig.

Und immer sind es die anderen

Einige Tage später stand ich erneut vor dem Hochhaus. Ich orientierte mich kurz. Rechts vor mir standen die mobilen Toilettenhäuschen, dort war der schmale Weg. Ich war am Ziel und das zum zweiten Male innerhalb weniger Tage. Aber gut. Ich wollte mich nicht beschweren. Ich schlenderte auf den Eingang zu und ließ meinen Blick über das große Klingeltableau neben dem Hauseingang gleiten. Wunderbar, Herr Neer hatte seinen Namen mit einem dicken Filzstift auf ein altes Klingelschild geschrieben. Ohne Herr, dafür mit Ralf davor! Ich drückte den Knopf und Sekunden später hörte ich den Türsummer. Voller Elan schob ich die Türe auf und stürmte die ersten Treppenstufen empor. Auf dem ersten Absatz machte ich halt und hielt Ausschau nach einem Aufzug. Fehlanzeige. In diesem Haus gab es keinen Aufzug. Also doch die Treppen. Ich stellte mich der Herausforderung, nahm die ersten beiden Etagen in rekordverdächtiger Zeit, quälte mich dann die nächsten Stufen hinauf. In der dritten Etage hielt ich inne, überflog die Türschilder, kein Herr Neer. Ich begab mich eine Etage höher. Fehlanzeige. Nächste Etage. Endlich hatte ich die sechste Etage erreicht. Wieder las ich die Schilder, Kaja, Franzen, Sauren und Neer. Ich war am Ziel. Ich klopfte an die Wohnungstüre. Augenblicke später wurde die Türe einen Spalt breit geöffnet. Ein übler Geruch zog aus der Wohnung hinaus in den Hausflur, direkt in meine durch die Anstrengung des Aufstiegs weit geöffneten Nasenflügel. Ein hochroter Mann, mit einem schmuddeligen Freizeitanzug bekleidet, stand vor mir in der geöffneten Türe.

„Ja", grummelte er.

„Lieving", stellte ich mich ihm vor, „ich komme wegen Ihrer Schaben."

Zwei glasige Augen sahen mich mehr als fragend an.

„Ich komme wegen der Kakerlaken."

Er öffnete die Türe nun ganz. Der Geruch wurde intensiver, ja, er ließ nun sogar eine gewisse Differenzierung zu. Der Duft von Schaben war nicht darunter. Die Gerüche von alten, kalten Zigaretten, Alkohol und sogar Brandgeruch lagen in der Luft. Eine Müllwohnung. Während meine Nase versuchte, dem Gestank zu entrinnen, heftete sich mein Blick gespannt auf das Innere der Wohnung. Da Herr Neer noch immer keine Anstalten machte, mich in seine Wohnung hineinzulassen, wies ich noch einmal auf mein Anliegen hin.

„Herr Neer."

„Ja."

„Sie hatten doch wegen der Schaben anrufen lassen?"

„Von der Frau."

Was nun folgen würde, hatte ich bereits erlebt. Darum erlaubte ich mir, das folgende Prozedere abzukürzen.

„Ja, von der Frau Scharlag, Ihrer Lebensgefährtin", ich machte eine kurze Pause und korrigierte mich dann sofort, „von Ihrem Freund."

Sein glasiger Blick hellte sich auf.

„Dann sind Sie der Kammerjäger?"

„Ja. Sie haben Schaben?"

„Was?"

„Kakerlaken!"

„Habe ich", seine Skepsis gegenüber Fremden legte sich allmählich, „gut, dann kommen Sie mal rein."

Er machte kehrt und bedeutete mir mit einer knappen Geste, ihm ruhig zu folgen. Der Wohnungsflur roch erbärmlich und gab einen Vorgeschmack auf die rechts und links liegenden Zimmer.

„Haben Sie gut hergefunden?"

„Ich hatte eine sehr gute Beschreibung, danke."

„Schön."

Er öffnete eine Türe am Ende des Flurs.

„Hier ist meine Küche, im Moment ist sie nicht richtig aufgeräumt."

Nicht aufgeräumt war, gelinde gesagt, untertrieben.

„Wollen Sie sich setzten?", fragte er mich höflich, „dann mache ich Ihnen einen Stuhl frei."

Ich betrachtete die Hinterlassenschaften unzähliger Mahlzeiten und diverser Gelage.

„Nein danke, ich sitz' ja den ganzen Tag in meinem Auto, da bin ich froh, wenn ich mal stehen kann."

Er nickte verständnisvoll. Dann lief er zu einem Möbel hinüber, welches ich aufgrund der dort gestapelten Küchenutensilien als Spüle identifizierte, fegte einigen Unrat beiseite und ließ einen Wasserhahn das Licht der Welt erblicken. Er ergriff eine Tasse, warf kurz einen Blick hinein und drehte sie auf den Kopf.

„Möchten Sie auch einen Kaffee?"

„Im Moment nicht, danke."

„Gut, ich eigentlich auch nicht."

Er stellte die Tasse wieder zurück.

„Möchten Sie mal eine sehen?"

„Eine was?"

„Na, eine Kakerlake."

Da ich ihm nicht alles ausschlagen wollte, stimmte ich zu. Er verließ die Küche, verschwand durch den Flur in eines der anderen Zimmer und kehrte nach einigen Augenblicken mit einem Glas in der Hand wieder zurück. Stolz hielt er es, mit seinen Händen fest umschlossen, vor der Brust.

„Da sind sie, die kleinen Scheißerchen! Habe ich alle gefangen", sagte er nicht ohne Stolz.

Der Inhalt des Glases löste bei mir keine große Überraschung aus. Dass Herr Neer da keine Schaben gefangen hatte, war mir bei seinem Anblick und seiner überaus behäbigen Natur von Anfang an klar gewesen. Schaben wären zu schnell für ihn gewesen. Und wenn er diese Tiere mit eigener Hand in einem Glas gefangen hatte, so konnten dies – bei seinem Elan – nur langsam dahinkriechende Käfer sein.

„Das sind Speckkäfer", sagte ich, „in Ihrem Fall handelt es sich um den gemeinen Speckkäfer."

„Keine Kakerlaken?"

„Nein."

„Und warum nicht?"

Ich war verwirrt. Eine solche Frage hatte ich noch nicht gestellt bekommen.

„Weil Speckkäfer ganz anders aussehen."

„Wissen Sie das genau?"

„Ja."

„Gut. Und wo kommen die her?"

Ich warf einen Blick auf die diversen Müllhaufen, die sich vollkommen frei und ungebändigt in der Wohnung verteilten. Er folgte meinem Blick.

„Die kommen von Ihnen."

Er stutzte.

„Was machen die denn bei mir?"

„Was Sie schon seit geraumer Zeit nicht mehr machen."

Sein Blick verriet sein Unverständnis.

„Die fressen Ihren Abfall."

Er lächelte verlegen.

„Und davon können die leben? Können denn von dem bisschen Unordnung so viele Käfer leben?"

„Nun ja, als unordentlich würde ich das nicht bezeichnen, eher als schmutzig."

Unschuldig hob er die Achseln.

„Bin erst vor einer Woche nach Hause gekommen. War in Kur, wegen dem Trinken."

„Aber den Müll hat es doch schon vorher gegeben?"

Er fuhr sich mit der Hand durch seine dünnen Haare. Er verließ die

Küche und inspizierte die restlichen Räume. Nach einer Weile kehrte er zurück.

„Ich weiß auch nicht, wie der Müll hier reingekommen ist. Mit einem Mal war er da."

Ich nickte verständnisvoll. Ganz Unrecht hatte er ja nicht, auch wenn die beeindruckende Menge an Lebensmittelresten und an Speckkäfern eine andere Wahrheit aufzeigte. Speckkäfer und all ihre Anverwandten zersetzen abgestorbenes, organisches Material. Also auch Unrat. Doch die meisten Müllmenschen glauben fest daran, dass diese Insekten aus heiterem Himmel auftauchen würden. Einen Zusammenhang zwischen seinem eigenen Verhalten und dem Auftreten der Käfer wollte kaum einer dieser Menschen herstellen. Herr Neer stand also mit seinem subjektiven Empfinden, was das Auftreten der Käfer und die zunehmende Vermüllung anbelangte, nicht alleine da. Aus seiner Sicht hatte er weder eine Chance gegen das Anwachsen des Mülls in seiner Wohnung noch gegen die Käfer gehabt. Irgendwann einmal hatte er kapituliert.

„Sind die Käfer überall?"

„Ich denke schon. Obwohl", lenkte er dann ein, „die in dem Glas habe ich im Badezimmer gefunden."

Er kratzte sich nachdenklich hinter seinem Ohr, dann grinste er breit.

„Könnte es nicht sein, dass die Tiere aus der Wohnung über mir kommen?"

Mit der Fußspitze schob ich einen eindrucksvollen Stapel schmutziger Handtücher beiseite. Darunter kamen drei geöffnete Konservendosen zum Vorschein, die Reste des Inhalts klebten eingetrocknet an ihren Rändern. Die plötzliche Unruhe, ausgelöst durch meinen Fußtritt, veranlasste einige der Käfer und deren Larven zur Flucht aus dem Müllhaufen. Ich ließ mir seine Frage noch einmal durch den Kopf gehen, während ich einen weiteren Stapel Abraum über den Boden schob. Herr Neer beobachtete mich aufmerksam.

„Kann es nicht sein", fügte er seinem ersten Gedanken einstweilen hinzu, „dass die Käfer doch von den Nachbarn kommen?"

„Warum von den Nachbarn?"

„Früher hatte ich so Tiere nicht", erläuterte er. „Aber seitdem die die Fliesen in meinem Badezimmer abgeschlagen haben, – ist jetzt zwei Jahre her – seit dieser Zeit habe ich die Käfer."

„Ich verstehe den Zusammenhang nicht, ich meine, was soll das Abschlagen der Fliesen mit dem Auftreten der Käfer zutun haben?"

Er hob die Schultern und zog die Augenbrauen leicht nach oben.

„Ich weiß nicht, war nur so ein Gedanke."

War kein Gedanke, sondern ein Versuch.

„Die Käfer", sagte ich ihm, „kommen von Ihnen. Die leben von dem Abfall, den Sie hier in Ihrer Wohnung stapeln, anstatt ihn in die Mülltonne zu werfen."

„Irrtum ausgeschlossen?"

„Ja."

Ich war es irgendwie leid, Menschen, die egal wie sie ihr Leben an den Rand des Abgrundes gefahren hatten, Anlass zu der Hoffnung zu geben, die Folgen ihres Handelns anderen Menschen anlasten zu können. Solche Fälle hatten sich in den letzten Jahren gehäuft. Es war Zeit, ein klärendes Wort zu sprechen.

„Die Speckkäfer entwickeln sich und leben von dem Müll in Ihrer Wohnung. Und davon gibt es hier ja reichlich"

„Echt?"

„Echt!"

Ich verließ die Küche und ging zurück in den Flur. Mein Blick fiel auf das Wohnzimmer. Einzig die Couch und der Fernseher waren vom Unrat befreit, ansonsten glich der Raum einer einzigen Müllhalde. Der dumpfe Geruch von kaltem Zigarettenrauch und abgestandenem Bier und Schnaps wurde von einer anderen, schärferen Note überschattet. Brandgeruch. Ich suchte nach einer Quelle.

„Hat es hier gebrannt?"

„Wo?"

„In Ihrem Wohnzimmer!", rief ich gereizt.

Er gesellte sich zu mir, sein Atem ging schwer und überdeckte den Geruch des Unrats. Er schnupperte, dann wies er mit seiner Hand auf eine dunkle Stelle zwischen der Couch und dem Fernseher.

„Da stand mal ein Tisch", sagte er beiläufig, „ist aber abgebrannt."

„Abgebrannt", wiederholte ich seine Worte ungläubig.

Zu meiner großen Freude löste er sich aus meinem Schatten und begab sich direkt über die Brandstelle.

„Na ja, so richtig gebrannt hat es ja nicht, mehr so geschmort. Aber es hat schon mächtig gequalmt."

Die Geschichte wollte ich mir noch anhören, bevor ich mich wieder zurück in die wirkliche Welt begab.

„Was ist passiert?"

Er schaute mich vielsagend an und legte seinen Zeigefinger auf die Lippen. Sein Blick wanderte zur Zimmerdecke empor, dann senkte sich sein Blick wieder. Noch einmal betonte er den Finger auf seinen Lippen. Ich hatte verstanden, ich sollte schweigen, zumindest nicht mehr laut reden. Ich tat ihm den Gefallen.

„Es waren die Nachbarn", flüsterte er.

„Die Nachbarn?", fragte ich nach, „Sind die hier in der Wohnung gewesen?"

„Ist eine lange Geschichte", meinte er geheimnisvoll.

Da meine weiteren Termine eh nicht mehr einzuhalten waren, konnte mich seine Drohung nicht treffen.

„Erzählen Sie", forderte ich ihn auf.

„Nun gut. Also eigentlich will ich hier ja nicht wohnen", stellte er fest. Er rollte seine Augen. „Sie müssen nicht glauben, die Unordnung würde mich nicht stören. Aber irgendwie habe ich auch keine Lust mehr, die Sachen fortzuräumen."

„Die Lust fehlt Ihnen aber schon seit geraumer Zeit", unterbrach ich ihn.

Er überging meinen Einwand.

„Es fing alles mit den Nachbarn an, die die Wohnung über mir haben. Die sind nicht nur laut, die brechen auch ein!"

„Bei wem?"

„Bei mir sind die eingebrochen", behauptete er eisern, „und meine Sachen haben die auch durchwühlt!"

„Haben die denn auch etwas gestohlen?"

Ich konnte mir beim Anblick all des Unrats um mich herum ein Lächeln nicht verkneifen. Warum sollte ein Mensch in eine solche Wohnung einbrechen? An welchen Dingen sollte er sich bereichern?

„Geklaut haben die nichts", sagte er, „die sind immer nur in meine Wohnung gekommen, immer dann, wenn ich vorher an deren Tür geklopft hatte, weil die wieder einmal zu laut gewesen sind."

„Sie waren während der Einbrüche also in Ihrer Wohnung?"

„Ich glaube schon. Also, ich bin mir sogar ziemlich sicher."

„Aber, dann hätten Sie die Einbrecher ja in flagranti erwischen können?"

„Ja?"

„Bestimmt!"

„Wenn Sie das sagen."

„Warum haben Sie denn nicht die Polizei gerufen?"

„Es gab ja keine Spuren, keine Fingerabdrücke. Außerdem, wer glaubt schon so jemandem wie mir?"

Niemand, schoss es mir durch den Kopf.

„Und da habe ich mir gedacht, ich müsste mich gegen die verteidigen."

„Sie haben sich bewaffnet?", fragte ich.

„Nein, ich bin kein gewalttätiger Mensch", erklärte er nachdrücklich, „ich leistete diesen Menschen passiven Widerstand."

„Passiv?"

„Ja, ich habe einfach nicht mehr aufgeräumt. Ich errichtete ein Bollwerk aus Müll gegen die Eindringlinge."

Raffiniert. Herr Neer war ein richtiger Fuchs.

„Und die Einbrüche hörten dann auch auf?"

„Mit zunehmender Unordnung schon. Dann haben die sich aber etwas Neues einfallen lassen", er hielt inne, beobachtete meine Reaktion.

„Ich bin gespannt", erlöste ich ihn.

„Mitten in der Nacht klingelten die an meiner Türe!"

„Nein", tat ich entsetzt, „ist ja nicht zu fassen! Unverschämtheit!"

„Genau. Und die haben ja nicht nur einmal geklingelt, sondern immer wieder. Ganz oft. Richtig erschrocken war ich."

„Der reine Terror!"

Er winkte ab, relativierte meine letzte Bemerkung.

„Ich will ja eh hier raus. Mir gefällt es hier nicht mehr. Alleine die Wohnung, die Aufteilung, der Krach und das Umfeld. Am schlimmsten aber sind die Nachbarn. Nein, ich will hier raus."

„Der Brand", lenkte ich seine Gedanken wieder auf das eigentliche Thema.

Er steckte die Hände in die ausgebeulten Taschen seines Freizeit-anzuges und zog sie nach einer Weile wieder etwas heraus. Er schnalzte laut mit der Zunge.

„Ich habe ja meinen Vermieter über das Verhalten meiner Nachbarn informiert. Der musste das ja wissen. Genutzt hat es aber nichts, was mir natürlich schon vorher klar gewesen war. Also musste ich handeln."

„Natürlich", stimmte ich ihm halbherzig zu.

„Mein Vermieter, also die Gesellschaft, sah sich nämlich nicht in der Lage zu handeln, solange ich keinen Beweis für meine Behauptung erbringen könnte, dass die Nachbarn an meiner Haustüre klingeln, mich anrufen und in meine Wohnung einbrechen. Ich musste ihnen also eine Falle stellen, sie in einen Hinterhalt locken und sie dann erwischen."

„Verstehe!"

„Habe mich also auf die Lauer gelegt. Drei Nächte lang. Scheinen die aber geahnt zu haben", er machte eine Pause, atmete tief durch, dann fuhr er fort: „In der vierten Nacht war es dann endlich so weit."

Er schluckte heftig, seine Kehle war vom vielen Sprechen ausgedorrt.

„Was geschah in der vierten Nacht?", die Zeit drängte.

„Es klingelte", begann er erneut, „mit einem Hechtsprung verließ ich meinen Sessel, den da in der Ecke, und lief mit ein, zwei großen Schritten in den Flur, machte dann noch einen großen Sprung und riss mit einem heftigen Ruck die Wohnungstüre auf."

„Dann noch einen letzten Sprung", beschleunigte ich seine Ausführungen, „und Sie hielten die Frevler am Kragen!"

Mit großen Augen schaute er mich an. Einen Moment lang überlegte er, ob er sich über meine Einmischung ärgern oder sie mit Wohlwollen bedenken sollte. Zu meinem Glück entschied er sich zu einem zustimmenden Grinsen.

„Was Sie mir da zutrauen", meinte er sichtlich verlegen, „nein, ich habe die nicht fangen können. Sie waren zu schnell. Ich sah sie nur noch die Treppen rauflaufen."

„Und warum brannte dann Ihr Tisch?"

„Als ich zurück in der Wohnung war, ich bin natürlich ziemlich wütend gewesen, bin ich erst einmal in die Küche an den Kühlschrank gegangen. Habe mir auf den Schrecken erst einmal einen kräftigen Schluck aus der Flasche gegönnt. Mit einer Dose Bier bin ich dann zurück ins Wohnzimmer."

Er verließ mich und rief mir zu:

„Kommen Sie, ich erzähle Ihnen den Rest in der Küche."

Da ich die ganze Geschichte hören wollte, lief ich ihm hinterher. Was nun folgte, war eine Art Lokaltermin. Minutiös vollführte er sämtliche Handlungen, die er an diesem Tag getan hatte. Er lief zum Kühlschrank, öffnete ihn, nahm eine Flasche Korn heraus, öffnete sie, setzte sie an seine Lippen und nahm einen kräftigen Schluck. Erster Beweis für die Richtigkeit seiner Schilderung erbracht. Er stellte die Flasche zurück und verstaute den Verschluss in seiner Hosentasche. Er griff nach einer Dose Bier, drehte sich um, schenkte mir einen wohlwollenden Blick und lief an mir vorbei zurück ins Wohnzimmer. Zweiter Beweis. Ich heftete mich ihm an die Fersen.

„Und der Brand?", wollte ich nun endgültig von ihm wissen.

„Ich bin dann zurück, also zuerst in den Flur. War natürlich noch immer sauer, also richtig sauer. Musste dann noch mal an den Kühlschrank."

Ein weiterer Lokaltermin kündigte sich an, was ich durch eine gezielte Frage zu verhindern suchte.

„Der Brand?"

Er blieb im Türrahmen stehen, nippte an seiner Dose.

„Schon gut. Also, ziemlich beruhigt, wollte ich nur noch auf meinen Sessel. Ich wollte mich einfach nur noch beruhigen. Und auf dem Weg zu meinem Sessel habe ich dann irgendwie nicht mehr die Kurve gekriegt. Bin dann mit dem Knie gegen den dusseligen Tisch geknallt. Tat höllisch weh. Der Tisch hat dann gewackelt, vielleicht aber habe auch ich gewackelt, weiß nicht mehr so genau. Egal. Jedenfalls ist dadurch die Kerze vom Tisch gefallen. Blöd nur, als die auf dem Boden aufschlug, brannte die noch."

„Und dann der ganze Tisch?"

Er schüttelte den Kopf.

„Nein, der ging erst in Flammen auf, als ich versuchte, ihn zu löschen!"

„Haben Sie mit Spiritus gelöscht?"

Er winkte ab.

„Was denken Sie von mir?", er schien sichtlich getroffen, „ich habe da eine Decke drüber geworfen. Habe ich mal im Fernsehen gesehen. Konnte ja nicht ahnen, dass das nur so ein Filmtrick gewesen war. Egal, als die Decke drüber lag, bin ich in meinen Sessel. Nach all den Aufregungen hatte ich mir das auch wohl verdient. Ich gönnte mir noch ein Bier. Und nach dem letzten Schluck fielen mir dann die Augen zu."

Das Ende der Ausführungen war in greifbarer Nähe. Und obgleich ich ahnte, wie es zu dem Brand gekommen war, wollte ich nicht unfreundlich scheinen und fragte ihn noch einmal.

„Und wie kam es denn nun zu dem Brand?"

„Tja", sagte er nachdenklich, „so richtig weiß ich das auch nicht. Es war nur so, irgendwann wachte ich auf, weil ich so einen seltsamen Geruch in der Nase hatte. Ganz seltsam war das. Ich machte also die Augen auf und da sah ich so ein rötliches Licht. Zuerst wusste ich nicht, was ich davon zu halten hatte, dann aber erinnerte ich mich an die Kerze und die Decke. Stellen Sie sich vor, obwohl die im Fernsehen gesagt haben, man könnte so ein Feuer mit einer Decke löschen, war das gelogen. Es war nämlich die Decke, die da so stank."

„Was haben Sie getan?"

„Was hätte ich wohl machen sollen, eine zweite Decke hatte ich ja nicht. Ich habe also gewartet, bis sie abgebrannt war, so groß war die Decke ja auch nicht. Hat so zehn Minuten gedauert. Ich bin dann noch mal in die Küche", er grinste breit, „Sie wissen schon, der Schreck! Als ich dann wieder ins Wohnzimmer zurück, war die Decke verbrannt."

„Aber der Tisch", hakte ich nach.

„Den Tisch musste ich natürlich rausschmeißen. Der hat ja fürchterlich ausgesehen. Ganz verkohlt."

„Gut", drängte ich ihn, „damit hätten wir den Brand geklärt. Aber was ich immer noch nicht verstehe, was haben Ihre Nachbarn, die Einbrüche und die Käfer damit zu tun?"

Er ließ sich auf seinem Sofa nieder, schaute mich einige Augenblicke lang an.

„Na ja", meinte er verlegen, „ich dachte mir, Sie könnten mir einmal helfen, die Viecher loszuwerden, und dann, dann dachte ich, Sie würden mir so ein Schreiben geben, was ich bei meiner Gesellschaft oder dem Vermieter vorlegen kann."

Ich wurde hellhörig, lächelte ihn ahnungslos an und fragte:

„Und was sollte ich denn da reinschreiben?"

Er setzte sich auf die Kante seines Sessels und schaute mich tiefgründig an. Dann grinste er vielsagend.

„Sie könnten denen doch schreiben, dass ich in dieser Wohnung unmöglich wohnen bleiben könnte."

„Und warum?"

„Weil die Käfer meiner Gesundheit schaden können."

„Aha!"

„Ja, und Sie könnten dann doch auch schreiben, dass die Käfer von den Nachbarn kommen, dass die die Käfer bei ihren Einbrüchen in meiner Wohnung ausgesetzt haben. Und dass der Zustand der Wohnung nichts mit den Käfern zutun hat."

Wenn ich es auch die ganze Zeit über geahnt hatte, so erhielt ich nun die Bestätigung meines Bauchgefühls. Herr Neer gehörte zu jenen Menschen, eine durchaus zunehmende Zahl von Menschen, die sich auf Kosten anderer Menschen sanieren wollten und denen dabei jedes Mittel recht war. Sozialparasiten.

„Ich werde nichts dergleichen tun!", antwortete ich ihm schroff. „Ich werde der Gesellschaft allerdings einen Bericht schreiben, in welchem ich auf die tatsächliche Ursache des Auftretens der Speckkäfer hinweisen werde. Ich werde auch den Zustand Ihrer Wohnung beschreiben und im Zusammenhang mit den Käfern bewerten."

„Also wollen Sie mir nicht helfen?"

„Nein, nicht in Ihrem Sinne."

„Und warum habe ich Ihnen dann die ganze Geschichte erzählt?"

„Weil es Ihnen ein Bedürfnis war und weil es Ihnen den Tag verkürzt hat."

„Dann war also alles umsonst?"

„Nein, nicht umsonst. Ich habe zwei durchaus außergewöhnliche Menschen kennengelernt."

Er erhob sich aus seinem Sessel und kam langsam auf mich zu. Er machte einen niedergeschlagenen und enttäuschten Eindruck. Dann aber hellte sich seine Mine auf.

„Sie kennen sich doch bestimmt in der Branche aus?"

„Recht gut, ja."

Er schmunzelte.

„Könnten Sie mir dann nicht einen Kollegen nennen, der mir so ein Schreiben geben würde?"

Ich drehte mich um und ließ ihn ohne ein weiteres Wort stehen. Ich verließ Wohnung und Haus und begab mich zurück zu meinem Wagen. Bevor ich einstieg, schaute ich noch einmal zu dem Haus hinüber. Wenn ich diese Geschichte jemandem erzählen würde, er würde sie mir nicht glauben. Irgendwie erging es mir da wie ihm. Das Leben war schon ungerecht.

Keine Angst vor Spinnen

Ich hatte gerade den Wohnungsschlüssel, den mir Frau Stubben vor einigen Tagen überlassen hatte, in den Briefkasten geworfen und war zu meinem Wagen zurückgekehrt, als mir plötzlich einfiel, dass ich ihr bei unserer ersten Begegnung gar nicht mitgeteilt hatte, wie lange sie die Wohnung nicht betreten durfte. Gut, dachte ich, rufe ich sie eben kurz an. Ich schloss meinen Wagen auf, schnappte mir mein Telefon und wählte ihre Telefonnummer. Es dauerte einige Augenblicke, dann meldete sich auf der anderen Seite der Leitung eine Frauenstimme.

„Stubben, wie darf ich Ihnen helfen?"

„Lieving hier."

„Ach", änderte sie ihren Tonfall, „Herr Lieving, was machen die Käfer?"

„Sterben so langsam vor sich hin."

„Schön", meinte sie, die Hintergrundgeräusche verrieten, dass sie nicht alleine war, „was kann ich denn noch für Sie tun?"

„Eigentlich nichts. Ich wollte Ihnen nur noch sagen, wann Sie wieder in die Wohnung können."

„So, und wann?"

„Ab fünf Uhr heute Nachmittag dürfen Sie wieder rein."

„Passt mir gut", antwortete sie, „mein Sohn und ich wollten heute Nachmittag eh noch in die Stadt. Vor sieben Uhr sind wir dann auch nicht zurück."

„Sehr gut. Und sollte der eine oder andere Käfer jetzt in den nächsten Tagen noch auftreten, so können Sie uns ruhig anrufen. Ansonsten hören wir erst wieder voneinander, wenn Sie mal andere Tiere beherbergen."

„Ich will es nicht hoffen", lachte sie, „nichts gegen Sie."

„Ich weiß", sagte ich, „aber einem Kammerjäger sagt man nicht gerne auf Wiedersehen."

„Stimmt", gab sie zurück, „und was die Käfer anbelangt, ich denke, ich werde erst einmal einige Tage abwarten."

„Können Sie so machen."

„Schön, dann wäre dieses leidige Thema ja beendet."

„Richtig."

Schon wollte ich mich verabschieden, als Frau Stubben tief Luft holte. Etwas schien sie zu beschäftigen.

„Frau Stubben!", rief ich in den Hörer, „haben Sie noch etwas?"

„Ach", meldete sie sich wieder zurück, „darf ich Ihnen da noch eine Frage stellen?"

„Immer zu!"

„Dieses Mittel, was Sie da ausgebracht haben", begann sie recht umständlich, „würde das auch gegen Spinnen wirken?"

Nicht ahnend, wohin die Reise des Gesprächs gehen würde, antwortete ich ihr:

„Klar, heute Abend werden Sie garantiert keine einzige Spinne mehr in Ihrer Wohnung sehen. Ich hoffe nur, Sie hängen nicht allzu sehr an diesen Tieren!"

„Ich nicht, aber mein Sohn!"

Noch immer nicht wissend, was sie eigentlich mit ihrer Frage bezweckte, sagte ich:

„Na ja, da werden sich nach ein paar Wochen schon wieder neue Spinnen in ihrer Wohnung einfinden. Kein Sorge."

„Aber nicht solche", ihr Atem stockte.

Langsam dämmerte mir, dass sie mit ihrer Frage eine vollkommen andere Richtung einschlug, als mir lieb war. Ich tastete mich langsam vor.

„Was meinen Sie genau? Haben Sie da etwa eine spezielle Spinne im Sinn?"

„Mein Sohn hat eine Vogelspinne!"

Wahrscheinlich hatte ich mich verhört. Also fragte ich noch einmal nach.

„Habe ich Sie gerade richtig verstanden, Ihr Sohn hat eine Vogelspinne?"

Während ich auf ein erlösendes „Nein" wartete, wallten unangenehme Hitzewellen über meinen Nacken.

„Sie haben sich nicht verhört", hauchte sie in den Hörer, „er hat eine Vogelspinne."

Innerhalb weniger Millisekunden zog die gesamte Wohnung noch einmal an mir vorüber. Vor meinem geistigen Auge tauchten die einzelnen Zimmer auf, Bücher, Zeitschriften, Regale, aber keine Spinne, kein Terrarium. Ich flog in Gedanken durch den Flur, durch die Küche und das Bad. Als ich noch einmal das Schlafzimmer und das Kinderzimmer überflog, holte mich ihre Stimme wieder aus der virtuellen Welt der Wohnung zurück.

„Ist sie nun tot?"

Ich versuchte, meine Erregung zu verbergen, hielt den Telefonhörer von meinem Mund weg und atmete dann tief durch.

„Frau Stubben", gestand ich zu meinem Entsetzen, „ich kann Ihnen diese Frage im Moment nicht eindeutig beantworteten, was daran liegt, dass ich keine Vogelspinne gesehen habe, ich aber auch nicht weiß, inwieweit dieser Wirkstoff bei einer solchen Spinne wirkt."

Ein Alptraum. Kaum ein Kollege, der sich nicht vor einer solchen Situation fürchtet. Auch wenn das unabsichtliche Töten eines Nichtzielorganismus' keine strafrechtlichen Folgen haben würde und es höchstens zu einer Schadensersatzforderung käme, so stellte eine solche Situation immer den schlimmsten Fall dar. Immerhin handelte es sich hier zumeist um ein Haustier, egal ob Spinne, Hund oder Katze. Haustiere nahmen für ihre Besitzer meist einen sehr hohen Stellenwert ein, ihr Verlust glich in einigen Fällen dem eines menschlichen Verwandten. Ich machte mir schwere Vorwürfe. Ich hatte die Spinne, wo immer sie sich auch befunden hatte, während meiner ersten Begehung schlichtweg übersehen. Auch wenn Frau Stubben mich auf das Tier hätte aufmerksam machen müssen, letztlich lag die Verantwortung für den Einsatz bei mir. Ich überlegte, ob ich ihr die Frage nach etwaig vorhandenen Haustieren gestellt hatte. Und obgleich ich mir sicher war, ihr diese Frage gestellt zu haben, von ihr auch ein deutliches „Nein" gehört zu haben, beschlichen mich in diesem Moment leise Zweifel.

„Die Spinne", unterbrach Frau Stubben meine Gedanken, „sitzt in einem kleinen Glaskasten, etwa so groß wie so ein Stapel CDs."

„Ich habe so einen Kasten nicht gesehen", entschuldigte ich mich.

„Können Sie auch nicht."

„Warum haben Sie mir denn nicht gesagt, dass Ihr Sohn eine Spinne hat?"

Ihre Antwort kam zögerlich, ja sogar ein wenig verschämt.

„Ich hatte das blöde Vieh vollkommen verdrängt!"

Es beruhigte mich, dass sie in dieser Weise von der Spinne ihres Sohnes sprach. Es war jedoch zu befürchten, dass ihr Sohn sein Haustier mit anderen Augen sah. Dennoch wurde mir mulmig. In Gedanken ging ich noch einmal die erste Zusammenkunft mit Frau Stubben durch. Ich hatte sie über den Wirkstoff und seine Wirkung aufgeklärt. Ich hatte sie gefragt, ob sich in der Wohnung Haustiere befinden würden, was sie jedoch verneint hatte.

„Frau Stubben, ich muss noch einmal in die Wohnung."

„Können Sie ruhig machen", ermutigte sie mich, „der Kasten steht im Kinderzimmer."

Vor meinem geistigen Auge erschien das Kinderzimmer, mit all seinen Möbeln.

„Und wo?"

„Der Kasten steht im Schreibtisch."

Ich konnte mich an den Tisch erinnern, nicht aber an einen Kasten.

„Und wo steht der da genau?"

Sie überlegte einen Augenblick.

„Der steht in dem Seitenfach, wo man sonst die CDs hinpackt."

„Werde ich finden", sagte ich, „es gibt da nur ein Problem."

„Sie haben Angst vor Spinnen?"

„Nicht wirklich, ja, irgendwie schon", erwiderte ich, „ist aber nicht das Problem. Es ist nur, ich habe keinen Schlüssel mehr von Ihrer Wohnung."

„Den habe ich Ihnen doch heute Morgen gegeben?"

„Heute Morgen war ich auch in Ihrer Wohnung, da habe ich ja auch gearbeitet, warum wir im Augenblick dieses Problem mit der Spinne haben. Doch als ich die Wohnung verließ, habe ich den Schlüssel, wie vereinbart, in den Briefkasten geworfen. Und Sie kennen ja Ihren Briefkasten."

„Der ist tief."

Ich nickte zustimmend.

„Könnten Sie nicht vorbeikommen und mir die Wohnung aufschließen?"

„Würde ich gerne machen", meinte sie bedauernd, „aber ich habe selbst keinen Schlüssel, der liegt ja im Kasten."

Ein neuer Schrecken durchfuhr mich. Hatte ich Frau Stubben falsch verstanden? Hätte ich ihr den Schlüssel persönlich geben sollen, anstatt ihn in den Briefkasten zu werfen? War ich nun nicht nur am Tode einer Vogelspinne, an der Trauer eines Jungen schuld, sondern auch an der Obdachlosigkeit einer ganzen Familie? In Gedanken sah ich Mutter und Sohn schon verzweifelt auf der Treppe sitzen, den Elementen hilflos ausgeliefert.

„Und", fragte ich vorsichtig, „wie kommen Sie denn dann in die Wohnung?"

„Mit meinem Mann."

Mir fiel ein Stein vom Herzen.

„Könnten Sie Ihren Mann nicht anrufen?"

„Könnte ich schon", lachte sie in den Hörer, „würde aber nichts nützen, der ist Fernfahrer und irgendwo zwischen Berlin und Hannover unterwegs. Der kommt erst gegen fünf Uhr in Wuppertal an."

„Wäre zu spät."

„Für die Spinne?"

„Ja."

Schweigen erfüllte den Äther. Schon war ich geneigt, einen Schlüsseldienst kommen zu lassen.

„Ha! Ich weiß, wie Sie in die Wohnung kommen", sie machte eine Pause, „wenn Sie mit dem Gesicht zum Haus stehen, sehen Sie rechts davon eine Werkstatt."

Ich tat wie mir geheißen.

„Sie meinen die Autowerkstatt?"

„Motorrad!"

„Gut, auch das."

„Genau, die meine ich."

„Dann gehe ich da mal hin und hol mir den Schlüssel ab."

„Nicht so schnell", bremste sie mich aus, „ich muss den Meister erst anrufen, sonst gibt der Ihnen den Schlüssel nicht. Ist sehr misstrauisch, der gute Mann."

„Verstehe", ich ahnte bereits, dass neue Schwierigkeiten auf mich zukommen würden.

„Ich lege Sie mal eben auf die Seite", sprach sie und ließ mich alleine mit all meinen dunklen Gedanken.

Augenblicke später hörte ich ihre Stimme, weit entfernt. Sie telefonierte auf einer anderen Leitung. Entweder redete sie laut, damit ich das Gespräch verfolgen konnte, oder der neue Gesprächspartner war extrem schwerhörig. Gerade erläuterte sie ihm die Situation. Der Verlauf des Gesprächs bestätigte ihre Aussage: Der Besitzer der Werkstatt war misstrauisch. Und dieses Misstrauen schien sich nun auch gegen Frau Stubben zu richten. Vielleicht hatte er ihre Stimme nicht erkannt und forderte nun einen Beweis ihrer Identität. Ich warf einen Blick auf meine Uhr. Schon fünf Minuten. Die arme Spinne. Im Grunde war ich mir nicht so sicher, ob die Spinne von dem Mittel sterben würde oder schon gestorben war. Schließlich hatte ich mit diesem Nervengift ja nicht den ganzen Raum besprüht, sondern mich auf die Spalten zwischen Boden und Wand beschränkt. Dass die Spinne oder ihr kleines Terrarium überhaupt etwas von dem Mittel abbekommen hatte, war eigentlich fast gänzlich auszuschließen. Aber eben nur fast. Die Zeit drängte. Ich rief in den Hörer. Keine Reaktion. Ein weiterer Blick auf die Uhr, schon sieben Minuten. Mein Gott, dachte ich, der Mann in der Werkstatt war aber auch misstrauisch. Und während Frau Stubben noch diskutierte, würde sich die Vogelspinne, tödlich getroffen, in ihrem kleinen Behälter unter Krämpfen und wilden Zuckungen zusammenrollen und in ein jenseitiges Leben überwechseln.

„Herr Lieving sind Sie noch da?"

Aus meinen Gedanken herausgerissen, rief ich erschrocken:

„Ja, bitte!"

„Alles in Ordnung?", fragte sie ernsthaft besorgt.

„Entschuldigung, ich war gerade in Gedanken."

„Die Spinne?"

„Richtig."

„Tut mir ja auch leid, dass ich Sie in diese Situation gebracht habe, aber ich habe zumindest den Schlüssel für Sie."

„Super, dann gehe ich jetzt mal los."

„Nicht so schnell", hielt sie mich erneut zurück, „die Sache hat einen kleinen Haken. Er hat nur den Schlüssel für die Wohnungstüre, nicht für die Haustüre."

„Egal", gab ich leichtfertig zurück, „es wird sich ja wohl jemand im Hause finden, der mir öffnen kann."

Mein „Gegenüber" räusperte sich verlegen.

„Normalerweise schon", stellte Frau Stubben nüchtern fest, „aber um diese Uhrzeit, nein, da werden Sie kaum jemanden antreffen."

„Aber", tastete ich mich behutsam vor, „es gibt doch bestimmt eine weiteren, offenen, Zugang zu Ihrem Haus?"

Ihr Schweigen verhieß nichts Gutes.

„Schon", antwortet sie nach einer Weile, „Sie müssten durch die Werkstatt in den Garten, dann über ein kleines Vordach durch das Fenster im ersten Obergeschoss, dann eine halbe Treppe runter und schon stehen Sie vor der Wohnung."

„Klingt einfach", sprudelte es aus meinem Munde, wobei sich mein Verstand hier absichtlich nicht an dieser Einschätzung der Lage beteiligt hatte.

„Gut, dann werde ich den Werkstattmenschen mal aufsuchen."

„Sie sind ein Schatz", flötete sie erleichtert ins Telefon, „würden Sie mich dann anschließend noch mal anrufen? Ich würde ja schon gerne wissen, was mit dem Vieh ist. Wenn es sie erledigt hat, kann ich auf dem Weg nach Hause noch eben eine neue Spinne kaufen."

„Und ich hatte gehofft, Sie würden sich darum sorgen, ob ich die Kletterpartie heil überstehe."

Sie lachte lauthals in den Hörer.

„Wenn Sie mich wegen der Spinne anrufen, weiß ich ja, ob Sie es geschafft haben oder nicht. Zwei Fliegen mit einer Klappe."

Praktisch veranlagt, die Frau gefiel mir.

„Gut, ich ruf Sie an, egal ob die Spinne lebt oder nicht. Bis gleich!"

Die erste Hürde auf dem Weg zu meiner Erlösung war leicht genommen. Ich hatte das verwaiste Büro der Werkstatt ohne große Schwierigkeiten betreten können. Ich wünschte einen guten Tag, was angesichts des leeren Büros widersinnig erschien, doch hoffte ich, dass der Meister meine Stimme hören und sich dann alsbald zu mir begeben würde. Es dauerte kaum eine Minute und ich erkannte die Unsinnigkeit meines Ansinnens. Eine Stahltüre am Ende des winzigen Büros erregte meine Aufmerksamkeit. Dahinter, so forderte es meine Intuition, musste sich der Schlüsselbewahrer aufhalten. Ohne weiteres Zögern, immerhin ging es hier um das Leben einer einseitig geliebten Vogelspinne, stürmte ich durch die Türe und fand mich in den heiligen Hallen der Werkstatt wieder. Mit angemessener Stimme rief ich den Herrn des nach Öl, ehrlichem Schweiß und Abgasen riechenden Reiches. Doch sosehr ich mich auch bemühte, niemand regte sich. Neugierig schlenderte ich durch die Halle, vorbei an ausgeweideten Motorrädern, auf dem Boden liegenden Putzlappen, Kartonresten und Ölflecken und chaotisch geordneten Regalen. Es bestand eine gewisse Ähnlichkeit mit einer Werkstatt, allein es fehlte die Ordnung. Egal! Ich ließ meinen Ruf

noch einmal erschallen. Endlich, nach endlosen Minuten, die letztlich auf Kosten der sich in Krämpfen ergehenden Spinne gingen,
öffnete sich im Dunkel der Halle eine Tür und ein kleiner, miss-
mutig dreinschauender Mann schritt hindurch.

„Sie wollen den Schlüssel?"

„Ja!"

„Hier."

„Danke."

Er machte kehrt und ging ab.

„Ich muss in den Garten, dann über das Dach", rief ich verzweifelt.

„Ich weiß! Gehen Sie durch die Tür da hinten", wies mich die
Stimme des Meisters an.

Und obgleich ich zu diesem Zeitpunkt noch nicht genau wusste,
welche Richtung ich einschlagen sollte, lief ich dennoch schon einmal los. Hauptsache ich konnte den Meister und seine Werkstatt
verlassen.

Kaum zehn Minuten später hatte ich dann die Wohnungstür der
Familie Stubben erreicht. Der Weg über das Dach und durch das
Fenster bis ins Treppenhaus war weit weniger schwierig zu überwinden, als Frau Stubben dies beschrieben hatte. Nachdenklich wog
ich den Schlüssel schicksalsschwer in meinen Händen. Ich setzte
mir die Atemschutzmaske auf, prüfte ihre Dichtigkeit und steckte
den Schlüssel ins Schloss. Ich drehte den Schlüssel herum, die Türe
sprang auf und ich betrat die Wohnung zum zweiten Mal an diesem Tage. Umgehend begab ich mich in das Kinderzimmer. Vor
mir stand der Schreibtisch. Ich suchte ihn ab. Irgendwo in einem

der Seitenfächer sollte nun der Glaskasten mit der Spinne stehen. Doch sosehr ich mich bemühte, ich vermochte ihn nicht ausfindig zu machen. Ich ging in die Hocke und suchte den unteren Teil des Tisches akribisch ab. Endlich, etliche Minuten später, erspähte ich den Kasten hinter unzähligen Heften und anderem Kram. Ich räumte die Sachen beiseite und zog den Glaskasten vorsichtig vor. Auf dem Boden lag etwas Einstreu, an der hinteren Glaswand lehnte eine halbrunde Borke. Hübsch und schlicht, dachte ich, Spinnen leben karg. Was ich jedoch nicht sehen konnte, war die Spinne. Wahrscheinlich lebte sie ja auch seit Stunden nicht mehr. Erst das lange Gespräch mit Frau Stubben, dann die Diskussion mit dem Meister, hernach mein Besuch bei ihm und dann meine Suche nach dem Kasten. In Gedanken ging ich sämtliche Zoofachgeschäfte in Wuppertal durch, fragte mich, wo ich wohl eine neue Vogelspinne herbekommen würde. Schließlich musste ich dem Jungen ja eine neue kaufen. Sicher würde er den Austausch nicht bemerken. In meinen Augen glichen sich alle Spinnen. Gut, dieses Problem war gelöst. Ich nahm den Kasten in beide Hände, drehte ihn leicht zur Seite und stellte ihn vor mich auf die Schreibtischplatte hin. Noch immer konnte ich keine Spinne entdecken, weder eine lebende noch eine tote. Wahrscheinlich hatte sie sich unter die Borke zum Sterben zurückgezogen. Ich schüttelte den Kasten ein wenig, doch der Junge hatte den Unterschlupf fest eingeklebt und so bewegte er sich keinen Millimeter. Eine Möglichkeit, die Spinne dennoch zu sehen, gab es noch: Ich hob den Kasten hoch über meine Augen und schaute durch den Boden hindurch hinter die Borke. Ha, da lag sie, zusammengekauert und absolut regungslos. Verdammt, durchfuhr es mich, die ist tot. Da gab es doch die kleine Zoohandlung, keine 20 Minuten von hier. Bestimmt hatten die auch eine Vogelspinne auf Lager. Vorher musste ich jedoch noch die tote Spinne aus ihrem Grab holen. Zwei Spinnen in einem Terrarium wären dem Jungen gewiss aufgefallen. Ich stellte den Kasten also wieder zurück auf den Tisch und suchte nach dem zu öffnenden Deckel. Nach längerem Suchen sah ich, dass man die vordere Scheibe anheben konnte. Gerade wollte ich dies tun, da meldete sich meine evolutionsbedingte Furcht vor Spinnen und hieß mich, größte Vorsicht in dieser Angelegenheit walten zu lassen. Da sich Generationen meiner Familie seit der Steinzeit nicht hatten irren können, folgte ich dieser Intuition. Ich nahm einen Bleistift, prüfte seine Länge, bog in einmal zwischen meinen Fingern hin und her, bruchfest war er anscheinend auch. Gut, ich war gewappnet. Meine Ahnen wären stolz auf mich gewesen. Mit den Fingern der linken Hand schob ich die Scheibe langsam ein kleines Stückchen hoch, während ich mit der rechten Hand den Bleistift zur Abwehr des gefährlichen „Raubtieres" bereithielt. Knapp zwei Zentimeter breit war der Spalt, durch den ich den Stift in Richtung des Unterschlupfes schob. Ich stocherte etwas daran herum, bis sich die Borke von dem Untergrund ablöste. Da lag die Spinne also. Leider recht leblos. Sie hatte sich auf den Rücken gelegt, die Beine auf der Brust zusammengefaltet. Obwohl ich davon überzeugt war, dass sie das Zeitliche gesegnet hatte, blieb ich dennoch vorsichtig. Die Scheibe blieb auf ihrer Position. Mutig tippte ich dem Spinnentier auf die Beine. Keine Reaktion. Ich tippte auf ihren Hinterleib, zweimal, dreimal. Keine Reaktion. Mausetot. Sehr gut. Doch eigentlich auch wieder nicht. Was mochte so eine Spinne wohl kosten? Egal, zuerst musste ich die Verstorbene aus ihrem Grab befreien. Ich schob den Bleistift unter ihren Rücken und hob sie sacht an. Immer noch keine Reaktion. Nun gut, ich winkelte den Stift leicht nach hinten an und ließ die Spinne langsam über ihn hinweg nach vorne gleiten. Ging einfacher als ich gedacht hatte. Fast hatte ich sie auf diese Weise schon bis in die Mitte des Kastens bugsiert, da fiel mir das Spinnentier herunter. Zu blöd. Nun lag die Spinne auf ihren Beinen, jedoch – zu meiner Freude – auch weiterhin regungslos. Ich brachte den Stift erneut in Stellung, wollte ihn gerade wieder anheben, da sah ich, wie sich eine der Kieferklauen des Ungeheuers leicht bewegte. Bestimmt ein postmortaler Reflex, nicht mehr. Da ich unter der Atemschutzmaske eh nicht sehr viel sehen konnte, glaubte ich darüber hinaus noch an eine Täuschung. Ich fuhr also fort mit meiner Arbeit. Mein Atem ging schwer. Meine Nerven waren aufs Äußerste gespannt. Die evolutionäre Abneigung gegen Spinnen trug reichlich Früchte, Schweißtropfen rannen von der Stirne in die Augen, mein Puls erhöhte sich und meine Sinne waren ungewöhnlich wach. Bevor ich die Spinne weiter an mich heranziehen würde, wollte ich noch einige Vitaltests an ihr durchführen. Ich tippte noch einmal auf ihre Beine, dann auf ihren Hinterleib – nichts geschah. Also doch tot. Einer Bergung stand also nichts weiter im Wege. Das Prozedere begann von Neuem. Erneut näherte ich mich ihr mit meinem Bleistift, schon wollte ich sie anheben, da rutschte ich ab und traf sie auf einer der Kieferklauen. Innerhalb eines Sekundenbruchteils erwachte das Monster zu neuem Leben. Gebannt starrte ich auf das sich windende Spinnentier. Kaum erwacht, warf sie sich herum, streckte ihre Beine zu voller Länge aus und stürmte mit einem weiten Satz bis an meine Scheibe heran. Schlagartig zog ich den Stift heraus und ließ die Frontscheibe fallen. Doch bevor die Glasscheibe sich in die Nut des Bodens einfügen konnte, hatte die Spinne ihre beiden vorderen Beine schon hindurch gesteckt. Ihren Kopf hatte sie bedrohlich aufgerichtet und ihre Kieferklauen waren weit auseinander gespreizt. So aufgerichtet presste sie sich gegen die Frontscheibe. Auch wenn ich nichts über Spinnen wusste, was an meiner Abneigung diesen Tieren gegenüber lag, so ahnte ich dennoch, dass sie nun nicht nur lebendig, sondern darüber hinaus auch noch sehr verärgert war. Gerne hätte ich die Scheibe ganz hinuntergedrückt. Doch eine Spinne mit Stummelbeinen schien mir weitaus schlimmer, als eine vollkommen tote. Panik erfasste mich. Die Sichtscheibe unter meiner Schutzmaske beschlug langsam. Ich erinnerte mich an Schilderungen meiner

Mutter, die Spinnen stets mit Haarspray getötet hatte. Ich überlegte einen Augenblick, welche Menge ich für eine ausgewachsene Vogelspinne brauchte. Auf der anderen Seite war ich natürlich sehr glücklich darüber, dass das possierliche Tierchen noch lebte, obgleich es mir in diesem Augenblick anders herum wohl lieber gewesen wäre. Ich musste sie, ohne dass sie sich auf mich stürzen konnte, zurück in ihren Kasten drängen. Mit meinen Händen würde ich sie wohl kaum anfassen wollen. Der Bleistift! Zu meinem Unglück hatte ich ihn bei der ersten Attacke der Spinne aus meiner Hand gleiten lassen. Die Frontscheibe mit zwei Fingern weiterhin zudrückend, suchte ich den Boden neben mir ab. Da lag er, sogar in greifbarer Nähe, aber außerhalb der Reichweite meiner rechten Hand. Um ihn zu erreichen, musste ich mich weiter zur Seite neigen. Die Frage, die sich mir nun stellte: Würde ich gleichzeitig auch die Scheibe heruntergedrückt halten können? Ich musste es versuchen. Ich warf einen Blick auf die Spinne. Ihre Ausdauer und Beharrlichkeit waren bewundernswert. Sie wurde nicht müde, ihre Fangzähne in die Scheibe zu rammen, während sie gleichzeitig versuchte, die Scheibe mit ihren Beinen aufzustemmen. Sollte ich den Druck auf sie verringern, davon war ich zutiefst überzeugt, würde sie sich auf mich stürzen und mir ihr tödliches Gift injizieren. Was natürlich nicht stimmte: Sie würde sich zwar auf mich stürzen, allerdings war ihr Gift nicht tödlich. Das traf allerdings nur für andere Menschen zu, nicht aber für mich, denn ich war und bin Allergiker – zwar nur gegen Wespenstiche, aber irgendwo hatte ich mal gelesen, dass der Biss einer Vogelspinne nicht schlimmer wäre als der einer Wespe. Ich beugte mich tiefer hinunter, mit den Fingerspitzen konnte ich den Bleistift fast berühren. Ich verrenkte mich weiter, bekam den Stift zu fassen, ohne den Druck auf die Scheibe verringern zu müssen. Ich hielt die Spinne also auch weiterhin unter Kontrolle. Jetzt musste ich sie nur noch mit Hilfe des Stiftes wieder weit genug zurück in ihr Verlies drängen, damit ich die Öffnung vollständig schließen konnte. Ich gab den außerhalb der Scheibe hängenden Beinen einen leichten Klaps, was die Spinne jedoch nicht zum Rückzug veranlasste, sondern zu einer weiteren Attacke. Dergestalt herausgefordert, stieß ich sie nunmehr mit dem Stift an, was sie dazu veranlasste, zumindest eines ihrer Beine wieder in das Terrarium zurückzuziehen. Ein Teilerfolg. Doch noch lugte ihr zweites Bein aus dem Kasten hervor. In bewährter Manier ergriff ich den Bleistift und versuchte, das andere Bein durch den Spalt zurück in den Kasten zu drücken. Sie schien meine Absicht zu ahnen und bereitete sich auf einen erneuten Coup gegen mich vor. Während ich noch immer versuchte, ihr Bein zum Rückzug zu bewegen, konterkarierte sie meine Anstrengungen mit dem vierten und fünften Bein. Sie schob sie einfach an meiner grafitgefüllten Lanze vorbei in die Freiheit. Gleichzeitig warf sie ihren Kopf weiter zurück und drohte mir mit ihren mächtigen Kieferklauen. Die Spinne war richtig sauer. Vollkommen aus dem Häuschen, zog sie ihre Beine aus dem Spalt zurück und trommelte gegen die Glasscheibe. Und sie vollführte dies in einer Heftigkeit, dass ich mir um die Unversehrtheit der dünnen Glasscheibe ernsthaft Sorgen machte. Schon sah ich mich zwischen den Fängen des Ungeheuers zappeln. Den Bleistift hatte ich während des Angriffs losgelassen, drei Viertel lagen nun in dem Kasten und ein Viertel des Stiftes ragte heraus. Und es war dieses eine Viertel, das die Scheibe daran hinderte sich nun ganz in die Nut zu versenken. Offenbar machte sich die Spinne ähnliche Gedanken. Sie stellte ihren Angriff ein, senkte ihre Vorderbeine und berührte sanft, ja fast zärtlich, den Bleistift. Tastend bewegte sie ihre ersten Fußglieder über die glatte Oberfläche des Holzschaftes, arbeitete sich stetig vor, bis sie den erzwungenen Spalt erreichte. Ich erhöhte den Druck meiner linken Hand auf die Glaspforte, was die Beine des Monsters jedoch wenig beeindruckte. Langsam schob sie ihre Füße der Freiheit entgegen. Angesichts meiner momentanen Situation erhöhte sich meine

Atemfrequenz deutlich, die Maske beschlug fast vollständig. Die Konturen der Spinne und ihres Terrariums wurden undeutlicher, verschwammen gänzlich. Ich erinnerte mich an einen Satz aus einem Buch über die Psyche von Kindern: „Was Kinder nicht sehen, ist auch nicht vorhanden." Vielleicht würde dieser Trick auch bei mir funktionieren. Was die Maske anging, so war ich auf dem besten Wege dahin. Ich schloss meine Augen, öffnete sie wieder, die Spinne war noch da. Bücher! Unter Aufwendung aller Vorsicht nahm ich den Stift erneut zwischen meine Finger, drehte ihn leicht und zog ihn dann langsam unter der Spinne hervor. Der erste Schritt war getan, welche jetzt noch folgen sollten, wusste ich noch nicht. Mein Atem beruhigte sich, die Sichtscheibe wurde klarer. Doch was ich nun sah, ließ meine Hoffnung auf ein baldiges Ende der Aktion schwinden. Irgendwie schien der Verlust des Stiftes der Spinne gar nicht zu behagen. Mit ihren Kieferklauen hieb sie auf das noch im Kasten befindliche Ende ein, wollte es festhalten; vielleicht hielt sie das Ende des Stiftes aber auch nur für eine leichte Beute. Sie reagierte entsprechend. Wild schlug sie nun ihre Beine auf und ab, ihr Körper straffte sich. Ich stieß den Stift nun vor und zurück, was sie jedoch eher mäßig beeindruckte. Sie bäumte sich auf, presste die Kieferklauen und Beine fest an die Scheibe, wobei sie nicht vergaß, eines ihrer Beine in dem Spalt zu belassen. Raffiniertes Biest, dachte ich anerkennend. Ich war schwer beeindruckt, wie sie da stand, ihren Körper zu ganzer Größe emporgestreckt. Gebannt starrte ich auf ihre Unterseite. Eine Erinnerung bahnte sich in diesem Augenblick ihren Weg durch meinen Kopf, nahm unterwegs noch einige Bilder mit und präsentierte mir eine wahre Offenbarung. Vor meinem geistigen Auge sah ich eine Schlupfwespe, die mit ihrem Stachel in die ungeschützte Unterseite einer Spinne einstach. Hier war sie verwundbar! Ha, jubelte ich unter der Maske, ich krieg' dich! Blitzschnell stieß ich ihr mit dem Bleistift in den Bauch, also eigentlich in die Brust. Unruhig bewegte sie ihre Beine, rutschte tiefer. Es war ihr unbehaglich. Ich stieß noch einmal zu, sie ließ sich auf den Boden fallen und wich eine Viertelkörperlänge zurück. Schon glaubte ich, gesiegt zu haben. Doch mit einem Mal richtete sie sich wieder hoch auf, wobei sie jedoch eines ihrer Beine in dem Spalt ließ. Wieder stieß ich zu, diesmal jedoch in den Hinterleib. Sie machte einen Schritt zurück, zog ihr Bein aus dem Spalt heraus. Geschafft! Doch noch musste ich den Stift herausziehen, um die Scheibe ganz herunterlassen zu können. Was ich jedoch in diesem Augenblick unterschätzte, war die Reaktionsfähigkeit dieses Monsters. Ob sie nun meinen nächsten Schritt erahnte oder einfach nur instinktiv handelte: Sie schnellte hervor und schob eines ihrer Beine erneut unter dem Spalt hindurch. Egal was ich mit dem Stift versuchte, ich würde es nicht schaffen, sie endgültig vom Frontglas zu entfernen. Eine neue Strategie musste her. Ich entfernte den Stift behutsam, dann schwenkte ich den Kasten rhythmisch leicht hin und her. Die Einstreu rutschte auf die gegenüberliegende Seite, türmte sich dort zu einem kleinen Hügel auf. Die Spinne bewegte sich kaum merklich. Ich rüttelte den Kasten stärker, das Monster kam ins Rutschen. Ich war beglückt. Sie rutschte weiter, ihr Bein zog sie wild peitschend aus dem Spalt. Ha! Noch ein kurzer Ruck und ich würde den Kasten schließen können. Doch noch war ihr Widerstand nicht gänzlich gebrochen. Sie schien jedoch eingeschüchtert genug, dass ich den nächsten, den vielleicht alles entscheidenden Schritt wagen konnte. Ich zog die uns trennende Scheibe rund anderthalb Zentimeter in die Höhe. Nun hatte ich freie Bahn. Nun konnte ich den Stift ungehindert bewegen und im günstigsten Fall die Spinne dirigieren. Ich konnte nur hoffen, dass die Vogelspinne mich in meinem Bemühen unterstützen würde. Sollte sie diesem meinem Ansinnen nicht folgen, würde es wahrscheinlich bald einen Schädlingsbekämpfer weniger auf der Welt geben. Ich zielte also auch weiterhin mit dem Stift auf die Unterseite ihrer Brust, was sie anscheinend als eine große Herausforderung betrachtete. Anstatt dem Druck des stumpfen Endes zu entgehen, richtete sie sich erneut auf, spreizte wiederum die Klauen ihres Kiefers und trommelte wütend mit ihren Vorderbeinen auf das Holz ein. Ich hatte nicht das Gefühl, dass ihr die Aktion gefallen hatte. Trotz aller Gegenwehr konnte ich sie weiter von der Scheibe fortdrücken. Ein Erfolg. So ermuntert, lockerte ich kurz den Druck, zog den Stift hervor und gab ihr einen kurzen Klaps auf die hocherhobenen Beine. Schlagartig zog sie sich zurück. Ich grinste. Ein weiterer Klaps, sie stand wieder auf ihren acht Beinen und senkte beleidigt ihren Kiefer. Dann ging alles recht schnell und für mich vollkommen unerwartet. Die Spinne drehte sich einfach um und verschwand in ihrem Unterstand. Gebannt verfolgte ich ihren Abgang. Ich hatte sie besiegt und gleichzeitig einen schweißtreibenden Beweis für ihre Vitalität erhalten. Ich atmete tief durch, stellte den Kasten behutsam zurück auf den Tisch und strich mit dem Stift die Einstreu wieder glatt. Sehr schön, dachte ich, Aktion Spinne erledigt. War eigentlich gar nicht so dramatisch gewesen. War vielleicht doch nicht so gefährlich. War bestimmt eine ganz liebe und zutrauliche Spinne. Eine Schmusespinne. Und während ich weiter über das liebe Tier nachdachte, fiel mein Blick auf den noch immer recht weit geöffneten Kasten. Ein leichtes Beben des Entsetzens erfasste mich. Über das Hochgefühl meines Erfolges hatte ich doch glatt den Grund meines lebensgefährlichen Einsatzes vergessen. Ruckartig zog ich den Bleistift aus dem Kasten heraus und ließ die Frontscheibe in die Nut gleiten. Fertig. Die Spinne war sicher verwahrt. Ich stellte den Kasten wieder zurück in sein Fach und verließ sehr erleichtert die Wohnung. Als ich mich wieder auf dem Bürgersteig befand, zog ich mir die Maske ab und wischte mit dem Handrücken über mein schweißnasses Gesicht. Erst jetzt bemerkte ich, wie anstrengend die vergangenen Minuten für mich gewesen waren. Die Maske in der Hand, das freie Atmen genießend, schlenderte ich entspannt zu der Werkstatt zurück. Ich übergab dem Meister den Schlüssel und lief zurück zu meinem Auto. Jetzt musste ich Frau Stubben nur noch die frohe Botschaft überbringen.

„Und", fragte sie mich, „wie ist die Lage?"

„Sehr gut", gab ich fröhlich zurück.

„Und die Spinne?"

„Lebt."

„Bin ich froh", jubelte sie, „ich glaube, mein Sohn hätte kein Wort mehr mit mir gesprochen, wenn das Vieh gestorben wäre."

„Keine Angst, die Spinne erfreut sich bester Gesundheit."

Frau Stubben schwieg. Wahrscheinlich musste sie über etwas nachdenken.

„Darf ich wissen", fragte sie verwundert, „woher Sie das wissen?"

„Nun ja, zunächst schien sie ja dem Mittel erlegen zu sein, sie lag zusammengerollt unter der Borke."

„Ist ihr Schlafplatz", unterbrach mich Frau Stubben, ihre Stimme klang erregt, „da liegt sie meistens."

„Ach. Jedenfalls wusste ich ja nicht, ob sie lebte oder schon gestorben war. Also habe ich die Scheibe hochgezogen, sie mit einem Stift angestoßen. Nach einiger Zeit ist sie mir dann entgegengekommen."

„Sie haben was?"

Ihr Entsetzen war nicht gespielt.

„Der Spinne ganz leicht auf die Beine geklopft. Keine Sorge, ihr schien das sogar gefallen zu haben. Sie hatte sichtlich Spaß daran, in den Bleistift zu beißen. Problematisch war nur, dieses muntere Wesen wieder zurück in den Kasten zu drängen, sie hatte ihre Beine herausgestreckt. Aber nach einer Weile hat sie sich wieder zurückgezogen."

„Und?", fragte sie vollkommen aufgelöst.

„Sie sitzt glücklich und zufrieden wieder unter ihrer Borke und schläft."

„Mein Gott!", seufzte sie.

„Habe ich etwas falsch gemacht?"

„Nein, nein", versicherte sie mir, „es ist nur so: Ich hätte es Ihnen besser vorher gesagt, die Spinne meines Sohnes verschläft fast den ganzen Tag. Und wenn sie schläft, sieht es oft so aus, als ob sie tot wäre."

„Habe ich gemerkt."

„Wissen Sie", druckste sie herum, „weder mein Mann noch mein Sohn wagen es, den Deckel des Terrariums zu öffnen, ohne vorher eine Trennscheibe zwischen sich und die Spinne zu setzen."

„Ach", entfuhr es mir, neue Schweißperlen traten auf meine Stirn.

„Tja", fuhr sie unbeirrt fort, „eigentlich sind Vogelspinnen nicht so, aber unsere reagiert äußerst aggressiv auf Störungen. Vielleicht ist sie von ihrem Vorbesitzer mal geärgert worden. Sicher ist nur: Sie ist etwas gestört. War ganz schön mutig von Ihnen."

„Danke", ich musste daran denken, dass ich einige Momente lang vor dem weit geöffneten Kasten gehockt hatte.

„Hauptsache", meinte sie erleichtert, „Sie sind nicht gebissen worden."

Ich lachte gequält.

„Dann hätte ich sie sofort informiert."

Sie schluckte heftig.

„Sehen Sie", sagte sie mit fester Stimme, „ich glaube nicht, dass Sie mich noch hätten informieren können. Sie ist nicht nur sehr aggressiv, sondern auch ziemlich giftig!"

Einige Minuten später erwachte ich wieder aus meinem Alptraum. Der Telefonhörer lag im Fußraum meines Wagens. Ich hob ihn auf, hielt ihn ans Ohr. Die Verbindung war getrennt. Ich warf noch einmal einen Blick auf das Haus, schüttelte mich und begriff mit einem Male, was ich eben erlebt hatte. Ich war den Fängen eines Monsters nur knapp entkommen. Mein Verhältnis Spinnen gegenüber wurde dadurch nicht besser.

Wenn Nager narren

Fast gereichte es einer klassischen Komposition alter Meister zur Ehre, was sich an jenem Montagmorgen auf einem der Flure der „Harmonia Versicherungsgruppe" ereignete. Es war ein Konzert aus unzähligen Stimmen: mal leise, dann hob ein wütendes Gemurmel an und mündete endlich in ein Wehklagen. Wer an diesem Montag den Aufzug in der ersten Etage verlassen mussten, um sich vollkommen unschuldig und entsprechend dienstbeflissen an seinen Arbeitsplatz zu begeben, konnte sich dem vielstimmigen Chor, der deutlich hinter den verschlossenen Bürotüren dieses Flurabschnitts zu hören war, nicht entziehen. Stehen blieb niemand; zu lauschen hätte niemand gewagt. Hinter einer der verschlossenen Türe thronte die „Chefin". Hätte dennoch einer der Vorbeischleichenden den Mut gehabt, den stimmgewordenen Emotionen seine Aufmerksamkeit zu schenken, er hätte durchaus Einzelheiten der Partitur erkennen können. Einem Dirigenten gleich den Takt angebend, hallte die helle, aber nicht schrille Stimme einer Frau immer wieder auf den Flur. Und kaum hatte sie sich geäußert, da stimmten andere, tiefe, hohe, weiche und harte Stimmen mit ein. Lediglich aus einem Büro des Flurs kam kein Laut. Dieser Mensch entzog sich dem Chor, er war ausgeschlossen worden. Kurz nachdem das Ensemble die Ouvertüre beendet hatten, verließ es unter der Führung seiner Dirigentin das Büro und begab sich auf den Weg zu seinem Opfer. Vor der geschlossenen Türe seines Büros verharrten die Mitglieder dieses Ensembles einen Augenblick, nicht schweigend, sondern laut lamentierend. Eine Strategie hatten sie sich zurechtgelegt, einen Angriffsplan hatten sie sich ausgedacht, um diesen Menschen und seine halsstarrige Art sturmreif zu schießen. Heute war er dran. Während der Chor sich hinter der Dirigentin verschanzte, holte diese tief Luft und drückte gleichzeitig die

Türklinke hinunter. Mit einem raschen Schritt vorwärts schob sie die Türe auf und stand umgehend in der Mitte des Raums. Eine rasche Fixierung des Opfers, schon blies sie zum Angriff.

„Menke, ich bin es leid! Und ich bin sauer! Richtig sauer!"

An dieser Stelle scheint es mir ratsam, dem geneigten Leser die Hintergründe für den bald folgenden Ausbruch menschlichen Unmutes zu erläutern. Schon vor einigen Monaten war einigen Mitarbeitern der Harmonia Versicherung, die auf diesem Flur ihren Dienst versahen, aufgefallen, dass nach jedem Wochenende unzählige Süßigkeiten und anderes Naschwerk spurlos verschwunden waren. Nun muss man wissen, dass diese Nahrungsergänzungsmittel zur Stärkung des nervlichen und körperlichen Wohlbefindens von den Mitarbeitern nicht in Stahlschränken aufbewahrt wurden, sondern schlichtweg die Oberflächen der Schreibtische zierten. Bestenfalls verstauten sie diese Kleinode menschlicher Naschsucht die Nächte über in Schubladen zwischen Aktenhängetaschen und Notizzetteln. Die Dirigentin, Sekretärin des Abteilungsleiters „Pflegeversicherung und Sterbekasse", hatte vor Beginn dieser feindlichen Anschläge nicht mit der Präsentation ihrer beträchtlichen Sammlung süßer Versuchungen gegeizt. Obgleich selbst eine Augenweide und ausnahmslos beachtenswert, hatte sie auf jeder freien Fläche ihres üppigen Büros mindestens immer eine gläserne Schale mit diversem Naschwerk, Schokoriegeln, Pralinen – mit oder ohne Kirschen – und Bonbons stehen. Die anderen Mitglieder des Ensembles eiferten Frau Trabach, so der Name der Dirigentin, nach und hatten in ihren Büros, wenngleich wesentlich bescheidener, ihrerseits mit Naschwerk gefüllte Schalen aufgestellt. So gestreng die Sekretärin auch war, sie gönnte sich dennoch eine offene Leidenschaft. Diese zu kennen, diese zu befriedigen, so man in das Zimmer ihres Chefs zitiert worden war, konnte sich als hilfreich erweisen. Sie sammelte den Inhalt von Überraschungseiern. Eine geradezu diebische Freude überkam sie alleine schon beim Auswickeln der in Schokolade gehüllten Kleinodien. Vorsichtig führte sie die Eier an ihr Ohr, bewegte sie ruckartig auf und ab und lauschte den hervorgelockten Geräuschen aus dem Inneren. Glaubte sie eine Ahnung vom Inhalt der Eier zu haben, glitt sie mit ihren langen roten Fingernägeln entlang der Naht zwischen den beiden Schokoladenhälften und brach diese auseinander. Nun sah sie sich der gelben Kunststoffkapsel gegenüber, der letzten Hürde auf dem Weg zur eigentlichen Gewissheit. Sie knackte die Hülle und erfreute sich an kleinen Figuren, Autos, Flugzeugen, Puzzles und vielem mehr. Jeder wusste es und jeder unterstützte sie in dieser Leidenschaft. Und in Zeiten wie diesen, also kurz vor Weihnachten, wo alle Angestellten in der Abteilung die Ergebnisse des vorangegangenen Geschäftsjahres erfuhren und sich infolgedessen Hoffnungen auf einen Aufstieg oder eine Gratifikation machten, war die Anzahl der Überraschungseier in Frau Trabachs Schubladen merklich anstiegen.

Fräulein Meister, erste Sachbearbeiterin und Büroleiterin der Buchstaben A-D, hatte zunächst geglaubt, ihr Gegenüber habe sich heimlich an ihren Gummibärchen vergangen. Nun aber, gerade noch rechtzeitig, denn sie war gerade im Begriff, ihr Gegenüber einem hochnotpeinlichen Verhör zu unterziehen, erfuhr sie von Frau Bauers, dass der „Chefin", so die inoffizielle Bezeichnung für Frau Trabach, mindestens fünf Überraschungseier abhanden gekommen waren. Binnen kurzer Zeit, dennoch messerscharf und unter Einbeziehung ihrer eigenen Verluste, folgerte sie daher, ein skrupelloser Dieb würde auf diesem Flurabschnitt sein Unwesen treiben. Eine umgehend eingeleitete Befragung der anderen Mitarbeiter stützte ihren Anfangsverdacht. Hierzu hatte sie ihren

Sachbereich A-D verlassen und sich mit den Leitern der anderen Bereiche abwechselnd auf der Damen- und der Herrentoilette konspirativ getroffen. Kollege Würm, U-Z, wusste von einem Fall zu berichten, Frau Draut, Q-T, konnte sich an keinen Diebstahl erinnern, Frau Wenke, E-I, hatte wöchentlich auftretende Verluste zu vermelden, Herr Barsch, J-N, schloss sich den Ausführungen seiner Vorrednerin an; was er jedoch oft tat, wohl um ihr zu gefallen. Nachdem Fräulein Meister sämtliche Aussagen beisammen hatte, verließ sie die provisorischen Konferenzräume endgültig und wandte sich dem neben dem Aufzug aushängenden Fluchtplan zu. Sie schaute sich kurz um und vergewisserte sich, dass niemand sie auf dem Flur beobachten konnte. Nach einer Weile war sie sich sicher. Sie war unbeobachtet. Rasch zog sie einen schwarzen Filzstift aus der Tasche hervor und markierte die betroffenen Büros. Der Dieb war, dies konnte sie nun deutlich erkennen, systematisch vorgegangen. Frau Trabachs Büro lag am vorderen Ende des Flurs, gegenüber der Damentoilette; dann folgten die Büros J-N, E-I und A-D, und alle lagen in einer Reihe. Nur U-Z lag auf der anderen Seite des Flures. Sie runzelte nachdenklich die Stirne. O-T hatte keine Verluste zu verzeichnen. Sie überschlug die dortigen Mitarbeiter. Frau Dremski, Herr Rudenow, Herr Zecher, Frau Killrodt, Frau Subbatz und Herr Menke. Sie hielt inne.

„Der Menke", entfuhr es ihr. Erschrocken schaute sie sich um. Niemand hatte sie gehört, sie atmete erleichtert aus.

Nach seiner Scheidung war er immer ein wenig klamm, maulte nur herum und hegte einen unbändigen Groll gegen Frauen. Und niemand in der Abteilung konnte ihn leiden. Er schien der perfekte Kandidat zu sein. Fräulein Meister steckte den Filzstift zurück in die Tasche und begab sich zurück in ihr Büro. Als sie hinter ihrem Schreibtisch saß, überlegte sie kurz, ob sie sich des Diebes gleich annehmen oder ob sie ihren Verdacht erst einmal mit den anderen

Büroleitern besprechen sollte? In jedem Fall musste sie bei ihrer weiteren Vorgehensweise äußerste Vorsicht walten lassen. Schließlich sollte der Dieb, also dieser Menke, nicht vorgewarnt werden und so die Gelegenheit erhalten, möglicherweise Beweise vernichten zu können. Sie drehte sich auf ihrem Stuhl herum und starrte auf die Deckenplatten über ihr. In diesem Augenblick hatte sie eine Entscheidung getroffen.

Eine Woche war seit der Sanitär-Besprechung der Büroleiter verstrichen. Zwischenzeitlich war Fräulein Meister nicht untätig gewesen, sie hatte gesammelt und bewertet, und sie hatte einen Plan gefasst. Die anderen Büroleiter hatten ihr zugestimmt; nicht weil sie ihren Überlegungen hätten folgen können, nein, sie witterten eine Gelegenheit, es diesem Menke zu zeigen. Und nun war es so weit. An diesem Montagmorgen sollte die Umsetzung des Plans zur Überführung des Diebes erfolgen. Um sieben Uhr wollten sich die Büroleiter in der großen Eingangshalle der Harmonia treffen. Als Treffpunkt hatten sie die Sitzgruppe rechts neben der Pförtnerloge ausgewählt. Gerne hätte Fräulein Meister die Truppe in Bewegung gesetzt, doch noch fehlte einer. Wieder schaute sie auf ihre Uhr. Noch fünf Minuten.

„Wo bleibt der Barsch?", brach Herr Würm das Schweigen, „sollte der nicht schon längst da sein?"

„Ruhe!", herrschte ihn Fräulein Meister an. „Der wird schon kommen. Hat ja noch fünf Minuten."

„Vier", grummelte Frau Draut.

Schon wollte Fräulein Meister ihrer Mitstreiterin eine angemessene

Antwort geben, als sie hinter sich leise Schritte hörte. Unwillkürlich drehte sie sich um und erblickte einen vielsagend grinsenden Herrn Barsch. Jetzt nahmen auch die anderen Agenten ihren Kollegen wahr. Und hätten sie nicht unter dieser Anspannung gestanden, sie wären gewiss in lautes Gelächter ausgebrochen.

„Mein Gott, Barsch, was haben Sie vor?"

Nur mühsam konnte Frau Draut ihre Fassung bewahren.

„Ich habe mich dem Anlass entsprechend gekleidet", rechtfertigte er sich, „schließlich ist das hier kein Spaziergang."

„Schon gut", unterband Fräulein Meister weitere Diskussionen, „sind wir bereit?"

Die Agenten nickten. Herr Barsch rückte kurz seine dunkle Wollmütze zurecht und prüfte den Sitz seiner schwarzen Handschuhe. Fräulein Meister warf einen letzten Blick auf ihre Uhr; es wurde Zeit. Sie machte eine kurze Handbewegung und die Gruppe setzte sich in Bewegung. Herr Barsch, dessen detaillierte Ausrüstung und Kleidung niemand der anderen Agenten entsprechend gewürdigt hatte, drängte sich mit einem kurzen Sprint an die Spitze und blieb vor seiner Anführerin stehen.

„Was ist nun denn?", fragte sie genervt.

Herr Barsch wies mit dem Finger auf den vor seiner Brust baumelnden Fotoapparat hin.

„Damit machen wir die Beweisfotos", verkündete er stolz, „bestimmt erwischen wir ihn in flagranti!"

Die Rädelsführerin runzelte zweifelnd die Stirne.

„Wie wollen Sie denn an fünf, beziehungsweise an sechs Orten gleichzeitig sein? Schließlich können Sie sich ja nicht beliebig aufteilen."

„Ich hatte mir gedacht", erwiderte er schwach, „ich könnte mich ja von einem Einsatzort zum anderen bewegen."

„Wir wissen ja aber nicht", zischte Frau Draut unwirsch, „in welchem Büro der Dieb, also dieser Menke, als Erstes zuschlägt!"

„Wo ist ein Dieb?"

Die fünf Eingeweihten stellten umgehend ihren Disput ein. Sie alle hatten die Stimme des Fragenden sofort erkannt. Von nun an hieß es verschleiern. Wehe, wenn dieser Mensch Blut lecken, wenn dieser Mensch ihnen auf die Schliche kommen würde.

„Es gibt keinen Dieb in unserem Haus", versuchte Frau Wenke den Pförtner zu beruhigen.

„Ich bin doch nicht taub!", ereiferte sich das Faktotum der Harmonia. „Ich habe doch gehört, wie Sie von einem Dieb gesprochen haben. Also, wo ist er?"

Der Pförtner, ein hagerer, fast schon ausgezehrter Mann, fristete sein Leben damit, sich tagtäglich Betriebsausweise vorzeigen zu lassen, sobald ein Mitarbeiter die große Eingangshalle betrat. Kamen Besucher, oder Mitarbeiter einer Fremdfirma, so stellte er die erste zu überwindende Hürde dar. Den überwiegenden Teil des Tages aber verbrachte er mit der Erfassung und Vergabe der Stellplätze in der Tiefgarage. Ein großes, mit senkrechten Spalten durchzogenes Buch bildete hierfür die Grundlage seiner absoluten Autorität. Das Faktotum trat langsam aus dem Dunkel der hinteren Halle hervor und stellte sich den vermeintlichen Agenten in den Weg. Die hagere, raubvogelartige Silhouette seines Gesichtes warf einen furchteinflößenden Schatten auf die Wand.

„Herr Bierlein", sagte Fräulein Meister schließlich, „es gibt hier in diesem Haus keinen Einbrecher, oder Dieb. Bestimmt nicht."

Das Faktotum straffte seinen Oberkörper, reckte das Kinn in die Höhe und verdrehte die Augen.

„Ach was!", seine Worte peitschten durch die Stille der Halle. „Und was, wenn man fragen darf, machen die Herrschaften dann hier? So früh vor Dienstbeginn?"

„Wir haben", versuchte Frau Draut eine erste Ausrede, „den Jahresabschluss noch vorzubereiten."

Bierlein rümpfte die Nase.

„Im September?", seine Fistelstimme hallte wie Glockenschläge von den dunklen Wänden der Halle wider und führte bei jedem Schlag die Lügenden vor, „Sie wollen mich doch auf den Arm nehmen!"

Er machte einen Schritt zur Seite und lief direkt auf seine Loge zu. Kaum angekommen zückte er seine Codekarte, hielt sie vor ein schwarzes Feld und schon öffnete sich die Türe zu seinem Heiligtum. Die Gruppe schaute Bierlein mit einer Mischung aus Verwirrung und Entsetzen hinterher. Doch noch ehe einer der Agenten wirklich begriff, was das Faktotum beabsichtigte, hielt dieser auch schon den Hörer seines Diensttelefons in der Hand. Der Zeigefinger seiner rechten Hand näherte sich langsam einem großen, runden Knopf. Angstschweiß rann über die Rücken der Agenten. Schlagartig wurde ihnen bewusst, welche Konsequenz Bierleins Handeln für sie haben würde. Sein Gesicht war zu einer Maske geworden und mutierte zu einer hämischen Fratze.

„Ich rufe jetzt die Polizei", gellte seine Stimme aus der Loge heraus, „ich bin nämlich für das Gebäude und die Sicherheit der Mitarbeiter verantwortlich!"

„Tun Sie es nicht!", flehte Frau Wenke. Sie löste sich aus der Gruppe und hechtete auf die Loge zu, „wir können Ihnen alles erklären! Bestimmt!"

„Sie sagt die Wahrheit", jammerte Herr Würm, „aber bitte, keine Polizei."

Inzwischen hatte Frau Wenke ihr Ziel erreicht. Den Schwung ihres Sprints selbst unterschätzend, war es ihr unmöglich, diesen rechtzeitig abzubremsen. Bierlein erkannte die Gefahr, ließ erschrocken den Hörer fallen und sprang geistesgegenwärtig einen Schritt zurück. Frau Wenke aber flog mit voller Wucht gegen die Kante des Pförtnerpults, krümmte sich vor Schmerzen und touchierte sodann mit ihrer Brust den großen, runden Knopf. Vollkommen entgeistert starrten die Anwesenden auf die beiden Akteure und den einige Zentimeter tiefer baumelnden Telefonhörer. Kaum hatten sie ihren ersten Schrecken verwunden, da folgte der nächste. Aus dem hängenden Hörer drang eine Stimme, die unzweifelhaft erkennen ließ, wie berechtigt das Vertrauen in eine Direktleitung zur Polizei doch war. Alle Augen richteten sich auf den Pförtner. Doch dieser hockte zusammengesunken an der Rückwand der Loge, unfähig auch nur eine Regung zu zeigen. Er stand unter Schock. Noch niemals zuvor hatte jemand diesen Knopf gedrückt, niemals zuvor war er in seiner Loge angegangen, geschweige denn angegriffen worden.

„Ich war es nicht", stammelte er, „ich habe die Polizei nicht angerufen!"

„Mensch, Bierlein!", zischte Fräulein Meister, „nehmen Sie schon den verdammten Hörer in die Hand und erklären Sie der Polizei, was passiert ist!"

„Was? Ich?"

„Ja, Sie!"

„Ich kann nicht", jammerte Bierlein, „ich habe versagt, habe meine Loge im Stich gelassen."

„Kommen Sie, Bierlein", flehte Frau Wenke, die noch immer nach Luft ringend quer über dem Pult lag.

„Ja", bat ihn nun auch Fräulein Meister, „tun Sie es! Jetzt!"

„Sie dürfen sich auch was wünschen", versuchte Herr Würm ihn zu ködern.

Bierlein schaute in die Runde und zog seine Mundwinkel hoch. Ein vielsagendes Lächeln huschte über sein Gesicht.

„Schon gut", willigte er schließlich ein, „aber nur unter der Bedingung, dass Sie mir anschließend sagen, was hier gespielt wird."

„In Gottes Namen!", ergänzte Herr Würm sein Versprechen, „tun Sie es! Bitte! Wir werden Sie anschließend einweihen."

Noch zögerte das Faktotum. Seit 30 Jahren versah er seinen Dienst schon, nie hatte er gefehlt, nie hatte es eine Unregelmäßigkeit gegeben und nun sollte er lügen. Fräulein Meister betrat die Loge und während sie Frau Wenke wieder auf die Beine half, rief sie:

„Bierlein!"

Noch immer hockend beugte er sich ungelenk vor, bis er mit seinen Knien den Boden berührte. Dann krabbelte er langsam auf den Hörer zu. Alle Augen waren auf ihn gerichtet. Bierlein blickte hoch, die Anspannung in den Gesichtern der frühmorgendlichen Gäste war deutlich zu sehen. Hier war eine große Sache im Gang. Und so benommen er auch noch war, er spürte deutlich, dass er in diesem Augenblick den Ausgang und das Schicksal der Verschwörer in seinen Händen hielt. Still lachte er sich in sie hinein.

„Los jetzt", drängte Frau Draut, „wenn Sie noch lange warten, ist das Haus bald voller Polizisten. Wollen Sie das?"

Nein, so etwas wollte er natürlich nicht. Dieses Haus war sein Revier! Er ergriff den Hörer, holte mehrmals tief Luft und erstattete dann Meldung. Angespannt verfolgten die übrigen Verschwörer den Verlauf des Gesprächs, welches in der Hauptsache aus Entschuldigungen und unzähligen Beteuerungen bestand. Nach einer Weile legte Bierlein den Telefonhörer zurück auf seinen Platz und schlich kreidebleich von seinem Pult zurück. Er klappte seinen Unterkiefer stumm auf und ab, schnappte bedenklich nach Luft. Die Fingerspitzen seiner rechten Hand nestelten an dem korrekt gebundenen Knoten seiner Krawatte herum. Nach Luft ringend, versuchte er diesen zu lösen.

„Er kollabiert", konstatierte Frau Wenke, während sie sich die schmerzende Brust rieb, „wir sollten Bierlein beatmen."

Frau Draut schluckte heftig, dann schüttelte sie energisch den Kopf.

„Der gehört noch zum alten Eisen, der schafft das schon alleine."

„Mich", warf Herr Würm ein, „würde vielmehr interessieren, was die Polizei gesagt hat. Ich meine, kommt sie nun oder nicht? Wir wissen ja noch immer nicht, ob sie seiner Lüge geglaubt haben?"

Bei dem Wort „Lüge" sank Herr Bierlein endgültig zu Boden.

„Bevor er ganz wegtritt", meinte Fräulein Meister, wobei sie ihre Stimme merklich sanfter klingen ließ, „sollte er uns schon noch verraten, ob die Polizei noch kommt, oder nicht?"

Bierlein starrte sie verzweifelt und entsetzt an.

„Ich", röchelte er, „ich habe sie belogen, ich habe die Polizei belogen!"

„Haben wir ja gehört", bestätigte Frau Draut, „aber was ist mit der Polizei?"

„Sie kommt nicht", hauchte das Faktotum.

„Gut", sagte Fräulein Meister, „dann können wir ja jetzt gehen!"

„Na endlich", jubelte Herr Würm, „schließlich haben wir ja noch einen Job zu erledigen."

„Soll ich noch ein Foto von uns allen machen?"

„Herr Barsch", ermahnte Frau Draut den Hobbyfotografen, „wenn wir uns jetzt nicht beeilen, ist es zu spät und wir können die ganze Sache vergessen."

„Ich möchte", röchelte Bierlein aus dem Hintergrund, „noch gerne wissen, warum sie alle hier sind, warum ich für sie lügen musste? Sie hatten es mir doch versprochen!"

Fräulein Meister, die schon ungeduldig vor dem Aufzug hin und her wippte, ohne auch nur einen Blick von der Anzeigetafel zu nehmen, ermahnte die Umstehenden.

„Dafür haben wir jetzt keine Zeit mehr. Vielleicht erzählen wir es Ihnen später einmal, vielleicht können Sie es aber auch in einigen Tagen in der Hauspost nachlesen. Los jetzt! Sonst können wir unseren Plan vergessen!"

„Aber", jammerte der am Boden kauernde Pförtner, „ihr habt es mir doch versprochen!"

„Es stimmt, was er sagt", ergriff Herr Barsch unverhofft die Partei des Pförtners, „wir können unsere ehrliche Sache doch nicht mit einer Lüge, einem Betrug beginnen."

„Was", gab Frau Wenke zu bedenken, „was, wenn er, während wir auf den Dieb warten, doch noch die Polizei ruft? Ich meine, ewig wird er ja wohl nicht hier auf dem Boden herumliegen. Spätestens um halb acht werden ihn die Reinigungsfrauen finden, ihn wieder reanimieren und auf seine Füße stellen. Keine rosigen Aussichten."

Fräulein Meister runzelte nachdenklich die Stirne.

„Gut, sie haben ja Recht, wir nehmen das Faktotum mit."

„Schön, damit ist die Angelegenheit geklärt", sagte Herr Würm erleichtert, „und jetzt schnell. Die Zeit läuft uns davon."

„Ich verstehe allerdings immer noch nicht", flüsterte Bierlein in die Dunkelheit des Aktenschrankes hinein, „warum Sie mich nicht in Ihre Ermittlungen miteinbezogen haben?"

Frau Draut, die direkt vor den fast verschlossenen Türen des Schrankes zwischen den Hängeregistern stand, neigte leicht ihren Kopf zur Seite. Der fahle Lichtstrahl, der durch den schmalen Spalt drang, ließ ihren genervten Blick erahnen. Seit nunmehr zehn Minuten repetierte Bierlein die immer gleichen Fragen und Vorwürfe. Warum hatte er nicht bis zu seinem endgültigen Ableben durchhalten können? Er war dem anderen Flussufer in seiner Loge doch schon so nahe gewesen. Warum hatte er sich bloß wieder erholen müssen?

„Wie oft denn noch?", meinte sie unwirsch. „Es gab keine Ermittlungen. Und den Verdacht gegen den Menke hegen wir erst seit einem Tag."

„Wie hätten wir Sie da einbinden können?", ergänzte Herr Barsch.

Ein weiterer Einwand Bierleins wurde durch einen verhaltenen Aufschrei einer entsetzten Frau Draut unterlaufen. Bei dem Versuch, seinen Fotoapparat einzuschalten, streifte Herr Barsch den verlängerten Rücken der vor ihm stehenden Kollegin mit dem automatisch fokussierenden Objektiv, wobei der eingebaute Motor das Objektiv in Ermangelung eines entsprechenden Fixpunktes vor- und zurückfahren ließ. Herr Barsch hörte das summende Geräusch des Servomotors, die daraus resultierende rhythmische Berührung blieb ihm mehr oder weniger verborgen. Er führte diesen geringfügigen Widerstand auf die Anwesenheit eines der Aktenordner zurück. Durch sanftes Hin- und Herbewegen des ganzen Fotoapparates versuchte er diesem Hindernis vor seinem Objektiv auszuweichen. Hätte er auch nur ansatzweise geahnt, dass er eigentlich abwechselnd mal die linke, mal die rechte Pobacke seiner Kollegin touchierte, er hätte es gewiss umgehend unterlassen. So aber machte er tapfer weiter, vollkommen unschuldig, weil ebenso ahnungslos.

„Ich hoffe", hörte er Frau Drauts empörte Stimme, „Sie nutzen die Situation nicht schamlos aus und dies war nicht Ihre Hand!"

Noch immer nicht wissend, warum er sich diesen Rüffel eingehandelt hatte, konnte Herr Barsch nur mit einer Gegenfrage antworten.

„Was meinen Sie?"

„Schon gut, vergessen Sie es."

Er schnalzte mit der Zunge gegen seine halbgeschlossenen Lippen und schimpfte leise vor sich hin:

„Ich weiß ja nicht, welche Laus Ihnen mal wieder über die Leber gelaufen ist, liebe Frau Draut, aber ich kann Ihnen mitteilen, dass ich meine Hände im Moment einzig auf meinem Apparat abgelegt habe und versuche, mein Teleobjektiv scharf zu stellen!"

Ruckartig fuhr Frau Draut herum und rief außer sich vor Empörung:

„Ich glaube, es reicht! Behalten Sie doch Ihre sexuellen Perversionen für sich, Sie …", sie holte schnaubend Luft, „… Sie schamlose Person! Ich sage Ihnen: Finger weg von meinem Hintern!"

„Ich möchte die traute Zweisamkeit ja nicht stören", stänkerte Bierlein und mischte sich so geradezu schlichtend in den Disput ein, „ich hoffe nur, der Menke taucht hier auf, bevor diese Trabach hier erscheint. Ich meine, immerhin sind wir hier in ihr Büro ein-gebrochen."

„Bierlein!", giftete Frau Draut ihn an, „es ist genug! Wenn Sie mal endlich ruhig wären, liefen wir auch nicht Gefahr, entdeckt zu wer-den!"

„Ich meinte ja nur!"

„Wo bin ich hier nur hingeraten?", beschwerte sich Frau Draut. „Ich sitze hier mit zwei Verrückten in einem Aktenschrank, wovon der eine ständig versucht, sein Objektiv an meinem Hinter scharf zu stellen, und der andere mir ständig die Sinnhaftigkeit unserer Aktion auszureden versucht!"

„Schon gut", versuchte Herr Barsch die Situation zu entschärfen, „selbst wenn die Trabach an ihrem Schreibtisch sitzen würde, wären wir in diesem Schrank absolut sicher. An diesen Schrank geht die nur im äußersten Notfall. Noch nie hat die jemand mit Akten unterm Arm gesehen. Ein Schrank weiter, da wo die Blusen, Kleider und das Schminkzeug stehen, ja, da geht sie regelmäßig dran."

„Und warum macht sie das?", wollte Bierlein wissen.

„Weil sie sich mindestens zweimal am Tage umzieht!"

„Warum?"

„Weil", fauchte Frau Draut, „weil unser Chef sie dafür liebt. Und jetzt ist hier Ruhe im Schrank!"

„Ich weiß nicht", leitete Frau Wenke ihr Klagelied ein, „wie lange ich das noch aushalte?"

Frau Wenke und Herr Würm hatten ihre Posten in dem Büro der Buchstabengruppe E-I bezogen. In Ermangelung eines geeigneten Aktenschrankes hatten sie ihren Unterstand unterhalb der im rechten Winkel zueinander stehenden Schreibtische eingerichtet. Schon innerhalb der ersten Minuten hatte sich der harte Teppichboden, pflegeleicht und abriebfest, als äußerst unbequem erwiesen. Erste rote Stellen an den Knien waren unter den Strümpfen ihrer Trägerin zu verzeichnen. Viel Platz bot den beiden Harrenden der Bereich zwischen all den Kabeln, Aktencontainern und PC-Towern nicht, darum lagen sie zusammengekauert da, was das Warten auf den Dieb nicht gerade vergnüglich gestaltete.

„Ach, ja", teilte Herr Würm das Leid seiner Kollegin, „da haben wir wirklich nicht die beste Stellung bezogen. Ich hoffe nur, der Menke lässt sich bald blicken. Nicht mehr lange und mir schlafen die Beine ein, dann könnte ich ihm auch nicht mehr hinterherlaufen!"

Frau Wenke wechselte die Stellung ihrer Beine, wodurch sich ihre Füße dem Gesicht ihres Mitstreiters bedenklich näherten.

„Achtung!", flüsterte Herr Würm.

„Kommt er?", wollte Frau Wenke wissen.

Sie fühlte unverhofften Widerstand an ihren Füßen, was sie zu einem erneuten Positionswechsel der Beine bewog. Der Pfennigabsatz ihres linken Schuhs verfing sich in der Ohrmuschel ihres Kollegen.

„Frau Wenke", rief der so Gepeinigte energisch, „ich bitte Sie, nehmen Sie doch Ihren Absatz aus meinem Ohr."

„Kein Problem", gab sie ziemlich gelassen zur Antwort, „aber hören Sie bitte mit diesem Geschrei auf, Sie gefährden ja unseren ganzen Plan."

Herr Würm gehorchte und der Absatz entfernte sich aus seinem Ohr, strich seine Wange entlang, bis er schließlich unterhalb seines Kinns seine endgültige Position erreichte.

„Wo steckt eigentlich Fräulein Meister?", wollte Frau Wenke wissen.

Bevor Herr Würm eine Antwort geben konnte, musste er den Fuß seiner Kollegin erst behutsam von seinem Kinn entfernen. Auf diese Berührung reagierte sie prompt.

„Ich bitte Sie, Herr Würm, was machen Sie denn da?"

„Es ist nicht, was Sie denken", entschuldigte er sich, „ich kann jedoch nicht sprechen, wenn Ihr Absatz unter meinem Kinn liegt."

„Na gut."

„Also", nahm Herr Würm den Faden unvermittelt auf, „Fräulein Meister wird wohl in ihrem Büro sein, vielleicht ist sie aber auch im Kopierraum."

„Ist bestimmt wesentlich bequemer."

„Bestimmt."

Und wirklich hatte sich Fräulein Meister recht angenehm im Kopierraum eingerichtet. Die Türe zum Flur hatte sie nur leicht angelehnt, so konnte sie durch den schmalen Spalt hindurch ihr Büro und die Aufzüge am anderen Ende beobachten. Sie hatte sich strategisch sehr günstig positioniert. Eine halbe Stunde war seit dem Beginn der Aktion schon vergangen, ohne dass sich etwas auf dem Flur ereignet hatte, oder sich auch nur ein Mensch hatte blicken lassen. Sie lauschte in die Stille, schaute zum wiederholten Male auf die Uhr, doch Menke, den sie sich zum ersten Male in ihrem Leben herbeisehnte, war noch nicht gekommen. In rund einer Stunde würden die ersten Kollegen erscheinen, dann müssten sie ihren Plan zunächst aufgeben, müssten auf eine spätere Gelegenheit warten. Unruhig nestelte sie an ihrer langen Halskette herum. „Mensch, komm endlich!", dachte sie.

„Was", stellte Bierlein seine Anmerkung in den engen Raum, „was, wenn es der Menke gar nicht ist? Ich meine, vielleicht warten wir ja auf den Falschen?"

Frau Draut rollte gefährlich mit den Augen, holte mehrmals tief Luft und ließ ihre folgenden Worte zischend gegen das Faktotum prasseln.

„Bierlein, hören Sie doch auf, solche defätistischen Äußerungen in die Welt zu setzen! Wenn Sie so etwas denken, warum sind Sie dann überhaupt mitgekommen? Warum sind Sie dann nicht in Ihrer Loge geblieben und haben auf Ihr Ende gewartet?"

Ihr Blick wanderte Hilfe suchend zu ihrem Kollegen hinüber. Doch in der Dunkelheit des Schrankes konnte dieser das Gesuch nicht erkennen, also wandte sie sich direkt an ihn.

„Herr Barsch", rief sie ihn auf, „nun sagen Sie doch auch mal was!"

„Nun ja", druckste dieser, „natürlich ist der Verdacht gegen den Menke irgendwie begründet."

„Irgendwie", stichelte Bierlein weiter, „lediglich Indizien."

„Pah!", empörte sich Frau Draut, „Sie glauben doch nicht, ich würde mir hier die Beine in den Bauch stehen, wegen bloßer Indizien!"

„Sie haben keine Beweise, oder?"

„Mensch, Bierlein!", Frau Draut verlor allmählich die Fassung. „Sehen Sie sich den Menke doch an, dann haben Sie Beweise genug!"

Herr Barsch, der die Episode mit seinem Objektiv und dem Po seiner Kollegin noch nicht ganz verwunden hatte, löste sich langsam aus seiner schuldbehafteten Haltung. Er streckte sich zaghaft, bewegte seine Beine abwechselnd vor und zurück. Plötzlich hielt er inne. Etwas Weiches, Warmes stellte sich seinen Dehnübungen entgegen. Nicht schon wieder, durchfuhr es ihn. Schlagartig unterband er seinen Bewegungsdrang. Sein rechtes Bein jedoch befolgte diesen Befehl nur verzögert, machte eine leichte Bewegung seitwärts und prallte so gegen eine der Hängevorrichtungen. Der umgehend stechende Schmerz ließ ihn aufschreien.

„Seien Sie doch nicht immer so ungeschickt", schimpfte Frau Draut.

„Meine liebe Frau Draut", maulte der Geschundene, „es reicht. Ich befinde mich nicht freiwillig mit Ihnen und Herrn Bierlein in diesem Schrank. Und in dieser Lage, mit zwei Menschen eingepfercht in einem engen Raum, zwischen all den muffigen Akten, stets der Gefahr ausgesetzt, von irgendeinem Menschen entdeckt zu werden, möchte ich nicht auch noch angeschnauzt werden!"

„Ich kann mich Ihnen da nur anschließen", stimmte der Pförtner seinem Schrankgenossen zu, „schließlich wissen wir ja noch gar nicht, ob unser Leiden überhaupt von Erfolg gekrönt sein wird. Nicht auszudenken, der Menke käme nicht! Nicht auszudenken, der Menke wäre unschuldig!"

Fräulein Meister warf erneut einen Blick auf die Uhr. Weitere zehn Minuten waren ergebnislos vergangen. Weitere Minuten, in denen nichts geschehen war. Sie hatte es sich gerade auf einem Stapel Kopierpapier leidlich bequem gemacht, als sie die bekannten Geräusche der sich öffnenden Aufzugtüren vernahm. Ihr Herz schlug bis zum Hals, endlich kam Bewegung in die Sache. Sie erhob sich leise, schob die Türe etwas weiter auf und spähte auf den Gang hinaus. Das helle Licht der geöffneten Aufzugkabine ergoss sich gleißend über den Flur. Für den Bruchteil einer Sekunde waren ihre Augen geblendet. Dann, als sich ihre Augen wieder beruhigt hatten, sah sie den schemenhaften Schatten einer Person, die langsam auf den Flur hinaustrat. Menke! Er war gekommen. Sie hatte sich also nicht getäuscht. Gleich würde er sich gewiss umdrehen, würde sich davon vergewissern, dass er alleine war und dann würde er sich endlich dem Büro der Chefin zuwenden. Dann würde er in die Falle tappen, würde von Barsch, Draut und Bierlein in flagranti erwischt werden. Und selbst wenn er diesen drei Kollegen durch eine Flucht entkommen sollte, dann könnte sie ihn noch immer auf dem Flur stellen. Sie fühlte die Anspannung, fühlte den kommenden und unabwendbaren Sieg über das Verbrechen.

„Ich kann nicht mehr", jammerte Herr Würm, „mir tut der ganze Nacken weh, und meinen Beinen geht es auch nicht gut."

Frau Wenke blies einen zarten Luftstrahl aus.

„Meinen Sie etwa, mir erginge es besser? Aber hören Sie mich jammern? Mensch, denken Sie doch an die Sache und reißen Sie sich zusammen!"

„Wegen einiger Süßigkeiten", grummelte Würm.

„Was müsste denn Ihrer Meinung nach gestohlen werden, damit es sich für Sie lohnen würde?"

„Schon gut", verkniff er sich weitere Beschwerden.

Fräulein Meisters Stimmung war auf dem Tiefpunkt angekommen. Herr Menke war nicht wie erwartet in Frau Trabachs Büro gegangen, sondern in sein eigenes. Sie hatte ihm lange nachgeschaut, hatte gewartet. Schließlich war sie sich sicher, dass er auch dort bleiben würde. Insgeheim hatte sie natürlich gehofft, Menke würde sein Büro nach einer Weile wieder verlassen, sich über den Flur zurückschleichen und schließlich in das Büro der Frau Trabach eindringen. Doch zu ihrem Bedauern tat er nichts dergleichen. Vielleicht, so überlegte sie, hatte er ja Lunte gerochen, oder schlimmer noch, Menke war gewarnt worden. Eine undichte Stelle! Ein Schauder lief kalt über ihren Rücken. Noch bevor sie ihren Gedanken weiter verfolgen konnte, hörte sie wieder das Summen des Aufzuges. Unwillkürlich warf sie einen Blick auf die Uhr. Noch 20 Minuten bis zum offiziellen Dienstbeginn. Sie schüttelte den Kopf und zog sich in ihr Versteck zurück. Sie hatte gerade die Türe wieder näher herangezogen, da öffnete sich auch schon der Aufzug. Was sie dann jedoch sah, ließ ihr das Blut in den Adern gefrieren.

„Ruhe mal!", flüsterte Herr Barsch. „Ich glaube, ich höre da was."

„Ich auch", bestätigte Frau Draut, „ist bestimmt der Menke!"

„Wer es glaubt!"

„Mensch, Bierlein!", zischte Frau Draut, „halten Sie endlich die Klappe! Barsch, ist die Kamera bereit?"

„Wie denn?", maulte Barsch, „das Objektiv war ja im Weg."

„Wie kann man auch nur auf so eine unsinnige Idee kommen, sich mit einem Teleobjektiv in einen so engen Schrank zu begeben."

„Herr Bierlein", empörte sich Herr Barsch, „auch mit einem Tele kann man Aufnahmen im Nahbereich machen!"

„Schluss jetzt!", mahnte Frau Draut. „Sonst werden wir noch entdeckt."

Die beiden Männer schwiegen und lauschten angestrengt in die Stille des Büros hinein. Bierlein rutschte unruhig in seiner Ecke herum. Etwas schien ihn zu beschäftigen. Endlich platzte die Frage aus ihm heraus.

„Wie wollen Sie eigentlich durch die geschlossene Schranktüre hindurch fotografieren?"

Hätte es in dem Schrank auch nur den Hauch eines Lichtscheins gegeben, der Pförtner hätte die Ratlosigkeit in den Gesichtern seiner beiden Mitstreiter gesehen. So aber lauschte er weiter in die Stille hinein. Noch bevor Frau Draut hätte reagieren können, vernahmen sie alle das Geräusch einer sich öffnenden Türe. Die drei Verschwörer erstarrten, stellten das Atmen ein und hofften insgeheim, von der Außenwelt unentdeckt zu bleiben. Was sie hörten, ließ sie mehr als erschrecken. Die Schritte, die sie vernahmen, waren für einen Mann zu leicht, zu beschwingt. Dies waren nicht die Schritte eines Mannes, dies waren die Schritte einer Frau. Und da sich diese Frau nicht gleich dem Aktenschrank widmete, konnte es sich nicht um Fräulein Meister handeln.

Fräulein Meister hatte einen Entschluss gefasst. Sie musste ihre beiden Agenten und das Faktotum warnen. Außerdem musste sie Frau Trabach dazu bewegen, ihr Büro wieder zu verlassen, damit ihre Kollegen dieses wieder verlassen konnten. Leise bewegte sie sich über den Flur hinweg auf das Büro der Chefin zu. Vor der Türe blieb sie kurz stehen, holte einmal tief Luft, klopfte mit der rechten Hand einmal kräftig und drückte beherzt die Klinke herunter. Laut, ganz entgegen ihrer Angewohnheit, betrat sie einfach den Raum. Frau Trabach, gerade im Begriff ihren Mantel aufzuhängen, drehte sich erschrocken um. Fräulein Meister nutzte das Überraschungsmoment aus und rief übertrieben laut:

„Guten Morgen, Frau Trabach, ich habe Licht in Ihrem Büro gesehen!", sie machte eine kurze Pause und drehte sich dem Aktenschrank zu, „da wollte ich nur nachsehen, wer denn so früh in Ihrem Büro sein würde!"

Erschrocken starrte Frau Trabach die Kollegin an. Sie war sprachlos. Fräulein Meister nutzte die Gelegenheit zu einer weiteren Warnung.

„Sie sind aber schon früh hier, Frau Trabach, da bin ich aber froh. Hatte schon gedacht, ein Dieb wäre in Ihr Büro eingebrochen."

Frau Trabach gewann ihre Fassung wieder.

„Warum schreien Sie eigentlich so?"

Um die anderen zu warnen, dachte Fräulein Meister.

„Entschuldigen Sie", rief sie, „ich bin etwas erkältet. Und meine Ohren sind zu, ich kann mich selbst kaum hören. Und dann noch der Schreck!"

„Ah ja."

Frau Trabach hängte ihren Mantel an den Haken neben der Türe und lief hinüber zu ihrem Schreibtisch. Bevor sie sich setzte, strich sie den Rock noch einmal glatt und warf einen prüfenden Blick auf den Sitz ihrer Bluse.

„Was für ein Schreck?"

„Ein Schreck?"

„Ja", stellte Frau Trabach fest, „Sie sprachen eben von einem Schreck, kurz nachdem Sie Ihre Ohren erwähnt hatten."

„Ach, der Schreck!"

„Ja."

„Ach", tat Fräulein Meister erstaunt, „wir alle sind sehr erschrocken, weil es doch hier einen Dieb gibt!"

„Was für einen Dieb?"

„Der, der uns und Ihnen die Süßigkeiten in der letzten Zeit geklaut hat."

„Nein!"

„Doch!"

„Ach!"

Frau Trabach ließ einen raschen Blick über ihren Schreibtisch gleiten, dann riss sie die untere Schublade ihres Aktencontainers auf. Ihre Anspannung wich einem spontanen, glücklichen Lächeln.

„Heute hat Ihr Dieb nicht zugeschlagen!"

„Ha", überschlug sich Frau Meisters Stimme, „hätte er auch nicht können."

„Bitte?"

Fräulein Meister bewegte sich auf die von einem Diebstahl verschont gebliebene Chefsekretärin zu. Keine Handbreit von ihr entfernt blieb sie stehen, senkte Haupt und Stimme, wurde geradezu intim.

„Hätte der Dieb heute zugeschlagen, wir hätten das Netz zugezogen."

Frau Trabach horchte auf, beugte sich leicht vor und starrte gebannt auf die Kollegin. Fräulein Meister erkannte ihre Chance und wollte gerade mit ihren Ausführungen beginnen, wollte gerade die Ergebnisse ihrer Recherchen erläutern, als sich in ihrem Rücken unerwartete Aktivität entfaltete. Ihre Worte erreichten die Lippen nicht mehr, blieben im Halse stecken.

„Ich habe diesen Verdacht die ganze Zeit über immer wieder bezweifelt", rief das Faktotum, während es sich aus der Enge des Aktenschrankes den Weg in die Freiheit bahnte, „wenn ich mal etwas sagen darf, liebe Frau Trabach, ich habe die ganze Zeit nicht an die Möglichkeit eines Diebes geglaubt."

„Herr Bierlein", rief die vollkommen überforderte Chefsekretärin, „was machen Sie in meinem Schrank?"

Doch noch bevor sich das Faktotum hätte erklären können, erfuhr es einen rüden Stoß in den Rücken. Frau Draut und Herr Barsch stürmten nun ebenfalls aus der Enge des Schrankes heraus. Frau Trabachs Augen weiteten sich schlagartig. Fräulein Meister sackte in sich zusammen, konnte sich kurz an der Rückenlehne eines Stuhls festhalten, ehe sie gänzlich zu Boden glitt.

„Morgen!", zwitscherte Frau Draut, „Da sind wir aber froh, Sie hier zu sehen."

Frau Trabach schwieg, unfähig sich zu äußern.

„Und", lachte Herr Barsch, „wir hatten schon gedacht, Sie wären der Dieb."

Vollkommen ahnungslos, abgeschnitten von den Ereignissen, kämpften Frau Wenke und Herr Würm noch immer um eine einigermaßen bequeme Stellung auf dem ansonsten wenig bequemen Teppichboden. Und während Frau Wenke weiterhin versuchte, ihre langen Beine in eine Position zu bringen, die nicht ständig mit einem Körperteil ihres Kollegen kollidierte, versuchte eben dieser Kollege, sich von den anhaltenden, nicht gänzlich unangenehmen Berührungen nicht ablenken zu lassen. Gerade als sich die Kniescheibe seiner Kollegin mit sanfter Gewalt in seine Brust grub, beschlich ihn ein Gefühl tiefer Dankbarkeit. Seit Jahren schon hatte er sich einen Augenblick wie diesen herbeigesehnt. Alleine mit ihr, ihr Knie auf seinem Brustbein. Auch wenn es schmerzte, er konnte es genießen.

„Haben Sie einen Freund?", platzte es zu seinem eigenen Erstaunen aus ihm heraus.

„Nein", erwiderte sie ebenso erstaunt, „warum fragen Sie?"

„Ich mag die Art, wie Sie mich treten!"

Kaum ausgesprochen, hätte er seine Worte gerne wieder unausgesprochen gemacht. Zu seiner Überraschung reagierte Frau Wenke nicht so, wie er es in seiner ersten Angst erwartet hatte.

„Und wie ist das?", ihr Atem ging unruhig, „ich meine, wie war das, als ich Sie getreten habe?"

„Nicht so schmerzhaft wie ich dachte, irgendwie angenehm."

„Aha."

„Ja, und wenn Sie gerne noch einmal die Position ändern möchten, scheuen Sie sich bitte nicht."

Frau Wenke räusperte sich leise.

„Herr Würm, Sie sind mir ja einer!"

Ein Augenblick des Schweigens folgte.

„Ob er noch kommt?", versuchte Herr Würm die Aufmerksamkeit auf eine weniger verfängliche Ebene zu lenken.

„Weiß nicht; aber sollte er noch kommen, wäre es so wie immer. Er käme in einem unpassenden Moment."

Sie hielt inne, drehte sich langsam und äußerst geschmeidig unter dem Schreibtisch herum. Ihr Gesicht näherte sich bis auf wenige Zentimeter dem ihres Kollegen. Herr Würm spürte ihren warmen, wohltuenden und erregenden Atem. Er schluckte heftig, eine rasch aufsteigende Wärme erfasste seine Wangen und seine Stirn.

„Möchten Sie mich küssen?", fragte sie ihn.

Er wollte.

Während Frau Wenke und Herr Würm unbemerkt von den anderen Teilnehmern des Agentenspiels einige Büros entfernt den Sinn der Aktion durch ihre eigene Interpretation der Unternehmung deutlich in Frage stellten, sahen sich Frau Draut, Herr Barsch und Herr Bierlein einem ganz anderen Problem gegenüber. Frau Trabach hatte ihre Fassung wieder gewonnen und fand zu ihrer normalen Form zurück.

„Was machen all diese Menschen in meinem Schrank?"

Fräulein Meister nahm eine devote Haltung ein, schaute verlegen zu ihren Kollegen hinüber und faltete unsicher die Hände vor ihrem Bauch zusammen.

„Die haben sich in dem Schrank auf die Lauer gelegt", sagte sie zaghaft.

Frau Trabach runzelte fragend die Stirne.

„Wieso haben die sich auf die Lauer gelegt? Wollten die mich beschatten?"

Fräulein Meister hob abwehrend die Arme.

„Beileibe nicht, liebe Frau Trabach."

„Ich", machte sich das Faktotum erneut bemerkbar, „gehöre eigentlich gar nicht zu diesen Menschen. Ich bin, wenn man so will, gezwungenermaßen hier. Ich möchte ausdrücklich betonen, dass ich von Anfang an gegen diese Aktion war."

„Gegen welche Aktion?"

Noch bevor Bierlein erneut das Wort ergreifen konnte, schob ihn Frau Draut zur Seite.

„Wir sind angetreten, einen gemeinen Dieb zu fassen!"

„Einen Dieb?"

„Sehr richtig, Frau Trabach", bestätigte Herr Barsch die Ausführungen seiner Kollegin, „auch Ihnen wird es nicht entgangen sein, dass in der letzten Zeit immer wieder Süßigkeiten von und aus unseren Schreibtischen verschwunden sind."

Frau Trabach nickte verständnislos und schwieg. Fräulein Meister nutzte die Gelegenheit, um der Chefin die Ausführungen ihres Kollegen und ihre eigenen Schlussfolgerungen zu Gehör zu bringen. Mit einer Mischung aus Unverständnis, Fassungslosigkeit und Entsetzen folgte sie dem Bericht. Doch sie wäre nicht die Chefin gewesen, hätte sie nicht aus dem Augenwinkel heraus bemerkt, dass einer aus der Gruppe der Eindringlinge mit der Schilderung der Ereignisse nicht einverstanden war. Frau Trabach erhob sich langsam von ihrem Stuhl und bewegte sich zielstrebig auf den Zweifler zu.

„Ja, Herr Bierlein, Sie sind da anderer Meinung?"

Sie hatte ihm keine wirkliche Frage gestellt; es war eher die direkte Aufforderung, endlich Licht in das Dunkel dieser Angelegenheit zu bringen. Bierlein ließ sich nicht lange bitten. Er hatte auf diesen Auftritt in der Rolle des Hüters der Wahrheit gewartet. Nur aus diesem Grunde hatte er all die Jahre über schweigend alle Schmach ertragen, die er hinter seinem Pult in der Loge hatte hinnehmen müssen. Nun also war sein Fachwissen gefragt.

„Lediglich Indizien", leitete er seinen Bericht ein, „lediglich Mutmaßungen. Sie können sich denken, dass ich nicht freiwillig dieser Aktion gefolgt bin. Einige Male habe ich auf die Unzulänglichkeiten der Ermittlung hingewiesen, habe meine Zweifel angemeldet. Aber ich wurde zum Schweigen verurteilt."

Fräulein Meister, die sich schweigend hinter der Chefin postiert hatte, ballte ihre Hände zu Fäusten und schnappte wutschnaubend nach Luft. In Gedanken war sie bereit, sich auf den Verräter zu stürzen und ihn zum Schweigen zu bringen. Bierlein, der, solange er seinen Pförtnerdienst versah, eigentlich ständig auf der Hut vor den Sticheleien der Mitarbeiter war, ließ nun im Augenblick seines Triumphes alle Vorsicht fahren. Und so erzählte er munter von den Ereignissen an diesem Morgen, berichtete auch von seinem gewaltsam unterbundenen Versuch, die Polizei zu informieren. Just als er von seiner eigenen Entführung und der anschließenden Gefangennahme im Aktenschrank erzählen wollte, erfasste ihn ein stechender Schmerz. Er zuckte zusammen und rang heftig nach Luft. Frau Draut lächelte unschuldig und ließ ihr Knie wieder sinken. Anerkennend zwinkerte Herr Barsch seiner Kollegin zu. Er machte einen Schritt rückwärts und stellte den Aktenordner, dessen er sich vorsorglich bemächtigt hatte, wieder zurück auf den schmalen Beistelltisch. Im Nachhinein war er froh, dass er ihn nicht hatte einsetzen müssen, um Bierlein eine Auszeit zu bescheren. Der beherzte Einsatz des Knies seiner Kollegin war doch weitaus unauffälliger gewesen. Zumindest hatte Frau Trabach nichts von dieser Tat mitbekommen. Die Schilderungen des Faktotums schienen ihr stellenweise derart grotesk, dass sie mehrmals kopfschüttelnd die Augen schloss. Als Bierlein seinen Bericht offensichtlich abgeschlossen hatte, ergriff sie die Gelegenheit und sagte:

„Sehr schön, Herr Bierlein, die Harmonia kann sich wirklich glücklich schätzen, einen solchen Pförtner zu haben. Danke."

„Oh, Rudolph", seufzte Frau Wenke, nachdem sich ihre Lippen wieder von denen des Kollegen gelöst hatten, „ich darf doch Rudolph sagen?"

„Gewiss", gab Herr Würm dankbar und zugleich vollkommen aufgekratzt zurück, „durchaus, Liselotte."

„Du hast da eine Leidenschaft in dir, die ich so nicht von dir erwartet hätte."

„Ich hoffe", meinte er verhalten, „ich habe dich nicht allzu sehr bedrängt."

Anstelle einer Antwort presste sie ihre Lippen erneut auf seine, wodurch die Konversation für einige Augenblicke aussetzte.

„Sagen wir es den Kollegen?", wollte Herr Würm von seiner Liselotte wissen.

„Später", hauchte sie, „lass uns erst noch etwas auf den Menke warten."

Er warf einen verstohlenen Blick auf seine Uhr.

„Es bleibt uns noch knapp eine halbe Stunde."

„Dann lass sie uns auch nutzen."

„Ich sehe immer noch nicht ein", ergriff Frau Trabach nun in gewohnter Manier wieder die Initiative, „warum Sie ausgerechnet in meinem Aktenschrank einkehren mussten, und warum ich in diese Angelegenheit nicht involviert war? Können Sie mir das einmal erklären?"

Betreten schauten sich die Kollegen an. Seit seiner Begegnung mit dem Knie fühlte sich auch Herr Bierlein im Kreise der Kollegen angekommen. Und seltsamerweise war er es dann auch, der in diesem Augenblick der Peinlichkeiten die Gruppe herausriss.

„Liebe Frau Trabach, Sie haben natürlich Recht, natürlich müssen Sie über sämtliche Vorkommnisse innerhalb der Abteilung informiert werden. Da wir aber lediglich einige, wenn auch durchaus stichhaltige Indizien hätten vorweisen können, uns der konkrete Beweis noch fehlte, warum sollten wir Sie dann quasi im Vorfeld mit unseren Vermutungen behelligen?"

Staunend und wortlos waren Frau Trabach, aber auch Frau Draut und Herr Barsch den Ausführungen des Faktotums gefolgt. Der Pförtner erkannte seinen augenblicklichen Vorteil und fuhr daher unbeirrt fort:

„Sehen Sie, wir alle wissen um Ihr geradezu übermenschliches Pensum, welches Sie täglich hier leisten. Ich bitte Sie, wie hätten wir Sie da, bei der Dichte Ihrer Termine mit unserem Verdacht belästigen können?"

„Denn", meldete sich nun Fräulein Meister wieder zurück, „denn schließlich ging es ja im Grunde nur um einige Süßigkeiten, einige Bonbons und ..."

„Und", führte Frau Draut die Liste fort, „das eine oder andere Überraschungsei."

Frau Trabachs Augen weiteten sich schlagartig.

„Sie meinen, der hat sich auch an meinen Heiligtümern vergriffen?"

Mit einer Bewegung drehte sie sich um und wandte sich fast zeitgleich ihrem Schreibtisch zu, öffnete die entsprechende Schublade, durchforstete diese, förderte diverse Fragmente bunt bedruckter Einschlagfolien zutage und stellte mit Entsetzen fest, dass der Dieb auch hier keinerlei Skrupel gekannt hatte.

„Also auch bei mir", sie schien den Tränen nahe, „selbst vor meinen Eiern scheute er nicht zurück."

Eine Träne rann über ihre Wange. Mitleidsvoll verfolgten die drei Agenten den Verlauf der Träne. Frau Trabach fasste sich erstaunlich rasch. Mit der Faust schlug sie auf die Schreibtischplatte ein. Kugelschreiber und Telefonhörer sowie die anwesenden Agenten wippten leicht in die Höhe. Ihr Antlitz verfinsterte sich auf eine nie gesehene Weise.

„Ich sage Ihnen jetzt mal etwas. Und ich sage es Ihnen nur ein einziges Mal. In dieser Angelegenheit können Sie mich auch mitten in der Nacht wecken. Fassen Sie diesen Menke! Meinen Segen haben Sie!"

Frau Wenke löste sich einen Augenblick aus der innigen und recht intimen Umarmung ihres Rudolphs, holte einmal tief Luft und flüsterte:

„Warte, Liebster, irgendein Kabel schlägt ständig gegen meine Ferse."

„Welches Kabel?", fragte Rudolph, er selbst hatte während des letzten Kusses die Glasfaserleitungen der beiden Tower und der auf den Schreibtischen stehenden Telefone mit seinem linken Ellenbogen gekappt, „welches Kabel wagt es, meinem Teufelchen die Freude zu verderben?"

„Ich weiß nicht, mein Teufel", hauchte sie sinnlich berührt, „aber es stört mich. Immerzu schlägt es gegen meine Ferse und meine Wade."

„Ein Kabel, das weiß, was guttut", er lachte vielsagend.

Sie biss ihm zärtlich in die Unterlippe.

„Du bist ein süßes, wildes Ferkel."

„Ich bin ein Teufel", berichtigte er sie.

Doch bevor er sich ihr weiter hingab, dachte er dennoch über die Sache mit dem Kabel nach. Von welchem Kabel redete seine Liselotte hier eigentlich, waren nicht sämtliche Kabel auf seiner Seite?

„Liebste", flüsterte er, „ich weiß nicht, von welchem Kabel du sprichst? Bist du denn sicher, dass es ein Kabel ist, welches deine Ferse berührt? Denn eigentlich dürften dort, wo deine Füße liegen, keine Kabel mehr sein."

Frau Wenke antwortete nicht, stattdessen schaute sie sich vorsichtig um. Was immer sie auch zu sehen erwartete, was sie dort in unmittelbarer Nähe ihrer Füße entdeckte, bedeutete für sie ein vorzeitiges Ende ihrer spontanen Leidenschaft und stellte gleichzeitig ihre beginnende Beziehung auf den Prüfstein.

„Mäuse", keuchte sie, „da sind Mäuse."

Wenngleich Rudolph Würm in einem ersten Reflex die Ängste seiner liebsten Lieselotte negieren und in einem Witz ertränken wollte, so besann er sich dennoch eines Besseren, nahm sie fest in seine Arme, soweit dies die Enge unterhalb der Schreibtische zuließ, und sprach ihr Trost zu.

„Ruhig, meine Liebe, wir werden jetzt ganz vorsichtig diesen Ort verlassen. Ich werde nicht zulassen, dass sich irgendwer zwischen uns stellt."

Mit diesen Worten hatte er nicht nur Liselottes Herz erobert, nicht nur ihre Seele berührt und mit der Seinen vereint, er hatte auch einen wichtigen Beitrag zur Lösung des eigentlichen Kriminalstücks geleistet. Nicht dieser Menke war der Urheber der zahlreichen Diebstähle, es waren die über die ganze erste Etage verteilten und dort lebenden Mäuse.

Natürlich kannten die Umstehenden ihre Frau Trabach, dennoch hatten sie mit einem solchen Ausgang der Angelegenheit nicht gerechnet. Gewiss, die Chefin war als sehr impulsiv bekannt, sie scheute auch gewiss vor keiner Auseinandersetzung zurück, dass sie sich jedoch aufgrund eines einzigen Argumentes derart rasch umstimmen ließ, verblüffte sie alle. Anscheinend hatten Bierlein und Fräulein Meister doch den richtigen Ton getroffen. Frau Trabach war nun eine von ihnen. Fräulein Meister war entzückt. Insgeheim hoffte sie natürlich, dass Frau Trabach, während sie all den Ausführungen gelauscht hatte, erkannt haben würde, welchen Anteil sie, die Büroleiterin der Buchstaben A–D, an den Ermittlungen hatte. Schließlich war sie es ja gewesen, die die ganze Angelegenheit aufgedeckt und entsprechende Gegenmaßnahmen eingeleitet hatte. Allerdings, dieser Bierlein hatte sich ziemlich in den Vordergrund gedrängt. Sie musste auf der Hut sein. Sollten die anderen Büroleiter seinem Beispiel folgen, sähe es übel mit ihrem eigentlichen Ansinnen aus. Immerhin ging es hier um ihre Gratifikation.

„Wir sollten uns zunächst einmal um unsere beiden Kollegen kümmern."

Frau Trabach sah Fräulein Meister überrascht an.

„Welche Kollegen? Haben Sie denn noch weitere Kollegen in den Büros untergebracht?"

Jetzt war ihre Stunde gekommen. Von einer inneren Gewissheit erfasst, erklärte sie souverän:

„Ach Frau Trabach, mein Plan zur Ergreifung dieses Frevlers sah von Anfang an vor, dass er sich möglicherweise einem Zugriff durch die hier anwesenden Kollegen hätte entziehen können. Aus diesem Grunde habe ich zwei weitere Kollegen in einem anderen Büro postiert. Ich wollte eben nichts dem Zufall überlassen."

Frau Trabach nickte anerkennend.

„Ich muss schon sagen", meinte sie anerkennend, „Ihre Handlungsweise ist sehr vorausschauend. Sehr schön, sehr schön, Fräulein Meister."

Gewonnen, dachte die Gelobte.

„Was machen wir nun mit den Kollegen?", wollte Frau Trabach wissen.

„Frau Wenke und Herr Würm", antwortete Frau Draut, „ach die Armen, die wissen ja noch gar nichts von unserer Allianz. Was die jetzt wohl machen? Bestimmt glauben die beiden, wir hätten sie vergessen."

„Die sterben bestimmt vor Langeweile", fügte Herr Barsch hinzu, „doch egal, die Zeit drängt!"

„Richtig", stimmte Frau Trabach lautstark in den Chor mit ein, „schnappen wir uns diesen Menke! Wir gehen zu ihm, reißen die Türe zu seinem Büro auf und stellen ihn zur Rede!"

„Genau", jubelte Fräulein Meister, „und wenn wir alle geschlossen vor ihm stehen, soll er es gar nicht erst wagen, den Anschuldigungen zu widersprechen!"

„Worauf warten wir dann noch?"

„Herr Bierlein", rief Frau Trabach, „diese Einstellung lobe ich mir! Also, meine Damen und Herren, gehen wir ans Werk!"

Damit verließen sie das Büro, stürmten laut polternd über den Flur und kamen endlich vor dem Büro des Herrn Menke zum Stehen. Während sich die Mitstreiter hinter Frau Trabach aufgestellt hatten, holte diese tief Luft und drückte gleichzeitig die Klinke hinunter. Mit einem raschen Schritt vorwärts schob sie die Türe auf und stand umgehend in der Mitte des Raums. Eine rasche Fixierung des Opfers, schon blies sie zum Angriff.

„Menke, ich bin es leid! Und ich bin sauer! Richtig sauer!"

Das Opfer zuckte angesichts der hereinstürmenden Übermacht

umgehend zusammen. Mit weit aufgerissen Augen kauerte er hinter dem Bildschirm seines Computers. Eigentlich bemitleidenswert, doch angesichts der ihm zur Last gelegten Taten bestärkte dieses Verhalten nur den Verdacht gegen ihn. Selbst der Pförtner schien endgültig überzeugt. Er befreite sich aus dem engen Kreis seiner Kollegen und stellte sich selbstbewusst an die Seite der Frau Trabach.

„Mensch Menke, geben Sie es doch zu, erleichtern Sie doch Ihr Gewissen. Sie werden sehen, hernach wird es Ihnen deutlich besser gehen."

Herr Menke nickte, senkte seinen Kopf auf die Schreibtischplatte und weinte bitterlich. Eine ungeheure Last schien von ihm abgefallen. Die Anwesenden senkten betreten ihre Blicke, auf diese Reaktion waren sie nicht vorbereitet. Menke aber hob seinen Kopf empor, wischte seine Tränen fort und lächelte verhalten. Gerade als er sein Untat gestehen wollte, hechteten Frau Wenke und Herr Würm in das Büro hinein. Ihr Besuch kam derart überraschend, dass niemand das derangierte Äußere der beiden Kollegen bemerkte. Fast gleichzeitig riefen sie:

„Halt! Der Menke ist vollkommen unschuldig. Es waren und sind die Mäuse!"

Herr Würm schwieg erschöpft. Seine Liselotte fuhr daher fort:

„Es müssen Hunderte von Tieren sein. Sie sind über meine Beine gelaufen, haben in unserem Beisein Kekse gefressen!"

„Ja", bestätigte Herr Würm, „es war entsetzlich! Und bei der Menge an Mäusen müssen die ihr Unwesen schon seit Monaten hier treiben!"

„Dann wäre der Menke ja unschuldig", stellte ein enttäuschtes

Fräulein Meister fest, zögerlich brachte sie ihren Gedanken zu Ende, „dann, dann hätte ich mich ja geirrt?"

Frau Trabach wechselte binnen Sekunden ihre Einstellung, lächelte süffisant in die Runde und meinte dann:

„Nun ja, da habe ich mich wohl vor den falschen Karren spannen lassen."

Sie drehte sich gemächlich um, ging schlendernd zu der Türe zurück und trat hinaus auf den Flur. Dort angekommen blieb sie stehen, warf einen abschätzigen Blick auf die Gruppe und sagte verächtlich:

„Vielleicht wären die Herrschaften dann so freundlich, ihrer eigentlichen Tätigkeit wieder nachzukommen."

Bis auf Bierlein nickten alle. Sie hatten verstanden.

„Ich werde mich", bot der Pförtner, der den Fingerzeig nicht verstanden hatte, sich an, „um die Mäuse natürlich umgehend kümmern. Keine Angst, Frau Trabach, ich werde das Problem umgehend lösen."

Frau Trabach straffte ihren schlanken Körper, eine Haltung, der die Angriffslust einer Raubkatze innewohnte, die jetzt auch dem Pförtner nicht mehr entging.

„Sie werden", fauchte sie, „nichts dergleichen tun. Hier muss ein Kammerjäger her. Und den werde ich ganz persönlich beauftragen. Eine weitere Unzulänglichkeit werde ich in dieser Angelegenheit nicht dulden."

Nach diesen Worten drehte sie sich um und schritt über den Flur zurück zu ihrem Büro. Die Agenten schlichen betreten und beschämt in ihre Büros und beendeten ihr Possenspiel.

Einige Tage später stand ich diesen Menschen gegenüber und erfuhr von Frau Trabach sämtliche Einzelheiten, die zu meiner Beauftragung geführt hatten. Gemeinsam mit ihr führte ich meinerseits Ermittlungen durch, die letztlich ergaben, dass sich der Befall durch die Mäuse über die gesamte erste Etage und das Erdgeschoss, die Küche und Kantine, erstreckte. Die daraufhin eingeleitete Bekämpfung beschränkte sich nicht nur auf die Fußböden, sie wurde auch auf die Zwischenböden ausgedehnt, in welchen die Versorgungsleitungen verlegt worden waren. In mehreren Steckdosentanks, also den Einlässen im Boden, von wo aus Strom-, Telefon- und Computerkabel das Licht der Welt erblicken, wurden in den folgenden Wochen längst verschollen geglaubte Süßigkeiten, Bonbons, Büroklammern, Fragmente verschollener Aktenblätter und Inhalte der Überraschungseier gefunden. Fräulein Meister konnte ich teilweise rehabilitieren, da sie ja erst durch ihre Initiative, wenngleich ihre Schlussfolgerung auch in die falsche Richtung gelaufen war, auf das Problem aufmerksam gemacht hatte.

Bunt sind schon die Mäuse

Eines ist fast allen Klienten gemein: der Glaube an die Einmaligkeit ihrer Beobachtung und der Glaube an das eine Tier. Unabhängig davon, ob es sich hierbei um so vermehrungsfreudige Tiere wie Schaben oder um so gesellige Lebewesen wie Nager handelt. Dieses Verhalten entspringt wahrscheinlich dem Wunsch, nicht mehr als ein Lebewesen dieser Art in unmittelbarer Umgebung beherbergen zu wollen, was durchaus verständlich ist. Die Überzeugung, dass Ratten, Mäuse und Co. innerhalb eines Gebäudes zölibatär leben würden, ist weit verbreitet. Da machte auch Familie Zapf keine Ausnahme. Auch Herr und Frau Zapf gingen bei den in ihrem Wohnzimmer unter dem Heizkörper aufgefundenen Kotpillen davon aus, dass es sich bei dem Verursacher um nur eine Maus handeln würde. Wenngleich bei Frau Zapf aufgrund der unterschiedlichen Größe der Kotpillen zunächst Zweifel an der Eine-Maus-Theorie aufgekommen waren, so hatte sie sich nach einer heftigen und kontroversen Diskussion den fünf Verfechtern dieser Theorie gebeugt. Die 11-jährige Tochter Nadine, das Nesthäkchen, war durchdrungen von diversen und nicht minder diffusen Tierschutz-gedanken und forderte die Eltern unmissverständlich auf, die Maus innerhalb des Hauses zu dulden. Markus, mit seinen 32 Jahren nur noch als Gast im Hause, plädierte mit Rücksicht auf die Gefühle der jüngeren Schwester für eine humane Ausweisung der Maus. Roland und Franz machten auf die gesundheitlichen Gefahren auf-merksam und forderten umgehend den Einsatz von Schlagfallen. Nadine protestierte, doch die Zwillinge ließen sich mit ihren 26 Jahren nicht mehr von dem Gequake ihrer kleinen Schwester beein-drucken. Demonstrativ hatte sich Vater Zapf auf die Seite seines Kükens gestellt. Mutter Zapf war verzweifelt. Und währenddessen huschte *die eine* Maus gleichzeitig an verschiedenen Stellen und zu unterschiedlichen Zeiten in den Zwischendecken und Hohlräumen des Hauses herum.

Die nächsten Tage vergingen, Frau Zapf saugte allmorgendlich fort, was die Maus in der Nacht hinterlassen hatte. Tochter Nadine überzog indes die Wände ihres Zimmers und des Treppenhauses mit Plakaten, auf denen zum Widerstand gegen die Atomkraft, die Globalisierung und zum Schutze der Tierwelt aufgerufen wurde. Die drei Söhne, sie lebten schon seit einigen Jahren nicht mehr im Hause, quittierten die Aktionen ihrer kleinen Schwester mit einem Kopfschütteln und fragten sich insgeheim, ob sie in diesem Alter ebenso blöd gewesen waren. Vater Zapf verteidigte auch weiterhin seine Tochter.

„Ich werde die Mäuse fangen", proklamierte Mutter Zapf eines Morgens während des Frühstücks.

Nadine ließ ihren Löffel wortlos ins Müsli gleiten und Vater Zapf legte seine Tageszeitung beiseite.

„Mami!", rief die Jüngste entsetzt, „und wie willst du sie fangen? Papi, sag du auch etwas!"

„Du willst Sie doch nicht etwa töten?"

„Beruhigt euch", entschärfte die Mutter die Situation, „ich werde Lebendfallen kaufen."

„Und dann?", fragte Nadine, „was wirst Du dann mit den armen Mäusen machen?"

„Ich setze sie aus."

Nadine verzog ihren Mund zu einem schmalen Lächeln, dann wurde sie wieder ernst.

„Und wohin willst du sie aussetzen? Etwa in den Wald?"

„Edith", meinte Vater Zapf mit gespielter Empörung, „du willst diese armen Kreaturen doch nicht in den dunklen, kalten und feuchten Wald bringen. Da finden die ja nie wieder heraus!"

„Genau, Vati!", stimmte Nadine ihrem Vater aufgeregt zu, dabei übersah sie das leichte Grinsen ihres Fürsprechers, „aber darüber macht sich die Mami ja überhaupt keine Gedanken!"

Mutter Zapf erhob sich langsam von ihrem Stuhl, stützte sich mit beiden Fäusten auf dem Küchentisch ab und schaute wenig milde auf ihre beiden Mitbewohner.

„Meine liebe Restfamilie, ich werde es nicht weiter dulden, dass die Maus oder die Mäuse auch weiterhin mein Wohnzimmer als Klo benutzen. Und da von euch noch kein brauchbarer Vorschlag gekommen ist, muss ich ja wohl handeln, oder?"

Einwände oder Proteste blieben aus, das Thema war durch. Schon am Nachmittag hatte Frau Zapf sich zwei dieser Lebendfallen in einem Baumarkt besorgt. Als sie das Wohnzimmer betrat, schaute sie sich listig um, die Fallen wollten wohl platziert sein. Schließlich ging es ja nicht nur um das bloße Fangen einer Maus, sondern eben auch um die Wahrung des Familienfriedens. Da sie den meisten Kot unter der Heizung am Fenster gefunden hatte, entschied sie sich nach reiflicher Überlegung, die erste Falle auch an diesem Ort aufzustellen. Sie schob sie tief unter die Heizkörperverkleidung. Anschließend entfernte sie sich knapp einen Meter, warf einen Blick auf den Ort kommender Heimtücke und befand ihr Werk für gut. Die Falle war nicht sichtbar. Sie schmunzelte zufrieden. Sie wog die zweite Falle in der Hand, während ihre Augen das Zimmer absuchten. Eine zweite Stelle musste her, und nun sollte es eine ganz besondere Stelle sein. Ihr Blick fiel auf die Ecke zwischen den beiden Sofas. Dort stand die alte Lampe ihrer Schwiegermutter.

„Die Falle ist für dich, mein Kind", murmelte sie vergnügt, „wie früher zu Ostern."

Sie kniete sich auf das größere der beiden Sofas und postierte die Falle sorgsam an der Fußleiste hinter der Stehlampe. Danach schob sie noch die beiden braunen Stoffkabel über die Falle und betrachtete ihr Werk. Sie grinste.

„Wirst du schon finden", murmelte sie.

Herr und Frau Zapf, die an diesem Abend kaum ein Wort miteinander gewechselt hatten, verließen das Wohnzimmer gegen 23 Uhr. Ihr Mann ging voran. Sie löschte das Licht, warf noch einmal einen Blick auf ihre Fallen und folgte ihrem Mann lächelnd. Eine Stunde später herrschte Stille im Hause Zapf. Rund 20 Minuten später öffnete sich leise knarrend eine Türe. Wohlgesetzte, wenngleich äußerst leise Schritte huschten den kurzen Weg den Flur entlang bis zu dem Treppenpodest. Dort hielten sie kurz inne und schlichen schließlich die einzelnen Stufen hinab. Mutter Zapf lag hellwach in ihrem Bett, die Augen jedoch fest verschlossen. Sie lächelte. Sie hatte ihre Tochter richtig eingeschätzt. Natürlich musste sich Nadine dieser Herausforderung stellen. Mutter Zapf fühlte sich an ihre eigene Jugend erinnert. Auch sie war während ihrer Pubertät gegen alles und jeden angegangen, ungeachtet sämtlicher Beulen und Schrammen. Frau Zapf drehte sich auf die Seite und atmete tief und zufrieden ein. Sie hatte sich in ihrer Kleinen nicht getäuscht. Tolles Mädchen!

Auch Nadine lächelte. Eigentlich grinste sie fortwährend, glaubte sie doch, die Pläne ihrer Mutter durchkreuzen zu können. Damit ihr eigener Plan auch wirklich gelingen konnte, durfte sie die Falle hinter der Lampe nicht einfach fortnehmen, Nadine wollte ihrer Mutter die Unsinnigkeit ihres Unterfangens vor Augen führen. Zu diesem Zwecke beließ sie die Falle auf ihrem Platz, löste jedoch den Schnappmechanismus aus. Für ihre Mutter musste es am nächsten Morgen dann so aussehen, als ob die Maus den Plan durchschaut und den Köder vorher unbeschadet entwendet hätte, bevor die Falle hatte zuschnappen können. Als sie ihr Werk vollendet hatte, schlich sie gelassen die Treppe hinauf, huschte erneut über den kurzen Flur und verschwand in ihrem Zimmer. Frau Zapf freute sich mit ihrer Tochter über die gelungene Aktion und fiel in einen tiefen, ruhigen Schlaf.

Der nächste Morgen begann für Frau Zapf so wie jeder andere. Sie bereitete schon seit einer Stunde das Frühstück vor und wartete dabei auf ihre Lieben. An diesem Morgen aber wollte sie nur eines: das Gesicht ihrer Tochter sehen. Natürlich hatte sie die Falle unter dem Heizkörper schon kontrolliert. Schnipp-schnapp, die Maus war gefangen, abgeschnitten von der Außenwelt harrte die Maus in ihrem Verlies und hoffte auf ihre baldige Entlassung. Was die Maus zu diesem Zeitpunkt jedoch nicht wusste: Ihre Entlassung hing unmittelbar vom Ende des Frühstücks ab. Und dieses Ende war abhängig vom Beginn, welches wiederum vom Erscheinen der Tochter abhing, was jedoch noch dauern konnte. Und während die Maus gelangweilt in einer Ecke der Falle döste, wurde Mutter Zapf nicht müde, sich immer wieder der Ordnung auf dem Tisch anzunehmen. Immer wieder warf sie einen verstohlenen Blick durch die weit geöffnete Küchentüre. Dann endlich war es so weit. Schlurfende Schritte auf dem Treppenabsatz des ersten Stocks kündeten vom baldigen Erscheinen der Tochter. Und entgegen ihrer sonstigen Gewohnheit polterte das Kind, sobald sie den Treppenabsatz zum Erdgeschoss hin erreicht hatte, nicht die Stufen hinab, nein, sie setzte behutsam einen Fuß nach dem anderen auf, sie schwebte geradezu die Treppe hinunter. Um die Bemühungen, unbemerkt zu bleiben, nicht allzu sehr zu erschweren, drehte sich Mutter Zapf dem Fenster oberhalb der Spüle zu und beobachtete die Nachbarn. Nach hinten horchend drehte sie den Wasserhahn auf, hielt Teller und Tassen unter den Wasserstrahl und stellte sie laut klappernd auf der Ablage ab. Gerade hatte Nadine das Wohnzimmer betreten. Sie fühlte sich unentdeckt. Ihre Mutter war beschäftigt. Umgehend glitt sie auf die Couch, beugte sie über die Lehne und betrachtete ihr unverändertes, weil unentdecktes Geheimnis. Geschafft. Sie lief zurück in den Flur, warf einen flüchtigen Blick in die Küche, wo ihre Mutter noch immer unverändert an der Spüle stand. Sie blieb vor der ersten Treppenstufe stehen, hob langsam ihren rechten Fuß, setzte ihn fast unmerklich auf der zweiten Stufe ab, verlagerte behutsam ihr Gewicht und zog dann den linken Fuß nach. Als sie die Hälfte der Treppe geschafft hatte, drehte sie sich um und jagte die Treppe in gewohnter Manier hinab. Hätte sie in diesem Augenblick das Grinsen ihrer Mutter sehen können, sie hätte ihre kommende Niederlage erkannt und wäre unverrichteter Dinge auf ihr Zimmer zurückgekehrt. So aber tappte sie, wie es die Maus schon einige Stunden vor ihr getan hatte, in die von ihrer Mutter aufgestellte Falle. Heute sollte sie schmerzlich erfahren, welche Auswirkungen die Lebenserfahrung älterer Menschen auf den Willen jüngerer Menschen haben konnte.

Nadine betrat die Küche so, wie sie es seit Einsetzen ihrer Pubertät stets getan hatte, missgestimmt, grimmig und wortkarg. Obwohl, an diesem Morgen hätte sie sich gerne im Glanze ihres Triumphes gezeigt, gerne hätte sie ihrer Mutter das Scheitern ihres Versuchs, die Maus zu fangen, in diesem Moment schon unter die Nase gehalten. Aber sie wollte sich noch zurückhalten, wollte auf ihren Vater warten. Auch er sollte den Triumph seiner Tochter erleben. An diesem Morgen, davon war Nadine überzeugt, hatte der Schutz der Natur über das Establishment gesiegt. Sie setzte sich auf ihren Stuhl. Ihre Mutter stellte ihre Scheintätigkeit an der Spüle ein und wandte sich ihrer Tochter zu.

„Hallo, mein liebes Kind! Hast du denn auch gut geschlafen?"

„Mhm!"

Frau Zapf leitete ihren ersten Gegenschlag ein.

„Ich habe gar nicht gut geschlafen, ich habe immerzu die Maus laufen gehört."

„Ach."

Nadine stocherte abwesend in ihrem Müsli herum. Noch musste sie sich zurückhalten.

„Hast du denn nichts gehört?", wollte Mutter Zapf wissen.

„Nö."

Frau Zapf warf einen mitleidigen Blick auf ihre Jüngste. Sie kam sich fast schon richtig schäbig vor. Immerhin wusste sie ja, dass Nadine auf ihren Vater wartete, damit sie endlich ihren Sieg über die Mutter vermelden konnten. Und dann, nachdem ihre Tochter diesen Sieg für einen kurzen Augenblick genossen haben würde, wollte sie diesen Triumph genüsslich in der Luft zerreißen. Armes Kind. Endlich erschien Vater Zapf in der Küche. Er ging auf seine Frau zu, nahm sie in die Arme und gab ihr einen Kuss. Dann setzte er sich auf seinen Platz.

„Wie steht es um die Maus?", fragte er unverhofft.

„Sie hat es geschafft", sprudelte es aus Nadine heraus, „sie hat Mamas Absicht erkannt und ist ihr entkommen!"

Vater Zapf schaute seine Frau betont enttäuscht an.

„Meine arme Edith. Ich hatte dir den Erfolg ja so gegönnt. Tut mir leid."

„Tja", giftete Nadine, ohne zu ahnen, wie nahe sie ihrem Untergang war, „die Natur hat sich zu retten gewusst!"

Frau Zapf lehnte sich lässig an einen Küchenschrank, verschränkte die Arme vor ihrer Brust und schaute sichtlich betroffen in die Runde. Als sich die Blicke von Mutter und Tochter begegneten, spürte Nadine drohendes Unheil heraufziehen. Hilfe suchend wandte sie sich an ihren Vater. Doch dieser schenkte ihr keine Beachtung. Er hatte zwischenzeitlich den Kampf mit einer Frischhaltebox aufgenommen, die sich seinen Bemühungen, sie zu öffnen, auf unerhörte Weise widersetzte. So sehr sich Nadine auch bemühte, er würdigte sie keines Blickes. Frau Zapf genoss diesen Augenblick. Dann holte sie zu ihrem zweiten Schlag an diesem Morgen aus.

„Mein liebes Kind, weißt du eigentlich, was Mütter von ihren Kindern unterscheidet?"

Nadine fühlte sich einem Abgrund nahe. Ihr Vater hatte kurz aufgeschaut, sich dann jedoch wieder seiner Plastikdose gewidmet.

„Es ist", fuhr Frau Zapf fort, „die Fähigkeit, sich stets an die eigene Kindheit zu erinnern, um daraus Lehren für die Zukunft zu ziehen."

„Du hast?"

„Ja, mein Kind", ergänzte Mutter Zapf die Gedanken ihrer Tochter, „ich habe deine Sabotage vorausgesehen und dir einen Köder angeboten. Und diesen konntest du, weil dein Eifer dich leichtgläubig und überheblich werden ließ, nicht ausschlagen. Du musstest ihn annehmen. Tja, du hast deine Mutter unterschätzt."

„Dann war die Falle hinter der Lampe eine Falle?"

„Nein", meinte Mutter Zapf gelassen, „sie war ein Köder für dich."

„Und die Maus?"

„Sitzt in der zweiten Falle unter der Heizung."

Nadine schluckte heftig. Binnen weniger Augenblicke war aus dem Triumphator ein in sich zusammengesunkenes Häufchen geworden. Das Funkeln und die Selbstsicherheit in ihren Augen waren großer Enttäuschung und Niedergeschlagenheit gewichen. Mutter Zapf betrachtete ihre Tochter aufmerksam. Sie empfand Mitleid mit ihr, doch noch war keine Einsicht im Antlitz der Tochter zu erkennen. Also ging sie zum Generalangriff über.

„Und da ich ja weiß, wie ungern sich mein Kleine bückt, um heruntergefallene Dinge aufzuheben, konnte ich mir auch ziemlich sicher sein, dass die Falle unter dem Heizkörper vor deinen Augen verborgen bleiben würde."

Nadine schluchzte heftig, flehentlich schaute sie ihren Vater an, der jedoch noch immer mit der Frischhaltebox kämpfte und die stumme Bitte seiner Tochter vorerst überging. Stattdessen wandte er sich bittend an seine Frau.

„Edith, Liebes, ich bekomme diese verdammte Box nicht auf!"

„Papa", rief Nadine, „könntest du mir bitte mal helfen?"

„Tut mir leid, mein Schatz", meinte er geistesabwesend, „aber dein Vater hat ein ernsthaftes Problem, und da ich zu dessen Lösung auf deine Mutter angewiesen bin, muss ich mich, zumindest für den Augenblick, auf ihre Seite stellen. Das verstehst du doch?"

Nein, Nadine verstand nicht.

„Papa!"

„Meine liebe Tochter", sagte Vater Zapf, während er seiner Frau die Dose unter die Augen hielt, „deine liebe Mutti hat gewonnen; ich habe Hunger; und Du, mein Kind, hast verloren. – Edith, hilf mir doch mal!"

Mutter Zapf stieß sich von dem Schrank ab, nahm ihrem Mann die Box aus der Hand, zog einer seitlich angebrachten Lasche und entfernte lässig den Deckel. Sie warf ihrer Tochter einen aufmunternden Blick zu.

„Drum merke dir eines, mein liebes Kind", sagte sie schließlich, „deine liebe Mami steckt voller geheimer Fähigkeiten."

Drei Wochen waren seit diesem ereignisreichen Morgen vergangen. Nadine hatte sich wieder gefangen. Und zum Zeichen ihres Protestes gegen das anstehende Fangen der Mäuse hatte sie sich geweigert, ihr Zimmer aufzuräumen. Mutter Zapf nahm es gelassen, was gewiss daran lag, dass sie zwischen dem Zustand des Zimmers vor und während des Protestes keinen Unterschied feststellen konnte. Sie beließ es daher bei den üblichen Ermahnungen. Und da sie auch keine weitere Verschärfung des Protestes zu erwarten hatte – hierzu war ihre Tochter viel zu bequem –, konnte sie beruhigt weitere Fallen aufstellen.

Doch die Lebendfallen schienen überhaupt keine Besserung zu bringen, obgleich sie nicht erfolglos waren. Mäuse schien sie ausreichend zu fangen, doch scheinbar ging deren Anzahl nicht merklich zurück. Schon überlegte sie, ob sie nicht dem Vorschlag ihrer Söhne folgen und die Lebend- gegen Schlagfallen austauschen sollte. Doch mit Rücksicht auf ihre pubertierende Tochter und ihren wankel-mütigen Mann beließ sie es bei dem bloßen Gedanken daran. Und: Auch sie ging noch immer von einer, vielleicht zwei oder maximal fünf Mäusen aus. Diesen Gedanken fand sie einerseits beruhigend, andererseits schien er ihr sehr angenehm, war sie doch so von einer Entscheidung zumindest vorerst entbunden. Nun aber waren ihr erste Zweifel an der Richtigkeit ihrer Vorgehensweise gekommen. Sie wusste aber auch, sie würde ihre Familie zu weiteren und effek-tiveren Maßnahmen nur dann bewegen können, wenn sie ihnen beweisen könnte, dass die Zahl der Mäuse und der von ihnen ver-ursachte Schaden ihre Vorstellungskraft überstiegen. Zu diesem Zweck schien es geraten, die gefangenen Mäuse zu zählen und irgendwie zu markieren. Schließlich wollte sie beiden Seiten eine Chance geben. Eine nicht nachprüfbare Erfassung der Tiere zu ihren Gunsten wollte sie nicht. Ehrlich sollte es zugehen. Im Zimmer ihrer Tochter fand sie die Lösung ihres Problems. Eigentlich hatte sie die Halde nur betreten, um die verderblichen, organischen Überreste diverser Mahlzeiten aus dem Zimmer zu ent-fernen, bevor diese sich auf natürliche Weise zersetzten. Gerade wollte sie die harten Reste einer Pizza vom Schminktisch entfernen und in den blauen Müllsack entsorgen, als sie eine ganze Batterie verschiedenfarbiger Nagellacke entdeckte. Genial, überlegte sie, ich mal die Mäuse an. In den folgenden Tagen würde sie die gefange-nen Mäuse jeweils mit einer anderen Farbe markieren und so fest-stellen können, wie viele Tiere sie in ihrem Hause beherbergten und ob diese nach der Aussetzung zurückkehrten. Schon am darauffol-genden Tag setzte sie ihren Plan in die Tat um. In zwei Fallen saß jeweils eine Maus. Für ihre erste Kennzeichnung hatte sie sich für ein dunkles Rot entschieden. Sie schraubte den Verschluss des Nagellackfläschchens ab, zog den an der Kappe befestigten Pinsel heraus und tupfte die zähe Farbe vorsichtig auf das Fell der beiden Tiere. Die Mäuse ließen die Prozedur klaglos über sich ergehen.

Anschließend trug Frau Zapf die Tiere, wie schon unzählige Male zuvor, in die hinterste Ecke des Gartens und ließ sie frei.

Am nächsten Morgen inspizierte Mutter Zapf umgehend ihre Fallen. Zwei von ihnen waren leer, in der dritten saß eingeschüchtert eine Maus. Einige Fallen weiter harrte eine weitere Maus scheinbar gelassen ihres Schicksals. Mutter Zapf war es zufrieden. Sie hob die nunmehr bewohnten Fallen auf, stellte sie vor sich auf den Tisch und entnahm ihrer Hosentasche ein weiteres Fläschchen Nagellack. Für die heutige Markierung hatte sie sich für einen giftgrünen Lack entschieden. Sie schüttelte den Kopf, es war eine schreckliche Farbe. Armes Kind, dachte sie. Gerade als sie damit beschäftigt war, den Schraubverschluss zu lösen, und ihr Blick eher beiläufig über das braune Fell einer der Mäuse glitt, entdeckte sie einen seltsamen roten Fleck zwischen den Schultern der Maus. Seltsam, überlegte sie, hatte sie die Mäuse nicht am gestrigen Tage an der gleichen Stelle markiert? Sie grinste still in sich hinein. Gut gemacht, kleine Maus! Sie zog den Pinsel mit dem giftgrünen Nagellack aus dem Fläschchen heraus und betupfte ihre heutigen Gefangenen damit. Anschließend entließ sie diese wieder in die Freiheit und freute sich insgeheim auf den nächsten Tag.

Ungewohnt schweigsam saß die Familie am Frühstückstisch. Raubkatzen gleich, die gemeinsam um eine Beute schlichen, warteten sie ab, bis sich einer von ihnen zu einer unbedachten Äußerung hinreißen lassen würde. Endlich, nach einigen Bissen, brach Vater Zapf das große Schweigen.

„Und, wie geht es mit deinen Mäusen voran? Ich meine, hast du schon einen Erfolg zu verbuchen?"

Nadine hatte kurz den Kopf gehoben. Einige Sekunden lang hatten sich die Blicke von Mutter und Tochter gekreuzt. Doch Nadine hatte keinerlei Antwort auf die Frage ihres Vaters in den Augen der Mutter entdecken können. Da sie selbst seit Beginn ihres Protestes nicht mehr mit ihrer Mutter sprach, trat sie unter dem Tisch auf den Fuß ihres Vaters. Herr Zapf schreckte kurz auf, erinnerte sich an die konspirative Vereinbarung und stellte nun die Frage seiner Tochter.

„Liebe Edith, hast du denn noch mehr Mäuse fangen können?"

Eigentlich hätte Frau Zapf gerne einen aktuellen Lagebericht abgegeben, doch sie wusste genau, wie sie die Spannung ihrer beiden Lieben noch steigern konnte. Vater Zapf und Tochter starrten gebannt in ihre Richtung. Ungeduldig scharrte Nadine mit ihren Füßen unter dem Tisch, kratzte mit ihrem Löffel auf der Lasur ihrer Müslischale herum. Auch ihr Vater wechselte erwartungsvoll, jedoch nicht minder angespannt, den Blick mit seiner Edith, hoffte einen Hinweis zu erheischen. Doch das Gesicht seiner Frau blieb ausdruckslos.

„Wenn ich es nur wüsste!", meinte sie schließlich.

Mit einer solchen, schwer einschätzbaren Antwort hatten die beiden Verbündeten nicht gerechnet. Mit einer solchen Antwort konnte niemand etwas anfangen, sie bot keinerlei Angriffspunkte für weitere Diskussionen oder Auseinandersetzungen. Verständlicherweise war Nadine zutiefst enttäuscht und dies nicht alleine ihrer Mutter wegen, sondern insbesondere wegen ihres Vaters. Ihrer Meinung nach hatte er seiner Frau zu wenige Fragen gestellt. Und die eine Frage, die er der Mutter gestellt hatte, ließ an seiner Hartnäckigkeit und einem gewissen Einfallsreichtum zweifeln. Sie war sauer, richtig sauer. Natürlich hätte sie ihre Mutter wesentlich besser befragen können, wahrscheinlich hätte sie ihre Mutter auch mit ihrem Vater zusammen ins Kreuzverhör nehmen können. Bedauerlicherweise hinderte sie jedoch das sich selbst auferlegte Schweigegelübde. Mutter Zapf hingegen wirkte sehr gelassen. Aus ihren Augen erstrahlte der Glanz einer Siegerin.

Gegen Ende der Woche hatte sie bereits fünf unterschiedliche Nagellacke verwendet, rot, blau, giftgrün, schwarz und orange. Auch wenn sie keiner der Farben etwas abgewinnen konnte, so war sie dennoch glücklich darüber, dass ihre Tochter derart experimentierfreudig war. Die Farbigkeit der gefangenen Mäuse hatte von Tag zu Tag zugenommen. Und allmählich dämmerte es Mutter Zapf. Die Mäuse waren über den Einsatz von Lebendfallen nicht aus dem Hause zu beseitigen, da sie offenbar immer wieder zurückkehrten. Und, die Mäuse schienen die Bemühungen der Mutter als sportliche Herausforderung zu empfinden. Ihr war ebenfalls aufgefallen, dass die Mäuse nicht „mal eben so" in das Haus liefen, ihre Köttel hinterließen und sich dann wieder aussetzen ließen. Mittlerweile ahnte sie, dass hinter dem Auftreten und Vorkommen der Tiere eine tiefere Wahrheit verborgen liegen musste. Sie schüttelte den Kopf, wies diese dunklen Gedanken weit von sich. Noch einmal betrachtete sie ihre aktuellen Gefangenen. Diesmal tupfte sie sie mit einem weißen Lack. Dann setzte sie die Mäuse wieder aus. Hatte sie die Tage zuvor noch leise Zweifel am Ausgang ihres Versuchs gehabt, so war sie sich nun absolut sicher; die Mäuse würden wiederkehren, waren letztlich nie aus ihrem Lebensraum entfernt worden. In Gedanken ging sie weitere Optionen durch. Die Vorschläge ihrer Söhne kamen ihr erneut in den Sinn. Schon war sie bereit, die Lebendfallen gegen Schlagfallen auszutauschen. Doch zwei Dinge hielten sie davon ab, diesen Austausch vorzunehmen; der Familienfrieden und die Aussichtslosigkeit dieses Unterfangens. Mutter Zapf brauchte zur Lösung ihres allmählich anwachsenden Problems Hilfe.

Rund drei Wochen und weitere Auseinandersetzungen später hatte sich Mutter Zapf gegen Vater und Tochter Zapf durchgesetzt. Der Kammerjäger konnte kommen, die Mäuse konnten entsprechend bejagt werden. So fand ich mich also eines Tages vor dem Hause der Familie Zapf ein. Meine Frau hatte mich nur leidlich in die Historie der Familie eingeweiht, hatte mir lediglich mitgeteilt, dass Frau Zapf die Mäuse, welche sie zuvor gefangen, farblich gekennzeichnet hatte. Das hatte ihr einen Überblick über das Ausmaß des Befalls gegeben. Gewappnet mit diesem Wissen, drückte ich beherzt auf den Klingelknopf. Umgehend schlug ein Hund an, sein Bellen klang tief und kraftvoll und ließ mich seine Größe erahnen. Eine weibliche Stimme herrschte den Hund an und hieß ihn „seine Klappe" zu halten. Er gehorchte. Die schwere Haustüre wurde geöffnet und eine zierliche Frau zeigte sich mir.

„Guten Tag", sagte ich, „mein Name ist Lieving."

Sie lächelte breit und erleichtert, zog die Türe nun ganz auf und bat mich herein. Ich trat ein und blieb vor ihr stehen. Sie reichte mir die Hand, und während wir uns zur Begrüßung die Hände schüttelten, meinte sie:

„Ach, wie habe ich mich schon auf Ihren Besuch gefreut. Wenn Sie wüssten! Aber kommen Sie doch bitte erst einmal mit in die Küche."

Sie löste sich von meiner Hand, drehte sich um und lief mit festen Schritten los. Zart, aber energisch! Ich folgte ihr schweigend durch den langen, mit dunklem Holz getäfelten Flur. Schönes Haus, vielleicht in den 1920er-Jahren gebaut, sehr gepflegt. Sie öffnete eine halb geschlossene Türe und wir betraten die Küche. Einen Augenblick lang blieb ich bewundernd auf der Schwelle stehen. Obgleich die Möbel sämtlich neu waren, erinnerten sie mich dennoch an Kücheneinrichtungen aus meiner Kindheit. Frau Zapf bemerkte meine Verwunderung, stellte sich neben den riesigen Kaffeeautomaten und erklärte nicht ohne einen gewissen Stolz:

„Die Küche habe ich vor zehn Jahren nach alten Vorlagen anfertigen lassen, ich dachte, eine moderne Küche passt nicht zum Haus."

„Sehr schön", stimmte ich ihr anerkennend zu, „gefällt mir sehr gut."

„Setzen Sie sich doch bitte, ich mach uns einen Kaffee. Sie trinken doch einen Kaffee mit mir?"

„Gerne."

Sie nahm zwei große Porzellanbecher von der Anrichte und stellte sie unter den Ausguss der Maschine. Anschließend drückte sie einen Knopf an diesem chromblitzenden Ungeheuer und entfernte sich dann rund einen Meter davon. Sie drehte ihren Kopf zu mir, ein unschuldiges Lächeln huschte über ihre Lippen.

„Sie arbeitet ein bisschen wie eine alte Dampflok; zischt, pfeift und dampft, aber sie macht einen sehr guten Kaffee."

„Aha."

„Ein paar Minuten wird es noch dauern", fuhr sie fort, „ich kann Ihnen in der Zwischenzeit ja schon mal berichten, was ich hier in den letzten Wochen wegen der Mäuse erlebt habe."

„Braucht denn der Kaffee so lange?", fragte ich vorsichtig.

Schmunzelnd schüttelte sie ihren Kopf.

„Keine Angst", zerstreute sie meine Befürchtung, „ich erzähle Ihnen zunächst nur die Kurzversion."

Im Hintergrund schwoll das Zischen und Pfeifen immer lauter an. Frau Zapf widmete sich wieder ihrer Maschine und damit unserem

Kaffee. Währenddessen begann sie mit der Schilderung ihrer Erlebnisse. Die Geräusche des chromblitzenden Ungeheuers verstummten und wichen weißen Dampfwolken, die aus diversen Ventilen und verchromten Röhrchen entwichen. Unbeirrt sprach sie weiter und so konnte ich mir langsam ein Bild vom Ausmaß der Schwierigkeiten machen, die eine Bekämpfung in diesem Hause begleiten würden. Vater Zapf würde man von der Maßnahme überzeugen können, Tochter Nadine aber könnte ein harter Brocken werden. Frau Zapf kehrte mit zwei gefüllten Tassen an den Tisch zurück und stellte sie ab. Sie schob mir eine der Tassen zu und fragte mich:

„Zucker, Milch?"

„Nein danke."

Ich nahm einen Schluck, hielt die Tasse anschließend in meiner Hand und schaute Frau Zapf über den Rand hinweg an. Sie grinste vielsagend.

„Die ausführliche Version der Geschichte werde ich Ihnen nach und nach erzählen", meinte sie, „Sie werden ja bestimmt einige Male kommen müssen, denke ich."

Ich nippte an meiner Tasse, der Kaffee war wirklich gut, alleine deshalb würde es sich schon lohnen, noch einige Male in dieser Küche einzukehren.

„Es wäre schade", gab ich zur Antwort, „Ihre Gastfreundschaft nur ein einziges Mal genießen zu können."

Einige Minuten später führte mich Frau Zapf ins Wohnzimmer. Es war ein großer, von keiner Wand unterbrochener Raum. Lediglich durch das unterschiedliche Mobiliar zeigte sich dem Besucher die Aufteilung in einzelne Bereiche. Vor der großen, dem Garten zugewandten Fensterfront stand ein großer Esstisch. Zehn Stühle zählte ich. Ich warf einen Blick auf den Garten, sehr gepflegt, äußerst akkurat angelegt. Auf dem kurzgeschorenen Rasen lag ein großer, genüsslich an einem Lederball kauernder Bernhardiner.

„Mein Begrüßungskomitee", entfuhr es mir bei dem Anblick, „sieht so friedlich aus."

„Bruno", meinte sie beiläufig, „ist sauer."

Ich schluckte heftig.

„Er kann es nicht leiden, wenn sich fremde Menschen im Hause aufhalten, ohne dass er sein „Okay" gegeben hat. Darum muss er draußen bleiben und auf seine Wutkugel beißen."

Sie schmunzelte.

„Ich kann mir in meiner jetzigen Situation den Verlust eines Kammerjägers schlichtweg nicht leisten."

„Toll, ich mag Kunden, die Prioritäten setzen."

Bruno, die reißende Bestie, der eigentliche Herr im Haus. Ein Fall für die Hundenanny. Mein Blick wanderte zaghaft in den Garten hinaus. Ich blickte zur Seite, die Schiebetüre war verschlossen und Bruno weiterhin beschäftigt. Frau Zapf amüsierte sich.

„Quatsch, Bruno ist ganz lieb. Er ist halt nur sehr stürmisch, wenn er auf fremde Menschen trifft. Dann will er erst immer schmusen."

Also doch ein Kuscheltier, wenn auch rund 100 Kilogramm schwer, aber immerhin! Ich war erleichtert und gesellte mich beruhigt zu der Dame meines Vertrauens. Sie hatte sich indes auf die der Fensterfront gegenüberliegende Seite begeben und wies mit ihrem ausgestreckten Zeigefinger auf den Boden unter der Heizkörperverkleidung. Schweigend, und von mir verfolgt, begab sie sich zu der Couchecke und der Stehlampe und wies auf eine weitere Fundstelle. Sie wechselte unvermittelt von der linken auf die rechte Seite des Raumes, verharrte erneut vor einem Heizkörper und sagte schließlich:

„An all diesen Stellen habe ich die Köttel gefunden. Ich habe sie natürlich immer wieder weggefegt, aber kaum war eine Nacht vergangen, lagen wieder welche da. Ich sag Ihnen, ein ganz schöner Scheiß."

„Kann ich mir denken", stimmte ich ihr zu, „haben Sie noch an anderen Stellen im Haus Kot oder Fraßspuren gefunden?"

Sie verneinte.

„Gehen wir doch mal in den Keller", bat ich sie.

„Warum?"

„Nun ja, ich sehe hier unter den Heizkörpern überall Kot liegen. Und Sie haben mir ja gerade gesagt, Sie hätten den Kot immer wieder entsorgt, dennoch fanden Sie immer wieder neuen."

Sie schlug die Augenlider bestätigend nieder.

„Sehen Sie", fuhr ich fort, „und die Häufigkeit der Funde deutete auf eine recht große Population hin. Viel interessanter ist jedoch, dass sich der Kot in der Hauptsache unter den Heizkörpern findet. Möglicherweise nutzen die Tiere die Heizungsrohre, um vom Keller aus in diesen Teil des Hauses zu gelangen."

Sie pfiff anerkennend.

„Also auf in den Keller", sagte sie knapp, „ich hoffe nur, Sie haben Unrecht!"

Ich hatte mit meiner Vermutung richtig gelegen. Die Mäuse hatten sich praktisch im ganzen Keller ausgebreitet. Zwei Kellerräume wurden von der Familie nur sehr selten aufgesucht. In einem hatten sie ihre Wintersportkleidung deponiert, in dem anderen Raum hatten sie Kartons und überzählige Küchenutensilien untergebracht. Beides wurde von den Mäusen dankend angenommen. Ihr Hauptaugenmerk hatten sie dabei auf die wattierten Skioveralls und Schuhe gerichtet. Wenn sie nicht gerade ihre Nestbereiche in die Kleidungsstücke hinein gebaut hatten, so wussten sie zumindest die Wattierungen sinnvoll zu nutzen. Diese hatten sie einen Raum weiter zu den Kartons und Küchenutensilien gebracht und dort kunstvoll zu kleinen Häufchen aufgeschichtet. Ebenso hatten sie den um die Heizungsrohre zur Isolierung angebrachten schwarzen Kunststoffschaum in großen Mengen von den Rohren genagt und entsprechend unter die hellen Häufchen gemischt. Frau Zapf war sichtlich erschüttert, als sie den Grad der Zerstörung sah. Und mit jedem weiteren Fund wurde sie in ihrem Entschluss bestärkt, die Mäuse bekämpfen zu lassen. Eine halbe Stunde lange durchkämmte ich, dicht gefolgt von Frau Zapf, den Keller. Weitere Fundstücke kamen an die Oberfläche. Sehr zur Freude meiner Auftraggeberin tauchten immer wieder auch Kleinode auf, die eindeutig der Tochter des Hauses zugeordnet werden konnten. Frau Zapf sammelte sie allesamt ein und verstaute sie in einer kleinen Kiste. Ich schaute sie verwundert an.

„Wenn meine Nadine das sieht, wird sie der Bekämpfung zustimmen", sie grinste frech und deutete mit dem Kopf auf den Inhalt des Kartons, „da sind ihre Schätze drin. Ihre Schätze!"

Sie ließ mich stehen, stürmte die Treppe hinauf und rief unentwegt:

„Nadine, Nadine, sie haben deine im Keller versteckten Liebesbriefe zerfleddert! Außerdem die Konzertkarten, die du dir besorgt hast, obwohl dein Vater und ich es dir verboten hatten! Ach, und sie haben deine Discokarte gefunden! Du weißt schon, die Disco, wo du immer behauptet hast, du wärst bei Isabelle! Sollen wir die Mäuse noch immer verschonen?"

Ich war Frau Zapf gefolgt, blieb jedoch erschrocken auf der halben Treppe stehen, als ich die wutentbrannte Tochter aus ihrem Zimmer stürmen hörte.

„Oh Scheiße! Bringt sie um, die verdammten Mäuse! Keine Gnade, kein Schutz verfolgter Tiere mehr!"

Wanzen im Gepäck

Entsetzt stellten die Eheleute Schnappes eines schönen Tages fest, dass die vermeintlichen Mückenstiche andere Urheber haben mussten, als sie angenommen hatten. Erste Zweifel waren Frau Schnappes schon vor einigen Wochen gekommen, als sie ein seltsam flaches Tier, kaum einen halben Zentimeter groß, über ihr Bettlaken krabbeln sah. Nun gehörte Frau Schnappes jedoch nicht zu jenen Menschen, die wegen eines Tieres weder gleich Himmel und Hölle in Bewegung setzten, noch sich über dessen Auftreten ernsthaft Gedanken machten. Das Tier war langsam genug, um es mit der Hand zu fangen. Gelassen hatte sie es ins Badezimmer getragen und im Waschbecken hinuntergespült. Problem gelöst. Sie kehrte in ihr Schlafzimmer zurück und widmete sich wieder ihrer Hausarbeit. Rasch waren die Betten gemacht, die Tagesdecke geglättet und die Läufer vor den Betten gerichtet. Sie warf noch einen raschen Blick auf ihr Werk, als sie wiederum zwei dieser Tiere auf der glatt gestrichenen Decke entdeckte, wobei eines der Tiere deutlich größer war als das andere. Nun fühlte sie sich persönlich angegriffen. Sie verzichtete auf den Tod durch Ertrinken, stattdessen zerdrückte sie die Tiere schlicht mit ihren Fingernägeln. Die roten Flecken, die sie anschließend auf ihren Fingerkuppen sah, machten sie stutzig. Gemächlich verließ sie das Schlafzimmer, querte den langen, schmalen Flur und betrat die Küche. Ihr Mann saß am Küchentisch, die Teetasse vor sich, und kratzte sich fahrig die Beine. Als er seine Frau bemerkte, schaute er auf, stellte das Kratzen ein und nippte hastig an seiner Tasse.

„Diese Mückenstiche machen mich fertig. Irgendwann müssten die doch mal satt sein."

Sie ging nicht auf seine Bemerkung ein, sondern verzog zweifelnd das Gesicht. Er rümpfte kurz die Nase und betrachtete eingehend seine Frau. Ihr Auftritt hatte etwas Kämpferisches. Kurz überschlug er sämtliche Verfehlungen, die er möglicherweise an diesem Morgen schon begangen hatte. Da ihm jedoch keinerlei Ursache für eine kommende Auseinandersetzung mit seiner Frau einfallen wollte, musste die momentane Stimmung seiner Frau einen anderen Grund haben. Natürlich hatte er die rot gefärbten Fingerkuppen seiner Frau bemerkt. Vielleicht fand er hier einen Zugang zu der verärgerten Seele seiner Frau.

„Hast Du Dich geschnitten?", fragte er betont mitfühlend.

„Nein", antwortete sie, „ich habe lediglich zwei Viecher zerdrückt, die es gewagt haben, sich über die Bettdecke zu bewegen und dies, obwohl ich meine Arbeit schon beendet hatte."

„Dann sind die Mücken jetzt tot?"

Sie runzelte die Stirne und verdrehte die Augen.

„Hast du Mücken schon einmal krabbeln sehen?", fragte sie gereizt. „Soweit ich weiß, bewegen sich diese Insekten fliegend fort."

„Möchte mich da nicht festlegen, meine Liebe", meinte er beiläufig, „wichtig ist nur, dass ich fortan nicht mehr gestochen werde."

„Du machst es dir da etwas einfach, mein Lieber!", gab sie zurück, der Ton in ihrer Stimme wurde deutlich schärfer, „ich wüsste schon gerne, was ich da gerade zerdrückt habe."

Herr Schnappes stand wortlos auf, lief um seine noch immer im Türrahmen stehende Frau herum und verließ die Küche. Einige Augenblicke später kehrte er mit einem Buch unter dem Arm zurück. Nachdem er sich wieder auf seinen Stuhl niedergesetzt hatte, warf er seiner Frau einen auffordernden Blick zu. Er legte das

Buch zwischen Butterdose und Brotkorb hin und tippte mit dem rechten Zeigefinger auf den Einband.

„Vielleicht kannst du deine Tiere ja darin finden?"

Etwas genervt schaute sie zunächst auf das Buch, dann auf ihren Mann.

„In diesem Buch werde ich bestimmt tausende Tiere verzeichnet und abgebildet finden, oder?"

Herr Schnappes verdrehte die Augen. Wie so oft verstand er die Welt nicht mehr. Einmal mehr hatte er seiner Frau helfen wollen, wieder einmal war er anscheinend dabei gescheitert. Er atmete tief durch, schluckte seinen Unmut herunter.

„Dann fährst du wohl besser in den Zoo. Zeige ihnen deine Funde. Gewiss werden diese Menschen dir eine Antwort geben können."

„Du bist nicht besonders hilfreich", wies sie ihn zurecht, „könntest dich ruhig etwas mehr einbringen, schließlich haben wir hier ein gemeinsames Problem zu lösen!"

„Meine liebe Marlene", empörte sich der gepeinigte Gatte, „ich verspüre in der Tat wenig Lust, mich mit deinen zoologischen Obliegenheiten auseinanderzusetzen, während mich hier und jetzt meine Mückenstiche plagen und langsam in den Wahnsinn treiben."

Frau Schnappes betrachtete noch einmal ihre Fingerkuppen und ließ sich, enttäuscht von ihrem Mann, auf einem der Stühle nieder. Dem Buch und ihrem Mann keinerlei Beachtung schenkend, ergriff sie eine Scheibe des köstlichen Graubrots, bestrich diese mit einer guten Portion Butter und drapierte anschließend einige Scheiben der Geflügelwurst darauf. Dann goss sie sich eine Tasse Tee ein, gab einen Tropfen Milch hinein und verfolgte die sich umgehend bildenden Wolkenbilder. Schweigend führte sie ihr Brot zum Munde und biss hinein; ebenso schweigend setzten die Eheleute das gemeinsame Frühstück fort.

Später am Tag, das seltsame Tier wollte Frau Schnappes nicht mehr aus dem Sinn gehen, fragte sie sich, ob es außer dem Zoo auch noch andere Institutionen gäbe, die ihr bei der Klärung der Identität der Tiere helfen könnten. Sie ging in den Flur, ergriff das Telefonbuch, welches neben dem Telefon auf einem kleinen Sideboard lag, und blätterte ziellos darin herum. Dann lag sie vor ihr, die Seite mit den Anzeigen der Kammerjäger. Sie las einige der Namen und fühlte sich von ihrem Klang angewidert. Diese Namen hatten nichts Vertrauenerweckendes. Sie erweckten eher den Eindruck, als wäre das Beherbergen von Schädlingen ein Missstand ungeahnten Ausmaßes. Sie überflog die Anzeigentexte, was ihre ablehnende Haltung einer ganzen Branche gegenüber jedoch nur bestärkte. Sie schlug das Buch wieder zu. Vielleicht würde ihr ja ein Arzt helfen können? Allerdings war sie sich nicht sicher, welche Fachrichtung sie wählen sollte. Ein praktischer Arzt schien ihr zu allgemein, ein Internist schied ebenfalls aus. Sie dachte an das Jucken der Stiche, dachte an die Beine ihres Mannes und entschied sich für einen Hautarzt. Frohgemut widmete sie sich den im Telefonbuch aufge-listeten dermatologischen Praxen. Noch in der Entscheidungsphase befindlich, schreckte sie durch das Summen des Telefons auf. Sie legte das Buch beiseite, ergriff den Hörer und meldete sich mit ihrem Namen. Die Stimme am anderen Ende der Leitung war ihr bekannt, was sie dazu bewegte, die Anruferin umgehend in der Schilderung ihrer Probleme zu unterbrechen und umgehend mit der Aufzählung der eigenen Sorgen zu beginnen.

„Nein, ach Liebes, ist ja entsetzlich", drückte die Anruferin ihr

Mitleid aus, „und er hat dich einfach so abgespeist? Mit einem Buch?"

Erst jetzt bemerkte Frau Schnappes, wie tief dieser Stachel in ihrer Seele saß. Ihr Mann hatte sie schlichtweg nicht ernst genommen, hatte ihr Anliegen nicht ausreichend gewürdigt. Sie fühlte sich tief in ihrem Innersten verletzt. Was sie in diesem Augenblick noch nicht wusste, sie hatte die Lösung des Problems bereits zwischen ihren Fingern gehalten. Noch aber wusste sie um diese Nähe nicht. Das Verhalten ihres Mannes beschäftigte sie und die Anruferin noch weit mehr.

„Dann musst du eben einen Kammerjäger rufen", entschied die Freundin.

Entsetzt hielt Frau Schnappes den Telefonhörer von ihrem Ohr weg. Einen Kammerjäger, einen dieser gedungenen Gesellen des Todes in ihrem Haus? Niemals!

„Wie kannst du mir einen solchen Rat geben?"

„Aber Liebes", meinte ihr Gegenüber unschuldig, „ich wollte dir doch nur helfen!"

Frau Schnappes rang nach Luft.

„Diese Art von Hilfe habe ich heute schon einmal erhalten."

Die Anruferin hielt ihre Antwort einige Augenblicke lang zurück.

„Meine liebe Marlene", begann die Freundin, „ich weiß wirklich nicht, warum du mich gleich so angehst. Als ich vor über einem Jahr das Problem mit den Flöhen von der Katze meiner Tochter hatte, wie du ja weißt, die Katze war ja nur einige Tage zu Besuch bei mir, da habe ich auch einen Kammerjäger gerufen. War weder anrüchig noch irgendwie unangenehm. Im Gegenteil. Er war ein sehr charmanter junger Herr. Wir haben uns wundervoll unterhalten."

„Aber", suchte Frau Schnappes einen Ausweg aus dem für sie unangenehmen Gedanken zu finden, „wir haben doch keine Flöhe. Wenn dem so wäre, meine liebe Lydia, ich würde die Konsultation eines Kammerjägers ja gerne ins Auge fassen. Aber so?"

„Ach", beendete Lydia das unfruchtbare Gespräch, „dann kann ich dir auch nicht helfen!"

Tage später, Frau und Herr Schnappes hatten weitere Stiche zu verzeichnen, fand sie erneut einige der seltsam anmutenden Tiere auf ihrem Bettlaken. Langsam krabbelnd bewegten sie sich auf den Rand zu und schickten sich an, in dem schmalen Spalt zwischen der Matratze und dem Bettrahmen verschwinden zu wollen. Warum krabbeln die Tiere dorthin, überlegte sie, was machen sie dort? Sie dachte einen Augenblick lang nach. Vielleicht verbargen sich die Tiere tagsüber in der Dunkelheit des Bettgestells, möglicherweise gehörten sie der Art von Tieren an, die das Licht scheuten. Sie musste der Sache auf den Grund gehen. Sie hob die Matratze hoch und ließ sie im selben Augenblick wieder fallen. Die geweiteten Augen, der geöffnete Mund und die Schweißperlen auf ihrer Stirne waren Zeichen ihres blanken Entsetzens. Ihr sich nunmehr öffnender und bald wieder schließender Mund formte Worte, allein die Stimme versagte ihren Dienst. Sie war außerstande, sich bemerkbar zu machen. Verzweifelt lief sie aus dem Schlafzimmer. Im Wohnzimmer fand sie einen sich wundscheuernden Ehegatten vor, der bei ihrem Anblick diese Tätigkeit umgehend einstellte und sich in eine vor ihm liegende Tageszeitung vertiefte. Frau Schnappes blieb im Türrahmen stehen, rang nach Luft und versuchte angestrengt, ihren stummen Worten eine Stimme zu verleihen. Ihr Mann schaute kurz auf, versenkte seinen Blick jedoch umgehend wieder in seine Lektüre. Er ahnte, dass seine Frau wiederum mit den stechenden und saugenden Tieren Kontakt gehabt hatte, trotzdem wagte er es beim Anblick seiner vor Erregung bebenden Frau nicht, sie auf dieses heikle Thema anzusprechen. Endlich beruhigte sich Frau Schnappes wieder, auch ihre Stimme kehrte zurück.

„Unter der Matratze ist alles voll!", schrie sie.

Herr Schnappes schenkte ihr ein flüchtiges Lächeln.

„Es wäre durchaus hilfreich", sagte er betont spitz, „du würdest deine Beobachtung näher präzisieren."

„Theodor-Heinrich", schimpfte sie mittels der wiedergewonnenen Kraft ihrer Stimme, „ich glaube, du bist dir der Tragweite meiner Entdeckung nicht bewusst!"

Selten hatte Herr Schnappes seine Marlene derart aufgebracht erlebt. Instinktiv duckte er sich.

„Die sitzen dort zu Hunderten!", ereiferte sie sich. „Ich weiß nicht, was wir da haben; ich weiß aber, es ist der Grund für unser Problem!"

Theodor-Heinrich schwieg. Er dachte an seine Wundmale, dachte an seinen Juckreiz.

„Wir brauchen endlich einen Kammerjäger!", brach es aus seiner Gattin heraus.

Gerne hätte Herr Schnappes seiner Empörung Luft gemacht, doch besann er sich eines Besseren. Er hatte den Unmut seiner Frau schon einmal erregt, was sie ihm durch ihr Schweigen deutlich gemacht hatte. Noch einmal wollte er solche Stunden nicht erleben.

„Wozu brauchen wir einen Kammerjäger?"

„Weil wir da ein ernsthaftes Problem haben", fauchte sie, „ich glaube nämlich nicht an Mücken."

Ihr Mann blickte von seiner Zeitung auf.

„Woher willst du das wissen?"

Frau Schnappes verließ die Türöffnung, hechtete auf den Wohnzimmertisch zu, beugte sich leicht vornüber und stützte sich mit ihren Fäusten auf der marmorierten Platte ab. So über ihren Mann gebeugt, starrte sie ihn bedrohlich an.

„Weil", ihre Stimme überschlug sich, „weil ich es gesehen habe!"

Herr Schnappes wich vor seiner Frau, die noch immer drohend über ihm gebeugt stand, in die Tiefe der Kissen seines Sofas zurück. Betont versöhnlich fragte er:

„Was genau hast du denn da unter der Matratze gesehen?"

„Ich", sprach sie mit fester Stimme, „ich habe die Tiere gesehen. Große und kleine Tiere, aber alle von der gleichen Art. Und sie waren alle ganz munter!"

Er lächelte zaghaft und richtete sich langsam wieder auf. Seine Frau gab ihre Drohhaltung auf und ließ sich nun ihrerseits in einen Sessel fallen. Sie machte einen erschöpften Eindruck. Herr Schnappes erhob sich langsam, lief zu seiner Frau hinüber, legte ihr seinen rechten Arm um die Schulter und drückte sie sanft an sich. Sie seufzte ermattet.

„Ach, meine liebe Marlene", meinte er väterlich, „sieh mal, wenn du also der Meinung bist, die Tiere unter der Matratze trügen die Verantwortung für unser Leiden und du doch weißt, wo sich die Tiere aufhalten, dann kann ich wirklich nicht erkennen, wozu wir einen Kammerjäger brauchen. Lass uns in eine Drogerie gehen und ein Insektengift kaufen. Damit sprühe ich dann das Bettgestell ein und das Problem ist gelöst."

Seine Frau, noch immer erschöpft und daher unfähig, ihrem Mann zu widersprechen, nickte zustimmend. Er lächelte aufmunternd und fügte hinzu:

„Wäre doch gelacht, wenn wir das Problem nicht gelöst bekämen."

Einige Stunden und einen Besuch in einem Drogeriemarkt später standen die Eheleute in ihrem Schlafzimmer. Herr Schnappes setzte seine Brille auf und überflog den Aufdruck auf der Sprühflasche, die er gewichtig in seiner Hand hin und her wog.

„Und du bist sicher", wollte Marlene Schnappes wissen, „dass das Mittel da auch wirklich hilft?"

Er schaute kurz auf, vertiefte sich jedoch gleich wieder in den aufgedruckten Text.

„Der Verkäufer hat mir dieses Produkt empfohlen. Steht ja auch alles drauf."

Er hielt seiner Frau die Flasche kurz entgegen.

„Gegen fliegendes und kriechendes Ungeziefer", rezitierte er, während er mit dem Zeigefinger jedes der Worte unterstrich, „tötet Ungeziefer im Haus."

Sie schien noch nicht überzeugt.

„Und was ist da drin? Ich meine, ist das auch für uns schädlich?"

Verächtlich schüttelte er den Kopf.

„Marlene, glaubst Du denn im Ernst, der Verkäufer in der Drogerie hätte mir dieses Mittel verkauft, wenn es für uns schädlich werden könnte. Ich bitte Dich! Nein, es ist bestimmt vollkommen harmlos."

Er führte die Flasche wiederum unter seine Augen und begann laut zu lesen.

„Mittel auf die befallenen Flächen sprühen, dabei Augen und Schleimhäute schützen. Die Einwirkzeit beträgt acht Stunden, anschließend die behandelten Räume gut lüften. Inhaltsstoffe sind Tetramethrin, Propoxur und Piperonylbutoxid."

Nachdenklich rückte er seine Brille zurecht. Es störte ihn, dass er nicht wusste, was sich hinter diesen Worten verbarg. Der Verkäufer hatte ihm lediglich gesagt, dass es sich bei diesen ganzen Namen um zwei unterschiedliche Nervengifte handeln würde, die jedoch vollkommen harmlos für den Anwender und seine Mitmenschen wären. Er warf seiner Frau einen vielsagenden Blick zu. In ihren Augenwinkeln erkannte er ihre Zweifel an dem, was er von dem Verkäufer gehört hatte.

„Du siehst also", sagte er verharmlosend, „es ist vollkommen unschädlich für den Menschen. Du darfst es eben nur nicht in die Augen bekommen."

„Aha", kommentierte seine Frau diesen Hinweis.

Er setzte seine Brille ab, balancierte die Sprühflasche auch weiterhin in seiner Hand, zog dann die Schutzkappe ab und gab seiner Frau das Zeichen, nun die Matratze anzuheben. Sie folgte seiner Aufforderung und Herr Schnappes drückte auf den roten Sprühknopf. Das Zischen und ein milchig weißer Nebel zeigten das baldige Ende der vermeintlichen Peiniger an. Frau Schnappes hielt die Luft an, während sie mit dem linken Handrücken ihre Augen zu schützen versuchte.

„Es riecht sehr streng", stellte sie beiläufig fest, „das Zeug riecht erbärmlich."

„Dann halte Dir die Nase zu", gab ihr Mann barsch zurück, „da müssen wir jetzt durch. Sieh nur, wie die Viecher flüchten."

Theodor-Heinrich Schnappes hatte Gefallen an seiner Tätigkeit gefunden. Er gab seiner Frau weitere Anweisungen, woraufhin sie die ganze Matratze aus dem Rahmen hob und auf den Boden gleiten ließ. Dies brachte weitere Tiere ans Tageslicht. Ohne auf ihren Mann zu achten, lief sie um das Bett herum und hob auch die zweite Matratze heraus und warf sie auf den Boden. Was sie dann sah, ließ den Ärger und den Zorn, welchen sie gegen ihren Mann hegte, für einen Augenblick vergessen und machte Platz für ein übermächtiges Gefühl des Entsetzens. Außer sich schrie sie:

„Und du willst mir noch immer ernsthaft einreden, du könntest das Problem alleine lösen?"

Unverdrossen sprühte ihr Mann weiter auf die Bettgestelle ein, versuchte die Flut der hervorquellenden Tiere verzweifelt zu bändigen.

„Hör doch auf damit", schrie sie ihn an, „hör doch bitte auf damit und lass uns einen Kammerjäger rufen!"

Verzweifelt, weil er vor seiner Frau versagte, fuhr er mit seiner überflüssigen Aktion fort. Geradezu rasend riss er die Laken von den Matratzen, hob die Bettläufer auf, sprühte sie intensiv ein und schleuderte sie vor den Heizkörper am Fenster. Indes ließ sich seine Marlene erschöpft auf den Lattenrost fallen. Tränen der Verzweiflung und der Wut rannen über ihre Wangen. Erschöpft sank sie in sich zusammen, ihren Kopf verbarg sie zwischen ihren über den Knien gekreuzten Armen.

„Hör auf!", schrie sie ihn unbändig an. „Hör endlich auf. Es reicht!"

Erschrocken über die Reaktion seiner Frau, stellte er seine Tätigkeit endlich ein und betrachtete eingehend seine Frau.

„Entweder", sagte sie mit tränenerstickter Stimme, „entweder wir rufen jetzt einen Kammerjäger oder ich ziehe noch in dieser Stunde zu meiner Freundin Lydia!"

Statt einer Antwort drückte er erneut auf den Sprühknopf. Sekunden später musste Theodor-Heinrich Schnappes feststellen, dass sich nicht nur seine eigene Ehefrau gegen ihn wandte, sondern eben auch die Technik. Der Sprühnebel verließ den Sprühkopf nur noch stotternd, geradezu röchelnd, bis er gänzlich versiegte. Und irgendwie fühlten die Tiere das baldige Ende der sprühenden Tortur. Heerscharen bahnten sich nun ihren Weg. Dieses Zusammentreffen gegen ihn gerichteter Schicksalsschläge verstand er als Fingerzeig. Er gab sich geschlagen und stimmte dem Wunsch seiner Frau zu.

Schon am nächsten Tag hatte sich Frau Schnappes telefonisch an uns gewandt. Meine Frau hatte ihr einige Fragen gestellt und hegte einen ersten Verdacht. Dennoch bat sie Frau Schnappes, ihr doch bitte ein Tier zur genauen Bestimmung vorbeizubringen. Die Verzweifelte willigte ein und schon eine Stunde später saßen Herr und Frau Schnappes in unserem Büro. Frau Schnappes hatte meiner Frau das in einem Filmdöschen eingefangene Tier übergeben. Sie öffnete den Deckel und spähte vorsichtig hinein. Ihr Verdacht bestätigte sich.

„Das ist eine Bettwanze", sagte sie.

Die Worte meiner lieben Frau trafen die Eheleute wie ein Paukenschlag. Im Bruchteil einer Sekunde brach für die beiden gepeinigten Menschen eine Welt zusammen. Die kurzen Blicke, die sie untereinander wechselten, ließen erahnen, was sie in diesem Augenblick dachten, welche stummen Vorwürfe sie sich gegenseitig machten. Sie durchlebten nun den Zusammenbruch ihrer bis dahin intakten Welt, erkannten sich plötzlich als Außenseiter der Gesellschaft. In Zukunft würde man sie meiden, würde man sich von ihnen zurückziehen, würde man über sie reden. Wanzen gehörten ja wohl zu der Art von Ungeziefer, welches man bei unsauberen Menschen antreffen würde, nicht bei reinlichen Menschen, für die sich auch die Eheleute Schnappes bis zu diesem Augenblick gehalten hatten. Darum wunderte das folgende Resümee meine Frau auch nicht sonderlich.

„Aber", wisperte Frau Schnappes, „bei uns ist es doch nicht schmutzig."

Meine Frau lächelte aufmunternd. Aus unzähligen Gesprächen dieser Art wusste sie um die Sorgen und Nöte, die nun auch die Eheleute Schnappes heimgesucht hatten. Die Stiche und deren Nebenwirkungen waren beiseite gedrängt. Fragen nach der eigenen Schuld, nach der eigenen Unzulänglichkeit gewannen nun die Oberhand. Fürsorglich, noch bevor die Selbstzerfleischung hätte konkrete Formen annehmen können, erläuterte meine liebe und einfühlsame Frau, welche Ursachen für einen Befall vorliegen könnten und welche garantiert nicht. Unsauberkeit und soziale Komponenten schloss sie aus. Frau Schnappes atmete tief durch, ihre Sorgenfalten glätteten sich. Bei ihrem Mann waren noch immer Zweifel vorhanden, so ganz war er noch nicht überzeugt. Insbesondere deshalb nicht, weil meine Frau eine Frage noch nicht hatte klären können: Woher waren die Bettwanzen gekommen? Darum ging sie in die nächste Phase.

„So", sagte sie, „dann sollten wir mal über die möglichen Ursachen für den Befall sprechen. Denn die Wanzen in Ihrer Wohnung zu bekämpfen ist eine Sache, aber dafür zu sorgen, einen weiteren Zuzug zu verhindern, ist weitaus wichtiger. Jetzt müssen Sie überlegen, was vor den ersten Stichen passiert ist. Also, waren Sie im Urlaub, haben Sie in den letzten Wochen Besuch gehabt, haben Sie sich Bücher, CDs, oder Sonstiges im Internet bestellt, haben Sie Sachen auf dem Trödelmarkt gekauft? Sehen Sie, die Bettwanzen kommen selten durch die Haustüre, in den meisten Fällen werden sie aber eingeschleppt."

Herr Schnappes schüttelte erschöpft den Kopf.

„Wir waren nirgendwo", meinte er, „wir haben auch nichts gekauft, schon gar nicht über dieses unsägliche Internet!"

„Stimmt", meinte auch seine Frau, „und auf Trödelmärkten waren wir schon seit einigen Jahren nicht mehr."

„War einer Ihrer Verwandten vor Kurzem im Urlaub?"

Meine liebe Frau wollte sich nicht geschlagen geben. Die Eheleute schüttelten heftig den Kopf. Frau Schnappes kratzte unbewusst an ihren Wundmalen.

„Unsere Verwandten leben in Polen, die waren schon lange nicht mehr bei uns, ist bestimmt schon drei Jahre her."

„Eher vier", korrigierte Herr Schnappes seine Frau, „ich meine, es wäre schon vier Jahre her."

„Stimmt, es war kurz nach Christi Himmelfahrt 2004", sie hielt inne, „und unsere Tochter war auch in den letzten Jahren nicht in Urlaub. Die musste nämlich sparen."

Meine Frau wurde hellhörig.

„Und warum musste sie sparen?"

„Meine Tochter", erklärte Herr Schnappes nicht ohne einen gewissen Stolz, „wird Tierärztin."

„Ach", seufzte Frau Schnappes, „mein kleines Mädchen. Denken Sie sich, bevor sie sich an der Universität einschreiben wollte, musste sie unbedingt noch ein Praktikum in einem Zoo absolvieren. Verrückt, oder?"

„Es war nicht zwingend notwendig", erhellte Herr Schnappes die Aussage seiner Frau, „eigentlich hätte sie dieses Praktikum nicht gebraucht, aber sie wollte es so."

„Und warum musste sie nun sparen, warum konnte sie nicht mehr in Urlaub fahren?"

„Ach, Frau Holl", antwortete Frau Schnappes, „meine liebe Beate wollte ihr Praktikum ja unbedingt in Australien machen. Und Australien ist nicht nur weit, es ist auch teuer. Also musste sie sparen."

„Seit wann ist sie dort?", meine liebe Frau nahm die Fährte auf, „hat Sie Ihnen während dieser Zeit irgendetwas aus Australien geschickt? Andenken vielleicht?"

Unwillkürlich lachte Frau Schnappes laut auf.

„Entschuldigung", meinte sie, „aber meine Tochter kam noch nicht einmal auf die Idee, uns eine Karte zu schicken."

„Ja genau", stimmte ihr Gatte zu, „knapp sechs Monate ist sie nun fort, nicht eine Zeile hat sie uns geschrieben."

Er kratzte sich am Bein und fuhr dann fort.

„Nur wenn sie Geld brauchte! Ja dann!"

„Theodor-Heinrich, bitte, ich glaube nicht, dass das Frau Holl interessiert!"

Gerne hätte meine Frau ihr widersprochen, aber sie hielt sich zurück. Und so hielt es auch der soeben Getadelte. Stattdessen übernahm seine Frau die weiteren Ausführungen.

„Was mein Gatte sagen wollte: Hätten wir uns nicht hin und wieder bei dem Kind gemeldet, wir hätten in der Tat bis auf wenige dieser SMS keine Nachricht von ihr. Sie sehen also, an ein Andenken aus Australien ist also gar nicht zu denken."

Enttäuscht ließ sich meine Frau auf einem Stuhl nieder. Ein Andenken wäre zu schön gewesen. Noch aber wollte sie nicht aufgeben. Bevor sie weitere Fragen hätte stellen können, sah sie ein breites Grinsen auf Herrn Schnappes' Gesicht. Sie drehte sich zu ihm und sah ihn an.

„Ach wissen Sie, eine Karte oder gar ein Andenken haben wir nie von ihr bekommen, aber vor einigen Wochen erhielten wir eine Tasche mit schmutziger Wäsche."

Meine Frau streckte sich und lauschte aufmerksam.

„Und?", wollte sie wissen, „was haben Sie damit gemacht?"

Frau Schnappes warf ihrem Mann einen eindeutigen Blick zu. Dieser ließ sich jedoch nicht davon beeindrucken und fuhr daher unbeirrt fort:

„Meine liebe Marlene, unterbrich mich nicht immer. Ich weiß schon, was ich erzähle und was nicht." Er machte eine kleine Atempause, dann begann er erneut: „Also, meine Frau wollte, kaum dass die große Reisetasche sich bei uns befand, die schmutzige Wäsche waschen. Wie hast du noch gesagt? Ach ja, das Kind wird nach seiner Rückkehr zu erschöpft sein, als dass sie sich um ihre

Wäsche kümmern könnte! Ich war da anderer Meinung. Ich meine, über fünf Monate lang keine Karte, aber ihre dreckige Wäsche dürfen wir waschen und der Madam gebügelt in den Schrank legen. Nein! Ich habe meiner Frau gesagt, sie soll die Tasche einfach im Abstellraum deponieren."

„Interessant", sagte meine Frau, „haben Sie die Tasche seit diesem Tag noch einmal herausgeholt?"

Die beiden Eheleute verneinten.

„Wann hat das mit den Stichen noch angefangen?"

Herr Schnappes kratzte sich wieder, sah sich die Zimmerdecke unseres Büros an und kehrte dann langsam mit seinem Blick wieder zurück zu den beiden anwesenden Damen.

„Unterbrich mich, wenn ich mich irre, aber ich glaube, die ersten Stiche erhielten wir kurz nach der Einlagerung der Tasche."

„Ich befürchte", bestätigte die Gattin ihren Mann, „wir haben die Ursache gefunden."

„Ich glaube auch", bestätigte meine Frau diese Annahme.

Einen Tag später rief Frau Schnappes bei uns an und erklärte meiner Frau, sie habe die Reisetasche auf einem weißen Bettlaken geleert und die Tasche selbst intensiv untersucht. Und wie sie, also meine liebe Frau, es vorhergesagt habe, waren unzählige Wanzen und deren Überreste, vorwiegend Häute, auf dem weißen Laken zu sehen gewesen. Meine Frau beglückwünschte sie zu diesem Fund und versprach ihr, die Wohnung am nächsten Tag behandeln zu lassen. Frau Schnappes war überglücklich. Wie mit meiner Frau besprochen, wollte sie die Wäsche aus der Reisetasche und das Bettlaken in Müllbeutel verpacken und in eine Tiefkühltruhe legen. 14 Tage bei minus 20 Grad. Danach würden die Wanzen abgetötet sein. Die Bekämpfung der Wanzen in der Wohnung durfte ich einen Tag später übernehmen. Da der Befall noch nicht sehr ausgedehnt und entsprechend fortgeschritten war, mussten lediglich die Betten und Nachtkonsolen gänzlich auseinandergebaut, die Fußleisten und die Bilder abgenommen werden. Die Polstermöbel mussten von ihren Kissen befreit und sämtliche Möbel von den Wänden gerückt werden. Die Tapete durfte an den Wänden bleiben, die Einbauküche und sämtliche Lichtschalter und Steckdosen und sonstige Festeinbauten konnten belassen werden. Die Eheleute Schnappes waren erleichtert. Insgeheim hatten sie mit Schlimmerem gerechnet. Und so blieb bei all dem Leid, welches sie die letzten Wochen wegen einer Reisetasche aus Australien durchlebt hatten, noch etwas von der Freude über die baldige Rückkehr ihrer Tochter übrig. Insbesondere auch deshalb, weil die Bettwanzen innerhalb der Wohnung gänzlich getilgt werden konnten. Einzig die Kühltruhe wurde ihrer eigentlichen Bestimmung nicht mehr zugeführt, sie beherbergt bis zum heutigen Tage noch immer die Wäsche der Tochter und ein Laken.

Die San-Andreas-Spalte-Wuppertal und seine geologischen Wunder

Frau Kränzle stand schon in der schmalen Toreinfahrt ihres Hauses, als ich gerade in die enge Straße einbog, und winkte mir eifrig zu. Was für ein Willkommen! Ich war begeistert, hielt meinen Wagen an und ließ die Seitenscheibe herunter.

„Frau Kränzle?", fragte ich.

„Herr Lieving?"

„Ja", rief ich ihr zu, „ich suche mir nur rasch einen Parkplatz und dann komme ich zu Ihnen."

Sie lächelte.

„Sie können sich gerne hier in die Einfahrt stellen, ist überhaupt kein Problem."

Dankend nahm ich ihr Angebot an, zumal diese Straße nicht gerade mit Parkplätzen gesegnet war. In dieser Stadt, wo jeder Autofahrer, insbesondere der Gewerbetreibende zuweilen das Gefühl haben kann, seine eigene Politesse auf dem Rücksitz sitzen zu haben, freute man sich über jeden Kunden, der über seinen eigenen, vor den Zugriffen dieser Menschen sicheren Parkplatz verfügte. Kaum hatte ich meinen Wagen verlassen, da führte sie mich auch schon durch eine langgestreckte Toreinfahrt, die unter einem Mehrfamilienhaus hindurchführte. Am Ende des Ganges sperrte sie ein Tor auf.

„Hier geht es lang", sagte sie ausgelassen, „ab ins Paradies."

Und wirklich. Kaum hatte ich das Tor hinter mich gelassen, da eröffnete sich meinem Blick ein wahrlich paradiesisch angelegter

Garten. Und dieser umspielte in aller Anmut ein herrlich restauriertes Fachwerkhaus. Dieser Anblick war traumhaft schön. Inmitten eines Wohnviertels, an einer stark befahrenen Straße lag sie, diese Oase, ein Kleinod. Sich durchaus der Wirkung dieses Anblicks bewusst, ließ sie mir die Zeit, diesen zu genießen.

„Wirklich schön", flüsterte ich, „und so etwas mitten in Wuppertal, in einem Hinterhof."

„Ja", pflichtete sie mir bei, „würde man von der Straße aus gar nicht vermuten."

„Stimmt", ich betrachtete sie, die Hüterin dieses Garten Edens, voller Bewunderung, „und hier treiben sich wirklich Ratten herum?"

Sie lächelte sanft, vielleicht auch etwas verlegen und schüttelte energisch ihren Kopf.

„Nein, nicht hier. Ich fände das auch nicht so schlimm, wenn sie sich hier herumtreiben würden, irgendwie gehören die ja auch in die Natur. Nein, die Ratten sitzen in meinem Keller!"

„Ist in der Tat übel!"

„Nicht wirklich", sagte sie ruhig, „solange die sich in unserem Keller ruhig und friedlich verhalten würden, könnte ich sie ja noch akzeptieren. Aber so wie die sich benehmen, nee! Die fressen meine ganzen Vorräte an, die Nudeln und Lasagneplatten fressen sie sogar auf, und selbst vor den Banderolen der Konservendosen haben sie nicht haltgemacht."

„Kein netter Zug", stimmte ich ihr schmunzelnd zu.

Sie ging einen Schritt vorwärts, ich folgte ihr.

„Ach was, die paar Lebensmittel könnte ich ja noch verschmerzen, aber das Benehmen der Ratten!"

„Die Ratten schmatzen beim Essen und stören dadurch Ihre Nachtruhe."

„Nicht doch", grinste sie, „sie verstreuen die Reste ihrer Mahlzeiten überall im Keller."

Ein tiefer Seufzer entfuhr ihr.

„Und erst ihr Benehmen bezüglich ihres kleinen und großen Geschäftes. Geradezu schrecklich. Überall finde ich ihre Köttel! Außerdem stinkt es erbärmlich!"

Mittlerweile hatten wir die Haustüre zu dem kleinen Häuschen erreicht.

„Wenn", versuchte ich das Wesen ihres Unbehagens auf den Punkt zu bringen, „wenn sich die Ratten an die bei Ihnen gültige Hausordnung halten würden, gewährten Sie ihnen durchaus Obdach."

Sie nahm die Türklinke in die Hand, drückte sie herunter und sah mich dabei mit großen und irgendwie lustig zwinkernden Augen an.

„Genau! Aber so haben es sich die Nager ja selbst zuzuschreiben, dass sie nicht wohl gelitten sind!"

„Richtig!", stimmte ich ihr zu. „Sollen die Ratten doch sehen, was sie mit ihrem schlechten Benehmen erreicht haben!"

Ein entspanntes Lächeln huschte über ihre Lippen.

„Wie ich ja immer sage, wer nicht hören will, muss fühlen. Und aus diesem Grunde habe ich Sie hergebeten. Ich nehme doch mal an, dass Sie mir bei der Lösung meines Problems helfen werden?"

„Was soll ich tun? Soll ich die Ratten erziehen?"

Sie lachte herzlich, schubste mich durch die Haustüre und führte mich durch den sich anschließenden Flur ins Wohnzimmer hinein, wo mich schon eine fröhliche Kinderschar erwartete. Wir blieben vor ihnen stehen. Frau Kränzle nutzte die Gelegenheit, um mir noch etwas ins Ohr zu flüstern:

„Bevor Sie sich an die Erziehung der Ratten im Keller machen, wartet hier noch eine andere Aufgabe auf Sie. Eine winzige Hürde, die Sie noch zu nehmen haben."

Ich schaute sie leicht erschrocken an. Sie grinste breit.

„Nein", sagte sie, „nicht was Sie denken. Meine Kinder will ich schon noch behalten. Obwohl mir der Gedanke auch schon mal gekommen ist. Nein, diese Ratten dort müssen Sie lediglich überzeugen."

Ich nickte und hatte den tieferen Sinn ihrer Worte verstanden.

„Das ist Herr Lieving", stellte sie mich den Kindern vor, „der Rattenfänger!"

Zwei junge Damen, vielleicht 13, oder 15 Jahre alt, kicherten hinter vorgehaltener Hand und flüsterten sich etwas zu. Die drei deutlich jüngeren Jungen traten verschämt auf der Stelle, wobei ihre Augen und die zarten Falten auf ihrer Stirn das Vorhandensein unzähliger Fragen verrieten. Frau Kränzle übernahm spontan die Rolle der Moderatorin.

„So Kinder, ihr könnt jetzt fragen", sie wandte sich kurz an mich, „die fiebern nämlich schon die ganze Woche Ihrem Erscheinen entgegen und haben ganz viele Fragen an Sie."

„Machst du die Ratten tot?", wollte ein kleiner Blondschopf wissen.

„Das ist mein Felix", erklärte Frau Kränzle, „er ist mein Jüngster, gerade in den Kindergarten gekommen."

„Ja", sagte ich betont sanft, „ich werde die Ratten in Eurem Keller abtöten."

„Warum tust du das?", wollte die jüngere der Damen wissen, „magst du denn keine Tiere?"

„Meine Sarah, die Tierschützerin in unserer Familie", grinste die Mutter, „rettet sogar die Schnecken in unserem Garten."

„Harter Brocken", meinte ich aufrichtig und wandte mich meinem Prüfstein zu. „Tja, Sarah, ich mag Tiere, aber ich mag auch die Menschen. Und darum muss ich manchmal Tiere töten, weil diese Tiere einen schlechten Einfluss auf die Gesundheit und das Leben der Menschen haben können."

„Kannst du die nicht einfangen und dann irgendwo anders hinbringen?", wollte das andere, mir noch unbekannte Mädchen wissen, „vielleicht würden sich ja andere Menschen über die Ratten freuen?"

Frau Kränzle lachte laut auf. Ihre Augen strahlten ob ihrer Kinder.

„Ja, unsere Elisabeth ist unsere Praktikerin, immer eine gute Idee parat, wenn es darum geht, den Tieren zu helfen."

„Wäre natürlich eine tolle Sache", antwortete ich dem Kind.

„Und warum machst du das dann nicht?", fragte der Chor der Jungen.

Frau Kränzle lächelte mitfühlend, schließlich wusste sie, was nun auf mich zukommen würde. Sie bedachte ihre Kinderschar mit einem liebevollen Blick und meinte dann, eher beiläufig, aber mit der Gewissheit einer wissenden Mutter:

„Möchten Sie sich nicht setzen, Herr Lieving, es könnte etwas länger dauern."

Dankend nahm ich ihr Angebot an. Die Kinder beobachteten jeden meiner Schritte. Ich weiß nicht, worauf sie warteten. Vielleicht hatten sie den Stuhl angesägt, nein, nicht diese Kinder, vielleicht warteten sie aber auch darauf, dass ich unter der Wucht ihrer Fragen die Flucht antreten würde. Pah, nicht ich. Schließlich hatte ich eine Frau und war es daher gewohnt, jeden Tag Rede und Antwort zu stehen. Ich setzte mich langsam hin, die Schar der Kinder rückte näher. Sie warteten noch immer auf meine Antwort. Frau Kränzle machte sich unterdessen an der Kaffeemaschine zu schaffen, was jedoch nicht dem Zwecke des Kaffeekochens diente, sondern eher der Unterdrückung eines heiteren Grinsens. Ich beugte mich leicht vor und schmiegte mein Kinn in die Beuge zwischen Daumen und Zeigefinger meiner rechten Hand; möglicherweise konnte mir diese Haltung eine gewisse väterliche Würde verleihen, die half, weitere Fragen der Kinder zu unterbinden.

„Da euch das Leben der Ratten ja so am Herzen liegt und da die Elisabeth so einen tollen Vorschlag gemacht hat, denke ich mal", ich machte eine kurze Pause, ihre Augen waren erwartungsvoll auf mich gerichtet, „es wäre doch das Beste, ihr würdet mir beim Einfangen der Tiere helfen. Mehr als 20, na, vielleicht 25 Ratten werden es schon nicht sein. Ist doch ein Klacks für Euch?"

Spontan und sichtlich erfreut stellte Frau Kränzle ihre Alibitätigkeit ein, drehte sich um und rief freudig:

„Mensch! Ist ja eine super Idee! Elisabeth, Sarah, Adrian, Felix, Anselm, ist doch super, oder?"

Ihre Augen blitzten schalkhaft. Die Kinderschar vor mir schien wenig begeistert von meinem Vorschlag. Den Mädchen war ein gewisser Ekel ins Gesicht geschrieben, wohingegen in den Gesichtern der Jungen ein Hauch von Abenteuerlust aufflammte. Frau Kränzle warf mir einen aufmunternden Blick zu. Ich verstand und fuhr in meiner Beschreibung der kommenden Jagd fort:

„Und das Tolle ist, da ihr ja so viele Kinder seid, könnt Ihr euch in der Nacht ja alle zwei Stunden mit dem Fangen abwechseln. Wird bestimmt ein ganz tolles Abenteuer für euch, die ganze Nacht über in dem dunklen Keller."

„Klasse!", jubelte die Mutter der Tierschützer, „und ich mach euch dann einen heißen Tee und ein paar Brote."

Sie schaute mich nachdenklich an, dann warf sie einen Blick auf ihre Kinder.

„Was glauben Sie, Herr Lieving, wie lange würde die ganze Aktion wohl dauern?"

Zehn Ohren und ebenso viele Augen richteten sich erwartungsvoll auf mich.

„Nun ja", ich holte tief Luft, rieb nachdenklich und sichtlich angestrengt mein Kinn, „so etwa zehn Nächte sollten die Kinder schon einplanen."

„Doch so lange", quittierte Frau Kränzle meine Antwort mit gespielter Sorge.

„Aber keine Bange", erklärte ich, „ich denke, die ersten Nächte werden die anstrengendsten Stunden ausmachen."

„Ach?", bemerkte Frau Kränzle, „und warum?"

„Nun, die Ratten werden sich zunächst einmal an die Anwesenheit der Kinder gewöhnen müssen!"

„So, so", grinste die Mutter, während sie aus dem Augenwinkel heraus das zunehmende Missfallen ihrer Kinder an der Idee beobachtete. Ich fuhr fort.

„Die mutigsten Ratten werden zunächst einmal an den Kindern schnüffeln, sie sagen eben „hallo" und wollen wissen, wer da bei ihnen vorbeischaut. Wenn sie sich an die Kinder gewöhnt haben, werden sie auch mal auf ihnen herumklettern und ihnen vielleicht sogar ein Küsschen geben. Mag sein, sie werden etwas sauer sein, wenn die Erste aus dem Rudel gefangen worden ist. Aber da ja alle fünf Kinder bei der Jagd mitmachen und sich immer abwechseln, wird es für das einzelne Mitglied der Gruppe schon nicht so schlimm werden."

Die Kinder schluckten heftig, erste Zweifel an Elisabeths Vorschlag kamen auf. Ich erhob mich langsam und verschränkte meine Arme über der Brust, dann wog ich meinen Kopf leicht von der einen zur anderen Seite und atmete schwer ein. Ich drehte meinen Kopf Frau Kränzle zu.

„Sie können da schon sehr stolz auf Ihre Kinder sein. Also ich hätte diesen Mut nicht. Immerhin, Ihre Kinder können ja die Ratten die ganze Zeit über nicht sehen, nur hören, da es stockdunkel in dem Keller sein muss."

„Überhaupt kein Licht?", wollte die besorgte Mutter wissen, „nicht mal eine Kerze?"

„Ich befürchte nicht", bedauerte ich, „nicht einmal eine Kerze; das Licht, die Wärme und der Geruch würde die Ratten nur verwirren."

„Oh."

Frau Kränzle ging auf ihre Kinder zu, hockte sich vor die aufmerksam lauschenden und ängstlich schauenden Wesen hin und schloss sie fest in ihre Arme. Beschwörend senkte sie ihre Augenlider und atmete hörbar ein. Die Kinder verharrten wie angewurzelt und starrten sie mit weit aufgerissenen Augen an. Frau Kränzle öffnete langsam den Mund. Der Ausdruck in ihren Augen drückte Stolz, Besorgnis und Mitleid aus.

„Dass ihr das für eure Mutter auf euch nehmen wollt", es verschlug ihr die Sprache, „eine ganze Woche lang wollt ihr Nacht für Nacht in dem dunklen Keller sitzen, auf die Ratten warten, euch von ihnen beschnuppern lassen und sie dann fangen, um sie später am Tag wieder freilassen zu können. Was seid ihr doch für gute Kinder."

Sie drehte ihren Kopf, die Kinder noch immer innig umarmend, leicht zu mir herüber, grinste mich verstohlen an. Langsam löste sie die Umarmung ihrer noch immer sprachlosen und zweifelnden Kindern und erhob sich äußerst bedächtig. Als sie sich gänzlich aufgerichtet hatte, schaute sie noch einmal auf ihre kleine Schar und sprach dann, mit der Stimme einer überaus stolzen und dankbaren Mutter:

„Sind die Kinder nicht toll, sind das nicht ganz wunderbare Kinder?"

„Ja", pflichtete ich ihr bei, einem Grabredner gleich fuhr ich fort, „es sind ganz wunderbare Kinder. Da reden wir Erwachsenen immer vom Schutz der Umwelt, vom Erhalt der Tierwelt, aber unternehmen wir etwas? Nein. Doch da ist diese kleine Schar von Kindern und beschämt uns alle."

Eine Träne, eine ehrlich vergossene, bahnte sich den Weg über meinen Nasenrücken. Auch Frau Kränzle schluckte heftig.

„Ich will nicht in dem doofen Keller sitzen", maulte Anselm. Der Größe nach musste er der jüngste Sohn sein.

„Ich auch nicht", schloss sich Fritz seinem Bruder an, „sollen doch die Sarah und die Elisabeth die Ratten fangen. Wir Jungens machen da nicht mit!"

„Können die beißen?", fragte Adrian.

„Na klar!", nahm Anselm meine Antwort vorweg.

Demonstrativ steckte er zwei seiner Finger zwischen die Zähne und biss einmal leicht zu.

„Schnapp", sagte er gelassen, „da ist der Finger ab!"

„Aber", hob ich zu einer kleinen Richtigstellung an, „die Ratten beißen selten in die Finger, meistens versuchen sie, in die Zehen oder die Beine zu beißen. Ganz selten, also wirklich nur in Ausnahmefällen, springen die Tiere so hoch, dass sie sich an der Nase oder den Ohren festbeißen."

Obgleich Frau Kränzle tief betroffen meinen Ausführungen gefolgt war, konnte sie sich ein Augenzwinkern nicht verkneifen. Sie nickte anerkennend. Mit gespielter Anteilnahme fragte sie:

„Beißen sich die Ratten nicht auch schon mal an den Beinen fest?"

Den Kindern stellten sich die Nackenhaare auf. Ihre Münder klappten sprachlos auf und zu. Die Erkenntnis, Elisabeths Idee könnte doch einige Unannehmlichkeiten beinhalten, griff immer weiter um sich.

„Eigentlich", meinte Sarah, während sich der Abstand zwischen ihr und ihrer Schwester langsam vergrößerte, „eigentlich hattest du ja den Einfall."

„Genau", rief Felix, er hatte plötzlich eine Möglichkeit entdeckt, sich und seine Brüder aus der Sache herauszubekommen, „dann soll die Elisabeth doch im Keller auf die Ratten warten."

„Bin ich auch dafür", begeisterte sich Anselm, „wir sind ja auch noch viel zu klein für so Sachen."

„Und", erinnerte sich Adrian, „die Mama sagt ja auch immer, dass wir in der Nacht im Bett liegen sollen."

Elisabeth kochte förmlich vor Wut. Auf ihrer Stirne zeigten sich erste Schweißperlen, sie fühlte sich von ihren Geschwistern im Stich gelassen. Von der Idee, die Ratten lebend fangen und damit retten zu wollen, war kaum noch ein Gedanke übrig. Langsam bröckelte die Einigkeit der Kinderschar. Frau Kränzle und ich warfen uns einen vielsagenden Blick zu; nicht mehr lange und ich konnte mit meiner Arbeit beginnen.

„Du warst es doch", platzte es aus Elisabeth heraus, „die nicht wollte, dass die Ratten getötet werden. Ich wollte dir nur helfen! Von mir aus kann der Rattenfänger die Ratten auch umbringen. Mir doch egal!"

„Ach", empörte sich Sarah, „nur weil ich andere Tiere rette, heißt das ja wohl noch lange nicht, dass ich jede Ratte unbedingt schützen will!"

„Soll er sie ruhig totmachen", forderte der Chor der Jungen, „wir haben da nichts gegen!"

„Ich gehe nicht in den Keller", meinte Adrian, „darf ich ja auch gar nicht, haben Mama und Papa verboten."

„Gut", schritt nun Frau Kränzle ein, „dann darf ich Herrn Lieving nun den Auftrag erteilen, die Ratten in unserem Keller zu bekämpfen? Natürlich nur mit Eurer Zustimmung."

Die fünf Kinder nickten eifrig. Elisabeth trat einen Schritt vor, schaute zunächst mich, dann ihre Mutter an:

„Will der das denn noch?"

Frau Kränzle lächelte ihre Kinder liebevoll an.

„Ich werde mit Herrn Lieving jetzt noch einmal alleine sprechen", sagte sie und fügte hinzu, „in Ruhe und alleine."

Eine deutliche und unmissverständliche Ansage an die Kinder, dachte ich anerkennend. Die Schar entfernte sich huschend und unverzüglich. Als wir alleine waren, setzte sich Frau Kränzle zu mir an den Esstisch. Sie schaute sich noch einmal um, lauschte in die Stille des Hauses hinein. Dann lächelte sie breit.

„Haben wir doch gut gemacht, oder?"

Ich schmunzelte.

„Haben wir", stimmte ich in das gegenseitige Lob ein.

Eine Weile standen wir beide Seite an Seite im Keller und betrachteten intensiv den Tatort. Die Mutter der munteren Schar führte mich zu einem Regal, welches in unmittelbarer Nähe der Kellertreppe stand. Mit dem Strahl ihrer Taschenlampe wies sie auf verschiedene Pakete. Auch aus der Entfernung konnte ich erkennen, dass die Verpackungen allesamt angefressen waren und der jeweilige Inhalt, Nudeln und Teigplatten, zum größten Teil heraus gefressen war. Sie ließ den Strahl weiter das Regal entlangwandern. An den Konservendosen fehlten zum Teil die Banderolen. Die kläglichen Reste der ehemals blumigen Beschreibung der unterschiedlichen Inhalte hatten die Ratten auf dem Kellerboden verstreut. Drei Fischkonserven, Hering in Senf-Dill-Soße, hatten die Nager verschont. Wahrscheinlich entsprach der Inhalt nicht ihrem hohen Qualitätsanspruch. Dafür hatten sie sich die Butterkekse einverleibt. Sie führte mich zu einem Weinregal. Auch hier waren deutliche

Spuren der Ratten zu erkennen. Auf den angestaubten Flaschen waren Fußspuren zu erkennen.

„Schlimm, oder?", sie leuchtete mit der Taschenlampe quer durch den Keller, „waren alles die Ratten!"

Ich zog ein paar Einweghandschuhe, die ich für solche Fälle stets in meinen leidlich ausgebeulten Hosentaschen aufbewahrte, behutsam über meine Hände und durchsuchte die Regale nach weiteren Spuren der überaus umtriebigen Nager. Fraßspuren und Trittsiegel gab es zur Genüge; allein, noch fehlte mir der Kot, den sie eingangs erwähnt hatte.

„Nun", flüsterte ich, um die Stille des Augenblicks nicht zu stören, „zumindest machen die Ratten ihre Häufchen nicht auf ihr Essen."

„Sie meinen", spottete Frau Kränzle, „ich habe Glück im Unglück, da ich einigermaßen reinliche Ratten in meinem Keller beherberge?"

„Möchte ich so sagen, ja, irgendwie schon. Wobei, Ratten sind ja insgesamt reinliche Tiere."

Sie sah mich mit großen Augen an.

„Jetzt nur meine Ratten, oder meinen Sie auch all die anderen?"

Im fahlen Licht ihrer Lampe lächelte ich sie an.

„Natürlich nur Ihre Ratten."

„Stimmt mich nicht gerade heiter, aber es beruhigt mich ungemein", sagte sie schließlich.

Frau Kränzle machte eine Kehrtwende, warf mir einen auffordernden Blick zu und hieß mich ihr zu folgen.

„Kommen Sie, ich zeige Ihnen noch mehr, zeige Ihnen jetzt die richtig fiesen Stellen.“

„Da bin ich aber gespannt!“

„Können Sie auch“, sagte sie geheimnisvoll, „und ganz zum Schluss werde ich Ihnen noch ein Bonbon zeigen. Doch müssen Sie sich noch gedulden.“

„Ist zwar nicht nett, dennoch beuge ich mich.“

Lachend lief sie in der Manier einer Reiseführerin los, knipste einen Lichtschalter nach dem anderen an, um mir den Blick in auch jeden Abschnitt des Kellers zu ermöglichen. Vor besonderen Sehenswürdigkeiten, wie der Waschmaschine, dem danebenliegenden Wäschestapel, blieb sie stehen und fügte eine knappe Zusammenfassung ihrer Beobachtungen ein. Die Ratten hatten sich anscheinend im ganzen Keller ausgebreitet. Wenn sie nicht ihren Kot als sichtbares Zeichen ihrer Präsenz hinterlassen hatten, dann bezeugten dies der strenge Geruch und die zerbissenen Kleidungsstücke und Plastiksäcke. Der Keller war zur ersten Heimat der possierlichen Nager geworden. Völlig unverhofft blieb Frau Kränzle stehen. Mein Gesicht prallte auf ihre linke Schulter; für einen kurzen Moment atmete ich den frischen Duft ihrer langen, braunen Haare ein.

„Verzeihung“, stammelte ich, „konnte nicht so schnell abbremsen.“

„Ist vielleicht nicht der richtige Ort für eine zarte Annäherung“, schmunzelte sie, „ich dachte schon, mich hätte eine Ratte angesprungen.“

„Eine Ratte?“

Sie drehte sich langsam um und schaute mich tiefgründig an.

„Ihr Bart auf meiner zarten Haut, fühlt sich irgendwie an wie Krallen."

„So", sagte ich mit gespielter Enttäuschung, „das war es dann mit der zarten Annäherung."

Ich lief um sie herum und betrachtete die Stelle, vor der sie so plötzlich stehen geblieben war, genauer. Vor mir lag ein frisch gewaschener Stapel Wäsche, sehr feiner Wäsche. Auch wenn der Anstand es anders verlangt hätte, ich musste mich der feinen Unterwäsche weiter und intensiver nähern. Ein flüchtiger Blick zur Seite signalisierte mir, dass ihreBesitzerin einverstanden war. Ich wechselte meine Handschuhe, versuchte so die Intimsphäre zu wahren. Was meine besondere Aufmerksamkeit an dieser Stelle erregt hatte, war nicht die Beschaffenheit der einzelnen Kleidungsstücke, sondern vielmehr die zahlreich verteilten Kotpillen und deutlichen Biss- und Kratzspuren, die die Ratten an der Wäsche hinterlassen hatten. Noch seltsamer aber war eine kaum sichtbare Ausbuchtung zwischen mehreren Slips und einem Büstenhalter. Mich beschlich ein unangenehmes Gefühl.

„Wie lange liegt der Stapel schon hier?"

„Hab ich kurz vor Ihrer Ankunft aus der Maschine geholt", antwortete sie, ihre Stimme klang sichtlich besorgt, „warum?"

„Ist nicht gut", meinte ich.

Behutsam legte ich ein Wäschestück nach dem anderen beiseite. Die Ausbuchtung war der Anfang eines nun deutlich sichtbaren Ganges, der schließlich in einer kleinen Höhle mündete. Auch hier hatte die Ratte, vielleicht waren es auch einige Jungtiere gewesen, begonnen, sich ein Nest zu bauen. Einen Slip, schwarz mit Spitze besetzt, hatte sie fachgerecht zerlegt und zur Kuschelunterlage degradiert. Frau Kränzle hatte meine Aktion die ganze Zeit verfolgt.

„Verflucht", rief sie, „die haben sich an meiner Wäsche vergriffen. Kann ich alles wegschmeißen! Haben die denn keinen Anstand? Diese Dessous waren schweineteuer!"

„Nun ja", unternahm ich den Versuch, die Handlung der Ratten in einem anderen Licht erscheinen zu lassen, „es sind ja nur wenige Teile zerstört. Ein Teil ist ja gewiss noch zu retten."

Statt einer Antwort legte sie ihre Hand auf meinen Arm.

„Bitte", flehte sie, „schaffen Sie mir diese Viecher aus meinem Haus."

„Wie könnte ich Ihnen einen Wunsch abschlagen? Ich werde mich umgehend ans Werk machen."

Sie schenkte mir ein warmes und durchaus dankbares Lächeln.

„Sie sind mein Held."

Ich stellte mich wieder aufrecht hin und präsentierte mich ihr in ganzer Größe. Doch allen Heldentums zum Trotz beschlich mich ein dunkles Gefühl. Irgendetwas stimmte hier nicht. Entgegen aller landläufigen Meinungen verhielten sich Ratten in einer für sie unbekannten Umgebung eher abwartend, sondierend und geradezu scheu. Damit sie sich derart frei in einem Gelände bewegten, mussten sie sich schon recht heimisch und somit sehr sicher fühlen. Und da die Ratten in diesem Keller anscheinend jede Scheu verloren hatten, mussten sie diesen Bereich des Hauses als ihr Refugium betrachten. Bestimmt belauschten sie uns in diesem Augenblick, folgten jedem unserer Schritte und versuchten sich auf uns einzustellen.

„Warum so schweigsam?", holte mich Frau Kränzle aus meinen Gedanken wieder zurück.

„Wir sind hier nicht alleine", antwortete ich.

„Ich für meinen Teil", kommentierte sie meine Erkenntnis, „wäre aber wieder gerne alleine. Ich mag diesen Keller, wenn er ohne Untermieter daherkommt."

Ich löste mich von ihr und erkundete den Keller noch weiter. An einer Wand erkannte ich einen Mauerdurchbruch, rund 20 Zentimeter über dem Boden beginnend und circa 50 Zentimeter im Durchmesser. Ich ging näher ran, bückte mich vor das Loch und blickte über meine Schulter in die Augen meiner charmanten Kellerführerin.

„Wo geht es dahin?"

Der Ausdruck in ihrem Gesicht verlor etwas von ihrer Leichtigkeit.

„Da geht es in den Folterkeller!"

„Wohin?"

„Für freche Kinder, falsche Helden und aufbegehrende Ehemänner!"

Ihre Art von Humor war beachtlich, wenngleich auch ein wenig furchteinflößend.

„Nein im Ernst", stellte sie ihre Ausführungen richtig, „dieser Teil des Kellers wird von uns gar nicht genutzt. Er liegt sozusagen brach. Und soweit ich weiß, liegt dieser Bereich auch nicht mehr unter unserem Haus."

„Ach!"

Ich widmete mich wieder dem Durchbruch. Vorsichtig spähte ich hindurch, konnte jedoch so noch keine Einzelheiten erkennen. Ich lauschte einen Augenblick in die Stille. Dann steckte ich meinen

Kopf in das Dunkel des Folterkellers. Ein unangenehm modriger Geruch schlug mir entgegen. Ich begann zu schnuppern, sog die abgestandene Luft tief ein und konzentrierte mich. In Gedanken zerlegte ich den Geruch in seine Bestandteile. Da war er. Ich hatte mich nicht getäuscht. Scharf und penetrant drang er an meine Schleimhäute. Ich roch weiter, wobei ich meinen Kopf langsam hin und her drehte. Rechts von mir war er stärker, zur Mitte hin wurde er schwächer, auf der linken Seite war er kaum wahrnehmbar.

„Was machen Sie da?"

„Ich schaue mit meiner Nase. Ich schnüffel."

„So, so."

„Ihre Untermieter wohnen dort drin, ich kann sie riechen."

Sie beugte sich tief hinunter, atmete tief ein und verdrehte dann ihre Augen.

„Ich rieche nichts."

„Ich schon", ließ ich mich nicht beirren, „entweder wohnen die in dem Loch, oder eine Etage tiefer im Erdreich."

Ich richtete mich wieder auf, Frau Kränzle tat es mir gleich, was eine erneute Kollision zwischen uns verhinderte.

„Was machen wir jetzt?", ihre Stimme bebte. „Ich meine, wir können das doch nicht so einfach hinnehmen?"

„Wir bringen Licht in das Dunkel."

„Wird das die Ratten denn nicht stören?", ihre Stimme gab ihre momentane Unbehaglichkeit wieder.

„Na ja, richtig sicher bin ich mir da nicht, doch ich rechne fest mit dem Verständnis der Ratten für meinen unbändigen Forscherdrang, immerhin sind sie ja selbst sehr neugierig."

„Na dann!"

Sie machte einen großen Schritt zurück, hielt kurz inne, bemaß die Entfernung bis zu mir, und ließ dann noch zwei weitere Schritte rückwärts gewandt folgen. Verwundert betrachtete ich sie.

„Nur für den Fall", meinte sie entschuldigend, „die Ratten teilen die Einschätzung ihres Charakters nicht. Könnte doch sein?"

Ich nickte zustimmend und hätte in diesem Augenblick gerne den Platz mit ihr getauscht.

„Haben Sie in diesem Teil des Kellers auch Licht?"

Sie schüttelte den Kopf.

„Ich könnte Ihnen eine Taschenlampe geben."

„Nehme ich gerne."

„Warten Sie, ich hole sie Ihnen", sprach sie und verschwand. Aufgeregt und hastig waren ihre Schritte. Sie hallten durch den ganzen Keller. Fünfzehn solcher Schritte machte sie, dann blieb sie stehen. Dem nächsten Geräusch nach durchstöberte sie eine Werkzeugkiste. Sekunden später war es wieder still.

„Ich habe sie", sie machte eine Pause, ein leises Klicken war zu hören, „und sie tut es noch."

Umgehend trat sie den Rückweg an. Ihre Schritte klangen beschwingt, leicht und entspannt; was sich jedoch schlagartig änderte, als sie sich bis auf wenige Meter genähert hatte. Ihre Schritte wurden schleppend, drückten eine gewisse Zurückhaltung aus. Als sie bis auf eine Armlänge an mich herangekommen war, überreichte sie mir die Lampe. Kaum dass ich diese in Empfang genommen hatte, vergrößerte sie den Abstand wieder.

„Bitte, nun aber mal ans Werk", sagte sie aufmunternd, „leuchten Sie den Tieren heim."

Ich tat wie mir geheißen, bückte mich vor das Loch und leuchtete in das Verlies hinein. Gebannt verfolgte Frau Kränzle jeden meiner Schritte und jede meiner verhaltenen und für Außenstehende kaum zu deutenden Äußerungen. Denn was ich in diesem Loch im fahlen Schein der Taschenlampe sah, übertraf alles, was ich bis dahin gesehen hatte. So fasziniert war ich von meiner Entdeckung, dass ich die Anwesenheit von Frau Kränzle fast gänzlich vergessen hatte. Ich streckte meine Hand weiter aus, versuchte den Raum noch weiter auszuleuchten.

„Puh", entfuhr es mir, „mein Gott!"

„Was ist denn", Frau Kränzle konnte vor Neugierde nicht mehr an sich halten, „was sehen Sie denn da?"

„Die San-Andreas-Spalte!"

„Liegt die nicht in der Nähe von San Franzisco?"

„Eigentlich schon", antwortete ich, noch immer gefesselt von der Erdverwerfung, die sich auf der rechten Seite vor mir auftat, „allerdings verläuft ein Teil dieser Spalte scheinbar durch Ihren Keller."

„Nein", Frau Kränzle hatte etwas von ihrer Unbekümmertheit eingebüßt, „wie groß ist dieser Teil?"

„Nicht so groß wie das Original, verläuft einmal diagonal durch den Raum, ich schätze mal so vier Meter."

„Klingt nicht gut."

„Na", meinte ich, „nicht die Länge macht mir Sorgen, es ist die Breite und der seitliche Auswurf."

„Die Breite, der Auswurf?"

„Ja."

Ich zog meinen Arm wieder zurück, schaltete die Lampe wieder aus und entließ mich aus der hockenden Position.

„Sie sagten eben, dieser Teil des Kellers würde nicht zu Ihrem Haus gehören?"

„Stimmt."

„Dann liegt er außerhalb der Grundmauer?"

„Wahrscheinlich."

„Gab es denn noch ein Haus neben diesem?"

Frau Kränzle raufte sich die Haare, ihr Lächeln war einer tiefen Nachdenklichkeit gewichen. Dann hellten sich ihre Gesichtszüge merklich auf.

„Warten Sie mal! Ja, da war, glaube ich, noch eine Werkstatt neben unserem Haus. Wurde aber weit vor unserer Zeit abgerissen."

„Und der Keller wurde nicht zugeschüttet."

„Was machen wir jetzt?"

„Ich hole jetzt zunächst einmal die Köder, werde sie großzügig verteilen und dann warten wir ab."

„Und die Ratten?"

„Die werden sterben."

Sie lächelte erleichtert.

„Danke."

„Keine Ursache, dafür bin ich ja da."

Die Beköderung der Ratten gestaltete sich recht einfach. Frau Kränzle hatte sämtliche Lebensmittel aus dem Keller entfernt, so dass die Ratten ihren Nahrungsbedarf nur noch an den Ködern stillen konnten. Einige Wochen später, die Köder wurden nicht mehr angenommen, stieg ich durch den Durchbruch in das Verlies ein und verschaffte mir zum ersten Mal einen Überblick über das Ausmaß der Spalte im Kellerboden. Sie war fast sechs Meter lang, wand sich durch den Keller und verschwand unter einer Bruchsteinmauer. Wahrscheinlich gab es hier eine Verbindung nach draußen ins Erdreich hinein. Die Breite der Spalte war durchaus imposant, an der breitesten Stelle über einen halben Meter. Und tatsächlich erinnerte die gesamte Gestalt an eine Erdbebenspalte. Die Auswurfhügel waren an einigen Stellen recht hoch. Ich war tief beeindruckt. Noch wusste ich nicht, was hier geschehen war, doch einer Sache war ich mir sicher: Die Ratten waren über diesen Spalt in den Keller dieses Hauses gekommen.

Als ich die Wohnküche wieder erreicht hatte, waren sieben Augenpaare auf mich gerichtet.

„Und?", wollte Frau Kränzle wissen, „wie sieht es aus?"

Ich strich mir, noch immer unter dem Eindruck des Entdeckten stehend, durchs Haar und versuchte meine Gedanken zu ordnen. Die Blicke blieben hoffnungsvoll auf mich gerichtet.

„Also", begann ich, „der Spalt ist groß, sehr groß. Und er ist breit und tief. Und er verschwindet unter der Mauer hindurch im Erdreich."

Frau Kränzles Ehemann, der mir mittlerweile auch nicht mehr unbekannt war, kam auf mich zu. In der Hand hielt er einen Lageplan. Er legte ihn auf den Küchentisch und schaute mich vielsagend an. Er hatte etwas entdeckt, und meine Neugierde war geweckt.

„Sehen Sie mal hier", er deutete mit dem Zeigefinger auf das Papier, „den habe ich mir damals besorgt. Eigentlich wollte ich die ganzen alten Pläne mal im Haus aufhängen; egal, hier ist die Geschichte des Hauses dokumentiert – zumindest die letzten 100 Jahre."

„Ist ja toll!", rief ich ehrlich begeistert, schließlich wollte ich in meiner Kindheit ja mal Archäologe werden. „Interessant wird wohl der älteste der Pläne sein."

„Warum?", wollte Frau Kränzle wissen.

„Die Spalte im Keller kommt nicht von ungefähr. Irgendetwas muss sie verursacht haben."

Ich beugte mich über den Plan. Das Haus war deutlich zu erkennen, die Werkstatt jedoch nicht. Aber neben dem Haus schlängelte sich ein Bach entlang. Er war auf dem Plan deutlich zu erkennen. Vor dem Haus machte er eine 90-Grad-Biegung und verlief dann parallel zum Haus. Auf dem nächsten Plan, rund 50 Jahre später, war der Fluss verschwunden und die Werkstatt errichtet, der Fluss endete nun weit vor dieser. Ich lachte laut auf.

„Haben Sie die Lösung?"

„Ich denke schon."

„Dann los!", drängte mich der neugierige Chor der Kinder.

„Also", begann ich, „dieser Bach hier endete früher einmal vor Ihrem Haus, bis dieser dann von der Werkstatt überbaut wurde.

Nach dieser Überbauung endete der Bach weit vor dieser, er wurde wahrscheinlich in einen unter der Werkstatt verlaufenden Graben oder Kanal verlegt. Im Laufe der Jahre wurde der Bach dann noch an mehreren Stellen überbaut – mit dem Vorderhaus und der Straße und den Häusern auf der anderen Straßenseite."

„Wir haben also unseren eigenen Bach unter dem Haus?", wollte Frau Kränzle wissen.

„Wenn Sie so wollen, ja."

„Aber", warf Herr Kränzle ein, „wir haben doch all die Jahre keine Probleme gehabt?"

„Sicher, ich vermute jedoch, die starken Regenfälle in den vergangenen Wochen haben den Bach wieder anschwellen lassen. Wahrscheinlich kamen noch weitere Umstände hinzu, letztlich aber wird es wohl so gewesen sein. Und durch dieses Anschwellen brach der Boden in dem Verlies auf."

„Daher auch der muffige Geruch?"

Ich nickte zustimmend.

„Und die Ratten schwammen dann durch den Bach?"

„Möglich", sagte ich, „wahrscheinlich haben sie aber gewartet, bis das Wasser wieder abgeflossen war, um dann trockenen Fußes in den Keller zu gelangen. Die durch das Wasser entstandene Höhlung schien wohl im Untergrund geblieben zu sein."

„Wahnsinn!", schnaufte Herr Kränzle.

„Ja", stimmte ich ihm zu, „die Nachlässigkeit des Menschen im Umgang mit seiner Umwelt rächt sich halt immer wieder."

„Dann sollten wir den Schaden schnellstens beheben, bevor noch mehr Ratten den Weg in unseren Keller finden", beschloss Herr Kränzle, „schließlich können wir Herrn Lieving ja nicht dauerhaft bei uns beschäftigen."

„Nun ja", warf ich ein, „ich stünde für eine Adoption durchaus zur Verfügung."

Dankend lehnte Frau Kränzle mein Angebot ab.

„Sie der Menschheit vorzuenthalten, wäre nicht fair", hebelte sie meinen Vorschlag geschickt aus, „wäre ein egoistischer Akt. So gerne wir Sie auch hier in unserem Hause gesehen haben."

„Ist natürlich nicht gegen Sie persönlich gerichtet", pflichtete Herr Kränzle seiner Frau zu, „aber wir müssen da auch an die anderen Menschen denken."

„Ich habe schon verstanden", meinte ich niedergeschlagen, „ich trenne mich nur ungern von Ihnen, aber ich werde es tun. Mich braucht hier ja niemand mehr."

Frau Kränzle geleitete mich schweigend zur Türe. Ich verabschiedete mich von der Familie, öffnete die Haustüre und trat über die Schwelle. Ohne mich noch einmal umzuschauen, trat ich meinen Heimweg an. Kaum hatte ich den Garten verlassen und die Toreinfahrt erreicht, da hörte ich ein mir wohlvertrautes Stimmengewirr. Ich blieb stehen und lauschte amüsiert diesen lieben Menschen.

„Jetzt ist er traurig."

„Ich kann ihm ja ein Bild malen."

„Wir könnten ja mal ein Wespennest bekommen."

„Oder vielleicht Mäuse."

„Ich find ihn nett."

„Ich auch."

„Muss ich mir Gedanken machen, meine Liebe?"

„Tja, immerhin hat er uns von den Ratten befreit."

„Also wirklich! Kommt da so ein Rattenfänger und schon verdreht er dir den Kopf."

„Warum hat er der Mama den Kopf verdreht?"

„Hat er ja gar nicht."

„Will ich auch hoffen."

„Aber er hat uns sehr geholfen."

„Hat er. Keine Frage."

Schmunzelnd schritt ich durch den Torbogen und verließ endgültig das Paradies.

„Dafür brauchen wir niemanden"

Es war schon mühsam genug gewesen, einen Parkplatz vor dem Haupteingang der Kleingartensiedlung zu finden. Entsprechend freudig stieg ich aus meinem Wagen aus und umrundete ihn. Ich öffnete die Heckklappe, entnahm dem Kofferraum den schweren, sperrigen Schutzanzug, die Handschuhe und eine Flasche mit dem Sprühmittel. Anschließend machte ich mich auf den Weg. Mein Ziel war eine Gartenlaube. Würde schon nicht schwer zu finden sein. Kleingärten stellten ein fest umrissenes Areal dar, umzäunt und daher endlich. Außerdem war ich ja im Besitz einer Wegbeschreibung. Herr Arnulf, der Pächter der Parzelle, hatte meine Frau vor einigen Tagen angerufen und gebeten, das Wespennest, welches er unter dem Dach seiner Laube vermutete, irgendwie wegzumachen. Anstelle einer Hausnummer hatte er ihr eine detaillierte und von zahlreichen botanischen Fachbegriffen gespickte Wegbeschreibung durchgegeben. Seine Parzellennummer bildete den Abschluss. Ich konnte den ersten Punkt der Beschreibung abhaken, das Haupttor hatte ich mühelos gefunden. Nun sollte ich einem sanft abfallenden Weg zu meiner Linken folgen, bis ich schließlich an eine Kreuzung gelangen würde. Diese Kreuzung wurde von einer Birke beschattet. Wahrscheinlich gab es hier unzählige Kreuzungen und jede würde ihren eigenen Baum haben. Von dort sollte ich mich rechter Hand auf den grobkörnigen Schotterweg begeben, bis dieser vor einer Wildblumenwiese endete. Rechts davon würde ich dann einen weiteren, weniger groben Weg sehen, welcher mich dann auf fast direktem Weg zu der Parzelle führen sollte. Die zahlreichen botanischen Beschreibungen der den Weg säumenden Pflanzen hatte ich bewusst ausgeklammert oder verdrängt. Vielleicht befielen mich deshalb auch schon kurz hinter dem Haupttor erste Zweifel an der Brauchbarkeit meines Laufplans.

Nicht ein Weg führte leicht abfallend nach links, es waren derer zwei, mit einigem guten Willen vielleicht sogar drei. Sehr schön. Gerne hätte ich mich für einen der Wege entschieden. Die Aussicht aber, ich müsste ihn wieder unverrichteter Dinge zurücklaufen, weil er nicht zum Ziel führte, ließ mich zögern. Hinzu kam noch, es gab und gibt in Wuppertal, sobald man sich geringfügig von der Talsohle entfernt hat, keine leicht hinunterführenden Wege. In der Regel führen sie zunächst allesamt steil hinauf um hernach wieder steil abzufallen. Die Gartensiedlung hatten die Gründer auf dem Rücken und an den Hängen einer der Wuppertal umgebenden Hügelketten erbaut. Im Falle einer Fehlentscheidung bezüglich des einzuschlagenden Weges hätte ich also den Gipfel wieder erklimmen müssen, bevor ich dann einen erneuten Versuch hätte unternehmen können. Ich sah in den Himmel: Er war blau, wolkenlos und die Sonne brannte gnadenlos. 35 Grad Celsius, kein Schatten. Nein, fuhr es mir durch den Kopf, bloß kein Risiko, nicht bei den Temperaturen. Ich verharrte einen Moment und überlegte mir meinen nächsten Schritt.

„Suchen Sie was?"

Ich drehte mich gemächlich um, so wie es die vorherrschenden Temperaturen und die Sperrigkeit meines Anzuges zuließen. Als ich meine Drehung vollendet hatte, schaute ich in das verschwitzte, hochrote Gesicht eines deutlich untersetzten Mannes. Er mochte so um die 60 Jahre sein. Seine Kleidung erinnerte mich an meine Kindheit: an die sommerlichen und samstäglichen Streichorgien des heimischen Jägerzauns durch meinen Vater. Unterhemd mit Trägern, Feinripp, fleckig, schlabberig über der Brust, straff gespannt über dem Bauch. Dazu trug er kurze Hosen, noch weit über dem Knie endend. Ehemals weiße Baumwollsocken und braune Sandalen rundeten das Bild ab. Des deutschen Mannes Freizeitkleidung, wenn er nicht Sportbekleidung bevorzugte.

„Kann ich Ihnen helfen?", fragte er mit Nachdruck.

Er starrte mich aus seinen kleinen Augen an, sein schmaler Mund verzog sich zu einem schmalen Strich. Schweißperlen ließen sein feistes Gesicht in der Sonne glitzern. Sein schnaubender Atem drückte seine innere Erregtheit aus.

„Also?", sein Tonfall war deutlich schärfer geworden.

Da ich meine Betrachtungen eines kleinen Mannes weitestgehend abgeschlossen hatte, wollte ich nun gerne seine Frage beantworten.

„Ich bin auf dem Weg zur Familie Arnulf."

Nachdenklich legte er den Zeigefinger der rechten Hand in eine der Falten seines Doppelkinns. Er musterte mich von Kopf bis Fuß. Etwas an mir schien ihm zu missfallen. Nachdenklich legte er seinen Kopf schräg auf die Schulter und fixierte mein Gesicht. Im Laufe meines Lebens waren mir ähnliche Zeitgenossen schon oft begegnet, meist in der Person von Wachleuten und Pförtnern. Sie hatten eine Aufgabe und duldeten niemanden, der ihnen diese und das damit verbundene Amt streitig machen wollte. Ich überging daher seinen Versuch, mich von ihm verunsichern zu lassen und drehte den Spieß um. Freundlich lächelte ich ihn an.

„Ich habe so das Gefühl, Sie wissen hier Bescheid. Und Sie können mir auch bestimmt sagen, wie ich zum Garten der Arnulfs komme?"

Er löste den Zeigefinger aus der Falte heraus, beugte seinen massigen Arm leicht nach vorne und stellte dann recht gelassen fest:

„Sie sind der mit den Wespen."

Da er seine Frage als Feststellung formuliert hatte, sah ich mich auch nicht dazu veranlasst, ihm eine Antwort geben zu müssen.

„Sie kennen den Weg?", beharrte ich auf meiner Bitte nach Unterstützung.

Er krümmte die Hand und tippte mit dem noch immer gleichen Zeigefinger auf seine Brust.

„Ich bin hier der Erste Vorsitzende."

Ob dies nun als Beweis seiner profunden Ortskenntnisse diente oder einfach seine Autorität zementieren sollte, konnte und wollte ich nicht verstehen. Der Ausdruck in meinem Gesicht blieb unbeeindruckt.

„Ich habe die Wespen in meinem Garten immer selbst weggemacht", sagte er, „habe da noch nie jemanden für gebraucht."

Sein feistes Gesicht hellte sich deutlich auf.

„Schön", meinte ich abschätzig; ich ahnte, worauf er hinauswollte.

„Ich habe den Arnulfs sofort gesagt, dass wir zur Erledigung solcher Dinge hier keinen Fremden brauchen würden."

Um die Richtigkeit seiner Aussage zu unterstreichen, stemmte er seine Hände in die Hüften und straffte seinen Oberkörper. Ohne auf seine Äußerungen weiter einzugehen, was lediglich zu einer end- und fruchtlosen Diskussion geführt hätte, stellte ich ihm erneut meine Frage.

„Kennen Sie nun den Weg?"

Leicht irritiert, immerhin hatte ich seine Autorität übergangen, ließ er die Hände sinken und stopfte diese die Hosentaschen. Sein triumphierendes, selbstsicheres Grinsen war aus seinem Gesicht gänzlich verschwunden und einem Anflug von Unsicherheit gewichen.

„Natürlich kenne ich den Weg", gab er leicht gereizt zurück, „wäre ja gelacht, wenn ich den Weg nicht kennen würde. Ich kenne hier jeden Weg, jeden Pächter und jeden Gartenfreund. Schließlich bin ich der Erste Vorsitzende."

„Unzweifelhaft", meinte ich und bemühte mich zumindest stimmlich, sein hohes Amt zu würdigen, „und in welche Richtung muss ich nun gehen?"

Irgendein Codewort, mir selbst verborgen und unbewusst ausgesprochen, hatte einen unverhofften Stimmungswandel bei meinem Gegenüber ausgelöst. Nicht Freundlichkeit strahlte er nun aus, obgleich ein feines Lächeln seinen Mund umspielte, sondern Hinterlist. Ich war gewarnt.

„Es wird das Beste sein, ich bringe Sie hin. Wäre ja doch schade, wenn Sie sich verlaufen würden."

„Sehr freundlich", lenkte ich ein, „ich möchte natürlich Ihre Zeit nicht über die Maßen strapazieren!"

„Tun Sie nicht", fegte er meinen letzten Versuch, ihn auf elegante Weise loszuwerden, beiseite, „außerdem kann ich mir bei dieser Gelegenheit auch mal die Wespen anschauen."

Jetzt war die Katze aus dem Sack. Er schaute mich herausfordernd an und wartete auf meine nächste Reaktion. Ich beließ es jedoch dabei. Was immer er vorhatte, ich wollte ihn nicht aufhalten. Schließlich, nach einem Augenblick des Schweigens, grinste er breit und vielsagend.

„Und wer weiß, vielleicht begreift der Arnulf dann ja auch, dass wir Fremde hier nicht brauchen."

Oha, schluckte ich, daher wehte der Wind. Der Erste Vorsitzende trachtete danach, das Wespennest selbst zu beseitigen, wollte zum x-ten Male beweisen, wie überlegen er allen anderen Gartenfreunden und Außenstehenden war. Er war der große Meister und würde es immer sein. Hätte ich auch nur einen Hauch einer Chance gesehen, diesen Mann von seinem unsinnigen und nicht gerade ungefährlichen Ansinnen abbringen zu können, ich hätte mich auf ein Gespräch eingelassen, so aber schwieg ich und hoffte, der Erste Vorsitzende würde mich nun doch endlich an mein Ziel bringen.

„Können wir dann?", fragte er plötzlich.

„Aber immer."

Was nun folgte, war ein 20-minütiger Exkurs. Auf dem Stundenplan standen: Pflanzenkunde, die allgemeine Geschichte des Kleingartenwesens, die Geschichte dieses Kleingartens, die Umstände seiner Wahl und die überaus günstigen Auswirkungen seiner Amtsführung für die Siedlung. Und irgendwie wurde ich das Gefühl nicht los, dass er mich absichtlich nicht auf direktem Weg zu der Parzelle der Arnulfs führte. Doch schließlich, nachdem er mir von all den Widrigkeiten erzählt hatte, die sich während seiner dritten Wiederwahl ereignet hatten, blieb er plötzlich vollkommen unvermittelt vor einem brusthohen Gartentor stehen und machte eine ausladende Geste.

„Da sind wir. Hier haben die Arnulfs ihren Garten."

Ich bedankte mich artig, zwängte mich an seinem Bauch vorbei, öffnete das Tor und huschte hindurch. Insgeheim hatte ich angenommen, er würde durch mein Vorpreschen erkennen, dass ich auf seinen weiteren Beistand verzichten wollte. Eine vollkommen naive Annahme, wie ich umgehend feststellen durfte. Vielleicht hatte er meine Absicht geahnt, vielleicht war es einfach nur seine Art, jedenfalls war er mir äußerst dicht auf den Fersen und dachte gar nicht daran, mich ziehen zu lassen.

„Ralf!", machte er sich lautstark bemerkbar, „Ralf, der Kammerjäger ist da.

„Na klasse", rief eine ziemlich junge Stimme, „kommt rein, ich bin hier hinten auf der Veranda."

Der Erste Vorsitzende wies mit vorgestrecktem Kinn den Weg. Die Gartenlaube lag keine zwei Meter von dem Tor entfernt, doch der schmale Plattenweg, der uns zu der Veranda der Laube führen sollte, wandte sich in unzähligen Kurven um die Rasenflächen, Büsche und kleineren Hecken. Endlich hatten wir die Veranda erreicht. Herr Arnulf lehnte lässig an einem der Stützbalken des Vordachs. Was mich überraschte: Der Gartenfreund war vielleicht gerade mal Mitte 20, eher jünger. Bis zu diesem Augenblick glaubte ich immer, Laubenbesitzer würden sich allesamt aus älteren Menschen rekrutieren. Doch nicht nur in Bezug auf das Alter hatte ich mich geirrt, auch was die vorherrschende Kleiderordnung anging, musste ich meine Meinung revidieren. Herr Arnulf trug Turnschuhe, Jeans und ein rotes Poloshirt. Einzig die Laube erfüllte meine Erwartungen. Durch die weit geöffnete Eingangstüre konnte ich die typisch altdeutschen und aus den Beständen heimischer Stuben ausrangierten Möbel erkennen. Selbst eine Tischdecke aus Plastik fehlte nicht. Auf dem Weg zum Gartenhäuschen hatte ich schon gesehen, dass Herr Arnulf die Bereiche hinter und neben der Hütte, die vom Garten her nicht einsehbar waren, als Abstellflächen für Gartengeräte, Bauhölzer und ausrangierte Gartenmöbel nutzte. Eine grüne Regentonne, die ihre besten Jahre schon weit hinter sich gelassen hatte, die irgendjemand mal aufgestellt hatte, verhinderte ein Abrutschen des Sammelsuriums auf die angrenzende Rasenfläche. Dem Ersten Vorsitzenden missfiel dieser Bereich des Gartens deutlich, wie ich aus seinem Blick schließen konnte. Zugegeben, sehr ordentlich sah es nicht aus, doch um den Blick der anderen Gartenfreunde nicht all zu sehr zu trüben, hatte Herr Arnulf eine grüne Plastikplane locker über die Halde geworfen.

„Na", preschte der Erste Vorsitzende vor, ohne mich auch nur im Geringsten zu beachten, „wo hast du denn deine Wespen?"

„Hinter dem Haus, die fliegen unter der Regenrinne ein. Und wenn es im Haus ruhig ist, dann kann ich sie sogar hören", Herr Arnulf machte eine kurze Pause, sah zu mir herüber und lächelte gequält. „Ja, so ist er, unser Erster Vorsitzender. Immer voller Tatendrang. Aber Sie haben ihn ja kennengelernt."

Er stieß sich von seinem Balken ab und kam mit ausgestreckter Hand auf mich zu.

„Sie müssen Herr Lieving sein?"

Ich lächelte und gab ihm die Hand.

„Ja, ich bin Herr Lieving. Und ja, ich habe ihn schon kennengelernt", aus dem Augenwinkel heraus konnte ich die angesäuerte Miene des Ersten Vorsitzenden sehen, „er war so freundlich, mir den Weg zu zeigen. Ohne ihn stünde ich gewiss noch immer am Tor."

Der Erste Vorsitzende wusste nicht, was er von meinem Lob zu halten hatte. Ich hätte es ihm erklären können. Um des lieben Gartenfriedens willen, schwieg ich jedoch. Der von mir Gelobte nutzte diesen Augenblick, um sich erneut an mir vorbei und somit auch wieder in den Vordergrund zu drängen. Er ging auf den jungen Mann zu, legte ihm seinen rechten Arm mit väterlicher Fürsorge um die Schulter, berührte mit seiner linken Hand leicht den Arm seines Schutzbefohlenen, um ihn schließlich in einem festen Klammergriff zu halten. Herr Arnulf verzog sein Gesicht.

„Also, mein lieber Ralf", leitete er die süffisant formulierte Zurechtweisung ein, „warum du einen Kammerjäger gerufen hast – ich weiß es nicht. Ich meine, es sind doch nur Wespen, und zuerst gucken wir doch hier immer erst selbst, ob wir ein Problem nicht lösen können, bevor wir einen Fremden rufen."

„Mein lieber Ludwig", erwiderte Herr Arnulf, „die Wespen da hinter dem Haus sind keine Kleinigkeit, die sind verdammt munter. Und schon bei der kleinsten Erregung kommen die aus ihrem Loch unter der Rinne geschossen und fliegen auf einen zu. Ich habe es selbst erlebt."

Der liebe Ludwig grinste breit, warf mir einen abschätzigen Blick zu, so als wollte er sagen: „Deine Minuten sind gezählt, geh schon mal zurück zum Tor und warte da auf mich." Dann löste er seine Umarmung und den festen Griff, verschränkte seine Arme vor dem Bauch und wippte sacht auf und ab.

„Ralf, erzähl mir nichts über Wespen, da kenn ich mich aus. Das Geld für den Mann hier kannst du dir sparen", er wandte sich flüchtig an mich, „nichts für ungut, aber ich denke, wir brauchen Sie hier nicht."

Er drehte sich außergewöhnlich geschmeidig herum und schlenderte langsam über den Rasen auf die Veranda zu.

„Ich gehe mir mal das Nest angucken. Sehen wir mal, was die Tierchen so treiben", flötete er siegessicher, „und anschließend mache ich das weg und gut ist …"

Hilfe suchend schaute mich Herr Arnulf an. Ich schwieg und hob unschuldig die Schultern. Was hätte ich diesem Selbstbewusstsein schon entgegensetzen können? Nichts. Richtig, also hüllte ich mich in Schweigen und wartete ab. Der Erste Vorsitzende kam zu uns zurück und fixierte mich mit seinen kleinen Augen. Ich zog die Augenbrauen hoch und sagte:

„Gut, die Wespen gehören Ihnen."

Herr Arnulf warf mir einen fragenden Blick zu. Er schluckte heftig.

„Ich weiß", kleidete ich seine Frage in Worte, „wann ich das Feld räumen muss!"

Der Erste Vorsitzende grinste breit. Seine kleinen, feisten Augen leuchteten triumphierend.

„Was ich gesagt habe – wir brauchen hier niemanden", seine Stimme überschlug sich, „ich geh dann mal meine Sachen holen. In fünf Minuten bin ich wieder zurück."

Sprach's, stürmte quer über die Wiese und schließlich zum Tor hinaus. Herr Arnulf schaute mich peinlich berührt an.

„Es tut mir sehr leid, ich hatte ja gehofft, Sie wären den Fängen des Ersten Vorsitzenden entgangen. Ich hatte ihm extra nichts von Ihrem Kommen erzählt, aber irgendwie muss er es doch mitbekommen haben."

„Machen Sie sich mal keine Gedanken. Ich bin Ihnen ja nicht gram."

Herr Arnulf schüttelte den Kopf.

„Nein, es ist mir sehr peinlich, wie sich der Herr Kramer hier aufgespielt hat."

„Kramer?"

„Ja", erläuterte Herr Arnulf, „wir nennen ihn den Chef oder den König vom Kleingartenverein."

Wir begaben uns auf die Veranda zu und setzten uns an einen Gartentisch.

„Alles will er machen, alles will er entscheiden, alles will er bestimmen – ob er davon Ahnung hat oder nicht."

„Solche Menschen gibt es überall. Und solange sie keinen Schaden anrichten, geht es doch noch."

Herr Arnulf lachte laut auf.

„Keinen Schaden? Erst letzten Monat hat er unser Vereinshaus unter Wasser gesetzt."

Ich schmunzelte.

„Nein? Was war passiert?"

„Er hat die Heizung repariert. Im Grunde war es eine Kleinigkeit, lediglich die Ventile mussten gewechselt werden. Das Angebot vom Installateur war ihm zu teuer. Und so hat er sich dann selbst ans Werk gemacht."

„Hat aber nicht geklappt", folgerte ich.

„Richtig. Bis zum Ausbau der alten Ventile ging ja noch alles gut, das Anschrauben der neuen Ventile klappte auch noch. Als er dann jedoch die Heizung wieder aufdrehte, verwandelte sich diese in einen einzigen Springbrunnen."

„Was hatte er vergessen?"

„Die Dichtungen. 20 Leute haben geschlagene zwei Tage gebraucht, das Wasser aus dem Haus und dem Zwischenboden wieder abzupumpen. Wir haben dann fast drei Wochen lang Heizlüfter zum Trocknen aufgestellt. Anschließend konnten wir die Wände und den Boden restaurieren. Aber glauben Sie, er hätte sich diesen Schuh angezogen? Nee, den eigentlichen Fehler hatte er rasch gefunden. Es lag am Material und an einer fehlerhaften Beschreibung."

„Er ist eben ein ganzer Kerl, ein Macher!"

Herr Arnulf verdrehte seine Augen.

„Kann ja sein", meinte er niedergeschlagen, „aber ich befürchte, wenn er gleich an die Wespen geht, wird es zu einer noch größeren Katastrophe kommen."

Ich grinste still in mich hinein.

„Na, er hat doch ziemlich viel Erfahrung mit Wespen, hat er zumindest gesagt."

Herr Arnulf sackte unter meinen Worten merklich in seinem Stuhl zusammen. Er warf mir einen flehentlichen Blick zu.

„Sie müssen ihn aufhalten!"

„Würde ich ja gerne tun, aber Sie kennen ihn doch. Glauben Sie ernsthaft, er würde sich von mir umstimmen oder gar aufhalten lassen?"

Herr Arnulf schüttelte verneinend den Kopf.

„Na sehen Sie", fuhr ich fort, „er muss die Erfahrung selbst machen, muss sein Unvermögen selbst erfahren und, wenn möglich, selbst begreifen. Da kann ihm niemand helfen. Ich weiß, dass er hier scheitern wird. Er wird die Auseinandersetzung mit den Wespen verlieren. Er wird zahlreiche Stiche davontragen, er wird sich zurückziehen und seine Wunden lecken. Aber umstimmen kann ihn niemand."

„Sie haben wohl recht", seufzte Herr Arnulf, er schaute mich nachdenklich an, seine Stirne lag in Falten, „und wenn er gescheitert ist, werden Sie mir dann helfen?"

„Natürlich!"

Wie auf ein geheimes Stichwort hin erschien Herr Kramer wieder vor der Veranda. Unwillkürlich warf ich einen Blick auf meine Uhr. Knapp sechs Minuten. Gute Zeit. Keuchend blieb er vor uns stehen. Über sein Unterhemd hatte er einen blauen Rollkragenpullover gezogen, in seiner linken Hand hielt er eine Sprühflasche, Inhalt und Hersteller waren mir wohl bekannt, und in der anderen Hand hielt er eine durchsichtige Plastiktüte und ein paar Arbeitshandschuhe. Pullover, Handschuhe und Sprühflasche konnte ich in ihrem kommenden Verwendungszweck zuordnen, einzig die Plastiktüte gab mir Rätsel auf.

„So", jubelte Herr Kramer, „dann wollen wir mal ans Werk."

„Willst du wirklich da ran, Ludwig?", fragte Herr Arnulf, er warf einen abschätzigen Blick auf die Ausrüstung des Ersten Vorsitzenden.

„Ralf", ereiferte sich der Erste Vorsitzende, „glaubst du eigentlich, das wäre mein erstes Wespennest. Pah, mindestens zwei Dutzend sind mir während meiner letzten Amtszeit zum Opfer gefallen. Habe sie alle abgenommen und in die Tonne gehauen."

Er machte eine kurze Verschnaufpause, starrte mich dabei herausfordernd an und fuhr dann unbeirrt fort.

„Und bei dir liegt der Fall ja ganz anders. Die anderen Nester hingen frei, waren viel gefährlicher, die Wespen hätten mich zu jeder Zeit von allen Seiten angreifen können. Dein Nest ist dagegen ist das reinste Kinderspiel."

„Ach", seufzte Herr Arnulf.

Seine Zweifel hatten sich zu einem Berg aufgetürmt. Deutlich beobachtete er mein Missfallen über das gerade Gehörte. Hilfe suchend wandte er sich an mich.

„Stimmen Sie dem zu?"

„Möchte denn der Herr Kramer meine Meinung hören?"

„Ach was!", schimpfte der erste Vorsitzende. „Wenn ich nicht bald anfange, werden die Tiere schon lange an Altersschwäche gestorben sein."

Voller Tatendrang schob er den Rollkragen seines Pullovers über die Doppelkinnspitze, streifte sich die Handschuhe über und ergriff sodann die Plastiktüte. Nun also würde ich den Sinn des Mitbringsels erkennen können. Ich staunte nicht schlecht, als er sich diese über den Kopf bis hin zu den Schultern zog. In seinem Aufzug sah er durchaus beeindruckend aus. Tolles Equipment. Unter der durchscheinenden Tüte wirkte sein runder Kopf noch mächtiger, noch feister. Möglicherweise wollte er die Tiere ja zu Tode erschrecken. Ich spürte einen sanften Stoß in die Seite.

„Wozu hat er die Tüte auf dem Kopf?", wollte Herr Arnulf von mir wissen.

„Er will später von den anderen Wespen nicht erkannt werden", antwortete ich beiläufig, „darum auch die Handschuhe."

„Ach so."

„Vielleicht", ergänzte ich meine Erläuterung, „hofft er aber auch, so den Stichen der Wespen entgehen zu können."

„Und das geht?"

Ich schüttelte den Kopf.

„Natürlich nicht. Es könnte ihm sogar passieren, dass die Wespen ihn so viel schneller und gezielter finden. Er schwitzt ja doch ganz erheblich unter der Tüte. Und das riechen die Wespen, ist wie ein Leuchtturm. Na ja, warten wir mal ab."

Herr Kramer überhörte meine Bemerkungen geflissentlich, nahm seine Sprühflasche in die Hand, prüfte noch einmal den Sitz seiner Handschuhe, sowie der Plastiktüte und machte sich auf den Weg. Sein Atem ging keuchend und schon nach einigen Schritten hielt er an. Herr Arnulf schaute ihm besorgt nach. Jetzt bog der Erste Vorsitzende in den schmalen Gang ein, der zwischen der Laube und dem Zaun des Nachbarn lag. Dieser war ungefähr vier Meter lang und würde ihn direkt zu der Ecke der Hütte geleiten, an welcher sich die Regenrinne und die Wespen befanden. Ich machte zwei Schritte zurück, Herr Arnulf folgte mir. Und während sich dieser weiter in Sicherheit brachte, versuchte ich lediglich einen besseren Standpunkt zu finden, um uneingeschränkt auf das folgende Desaster schauen zu können. Geradezu langsam pirschte sich der Herr Kramer unter Ausnutzung jeder sich bietenden Deckung an den Ort der Entscheidung heran. Von meiner Position aus konnte ich erkennen, dass die Wespen ihren Widersacher wohl schon entdeckt hatten. Einige der Torwächter kamen unter der Regenrinne hervor und krabbelten aufgeregt auf und ab. Es konnte nun nicht mehr lange dauern und ihre Geduld würde ein jähes Ende finden. Gleich würden sie Alarm schlagen, lange konnte es nicht mehr dauern. Schon flogen die ersten Arbeiterinnen um seinen Kopf herum, zum einen handelte es sich hierbei um Heimkehrerinnen, zum anderen aber auch um erste Wespen von der Oberfläche und dem Inneren des im Dach verborgenen Nestes. Die Situation spitzte sich zu. Der Erste Vorsitzende aber bemerkte von alledem nichts. Siegessicher pirschte er sich weiter vor. Dann machte er gleich zwei Fehler auf einmal. Zunächst griff er an die Regenrinne, um sich festzuhalten. Dies tat er mit einer seiner Gestalt angemessenen Heftigkeit. Kaum hatte er sich so Halt verschafft, da zückte er auch schon seine Sprühflasche, beobachtete ausgiebig das Flugloch und gab einen kurzen Sprühstoß seines Nervengiftes ab. Was dann, keine zwei Sekunden später, geschah, überraschte selbst mich, obgleich

ich Ähnliches schon des Öfteren erlebt hatte. Herr Arnulf war starr vor Schreck und die Wespen außer sich vor Wut. Als Herr Kramer sich an der Regenrinne festgehalten und diese somit erschüttert hatte, war es für die Torwächter genug gewesen. Sie hatten das Zeichen zum Angriff gegeben. Und diesem Aufruf waren dann so an die 200 Schwestern gefolgt. Anfänglich begnügten sie sich noch mit seinen Handschuhen. Sie bissen sich in dem lederverstärkten Stoff fest und versuchten, mit ihrem Stachel das Material zu durchdringen. Andere Wespen näherten sich derweil dem unteren Rand der Plastiktüte. Zunächst umflogen sie diesen nur, ihr unruhiger und vehementer Anflug aber verriet, dass die Wespen eine Witterung aufgenommen hatten. Augenblicke später war es geschehen. Zwei Wespen landeten nach einander auf seiner Schulter, tänzelten unruhig auf der Wolle seines Pullovers herum und verschwanden schließlich unter dem Rand der Tüte. Als Herr Kramer den ersten Stich verspürte, schlug er unwillkürlich zu. Das Insekt starb umgehend. Die zweite Wespe bewegte aufgeregt ihre Fühler hin und her. Dann folgte sie einer unsichtbaren Spur ihrer Schwester. Zielgenau stach sie dicht neben der ersten Stelle zu. Diesen Stich fühlte Herr Kramer noch weniger als den ersten, was an seiner gut gepolsterten Wange lag, nicht an der Milde der Wespe. Doch auch wenn Herr Kramer diesen Stich nicht deutlich spürte, die Wespen, die um ihn herumflogen, vernahmen die Botschaft deutlich. Sie folgten der Spur und fanden sich alsbald in großer Zahl unter der Plastiktüte ein. Gemeinsam stachen sie nun in Wangen und Nase, bald darauf aber entdeckten sie den ganzen Kopf als Betätigungsfeld für ihre nicht enden wollenden Angriffe. Dies war der Moment, als der Erste Vorsitzende – die Würde seines Amtes verlierend – sich die Plastiktüte vom Kopf riss und wild gestikulierend um sich schlug. Er wollte die Wespen abschütteln. Allerdings hatte er nicht mit der Anhänglichkeit der Tiere gerechnet. So schnell er seinen massigen Leib auch bewegte, die Wespen blieben ihm auf den Fersen. Herr Arnulf und ich blickten einer an uns vorbeihuschenden, trägen, von unzähligen Pusteln übersäten Gestalt hinterher. Herr Arnulf war sichtlich erschüttert, er wusste nicht, ob er nun helfen oder einfach nur flüchten sollte.

„Mein Gott", flüsterte Herr Arnulf, „der arme Kerl, „haben Sie sein Gesicht gesehen, haben Sie die Menge an Wespen gesehen?"

„Habe ich", sagte ich knapp, „ziemlich arg zugerichtet."

„Haben Sie denn kein Mitleid?"

„Mitleid, nein. Ich finde es schlimm, was ihm widerfahren ist, aber er tut mir nicht leid. Es ist nicht aus Versehen geschehen, sondern wegen seiner Überheblichkeit."

Langsam ging ich auf den schmalen Gang zu, der eben noch dem Ersten Vorsitzenden als Fluchtweg gedient hatte, und warf einen ersten Blick auf den entstandenen Schaden. Ein Pulk von einigen hundert Wespen stand regelrecht vor dem Einflugloch an der Ecke der Laube, dort, wo noch kurz zuvor nur vereinzelt Tiere eingeflogen waren.

„Ganz ordentlich", pfiff ich anerkennend, „wird jetzt einige Zeit dauern, bis sich die Wespen wieder beruhigt haben und ich Ihnen helfen kann."

„Wie lange?"

„Eine halbe Stunde, vielleicht auch länger."

„Und bis dahin?"

„Warten wir", sagte ich, während ich zu meinem Gastgeber zurückkehrte, „und bis dahin erzähle ich Ihnen etwas über Wespen und warum es so wichtig ist, die Tiere zu kennen und ihr Verhalten richtig einschätzen zu können."

Wir gingen zurück zu der Veranda und setzten uns wieder an den Tisch. Herr Arnulf rückte unruhig auf seinem Stuhl hin und her. Er schien sichtlich nervös. Stumm bewegten sich seine Lippen. Etwas schien ihn zu beschäftigen. Endlich rückte er mit seiner Frage heraus.

„Wie es dem Kramer jetzt geht?"

„Der wird schon wieder, Sie werden sehen, dem haben die Heizungsventile nichts ausgemacht, die Wespenstiche wird er da schon locker verkraften."

Herr Arnulf entspannte sich.

„Wir wäre es mit einem Kaffee oder einem Wasser?"

„Kaffee wäre schön", antwortete ich.

Herr Arnulf erhob sich, schluffte, noch immer tief betroffen, in die Laube und kam einige Augenblicke später mit einer weißen Kunststoffkanne heraus. Er stellte zwei Becher auf den Tisch, goss den Kaffee hinein und setzte sich wieder. Nachdenklich starrte er auf den Becher vor sich.

„Was", fragte er plötzlich, „was macht Sie eigentlich so sicher, dass dem Ersten Vorsitzenden nichts passiert ist?"

„Ich höre keine Sirenen."

„Wie bitte?"

„Sehen Sie, ich selbst reagiere allergisch auf den Stich einer Wespe, also nicht einfach mit einem Pickel über der Einstichstelle, sondern mit einer richtig heftigen allergischen Reaktion. Wäre ich so gestochen worden, hätten Sie den Notarzt rufen müssen. Hätten Sie es nicht getan, wären wir die letzte halbe Stunde in Ihrem Garten herumgelaufen und hätten uns ein nettes Plätzchen für mich ausgesucht."

Herr Arnulf schluckte heftig.

„Keine Angst", beruhigte ich ihn, „ich habe mein Notfallset immer dabei."

Ich nahm einen Schluck Kaffee, lehnte mich entspannt zurück und drehte die Tasse langsam in meiner Hand. Ich schaute Herrn Arnulf über den Becherrand hinweg an. Da warteten noch viele Fragen auf eine Antwort. Er strich sich mit beiden Händen durchs Haar. Dann beugte er sich leicht vor.

„Warum waren die Wespen so aggressiv?"

„Nun ja, er ist eben an die falschen Wespen zur falschen Zeit geraten."

„Verstehe ich nicht."

„Wie viele Arten von Wespen kennen Sie?"

Er blickte mich mit großen Augen fragend an.

„Na ja, ich kenne nur die Art, die mich nervt und immer wieder stechen will."

„Genau, und hier liegt das eigentliche Problem. Es gibt eben nicht nur diese eine Art. Es gibt unzählige Arten von Wespen. Und einige von denen zeichnen sich durch die typische gelbschwarze Zeichnung aus, was jedoch auch von einigen Fliegenarten imitiert wird."

Herr Arnulf horchte auf.

„Von den Arten, die Sie nerven und zuweilen stechen, gibt es gleich zwei: die Deutsche und die Gemeine Wespe. Sie gehören, ebenso wie die Rote Wespe und die Vespula austriaca, zur Gattung der Kurzkopfwespen. Bei den meisten anderen nestbauenden Wespen handelt es sich um Langkopfwespen; ist eine andere Gattung. Deutsche und gemeine Wespen nisten vorwiegend in höhlenartigen Räumen, als da wären alte Mäuselöcher, Holzstümpfe, Rollladenkästen oder auch Hohlräume unter Dachpfannen, Flachdächern und Blumenkübeln. Wir haben die Nester aber auch schon in der Rückenlehne eines Autos auf dem Schrottplatz gefunden. Hauptsache die Wespen finden einen Hohlraum. Die Völker dieser beiden Arten können unter günstigen Bedingungen so zwischen 7.000 bis 12.000 Tiere erreichen, bestehend aus Larven, Arbeiterinnen und Geschlechtstieren."

„Wahnsinn", pfiff Herr Arnulf anerkennend.

„Zu den anderen Wespen, die ebenfalls Nester bauen, gehören die Langkopfwespen. Ihre Völker sind jedoch nicht so groß und ihr Verhalten uns Menschen gegenüber ist deutlich zurückhaltender. Relevant für uns Menschen sind lediglich die Deutsche und die Gemeine Wespe."

Herr Arnulf warf einen verstohlenen Blick auf die rückwärtige Ecke seiner Laube. Die erbosten Wespen, die eigentlich auf ihrem Weg zurück ins Nest gewesen waren, um sich ihrer Besorgungen zu entledigen, dachten gar nicht daran, sich wieder zu beruhigen. Im Gegenteil: Hin und wieder brachen einige der Wespen aus dem Pulk aus, schossen im Steilflug in den Himmel, um dann im nächsten Augenblick in einem weiten Bogen die Ecke der Laube erneut anzufliegen. Fasziniert beobachtete Herr Arnulf dieses Schauspiel.

„Was machen die da?"

„Die halten Ausschau nach dem Ersten Vorsitzenden."

Herr Arnulf lachte zögerlich.

„Nicht wahr?"

Ich nippte an meinem Kaffee, bevor ich ihm antwortete.

„Na ja, vielleicht suchen die nicht unbedingt nach ihm, aber die suchen schon nach demjenigen, der für die Tat verantwortlich zeichnet. Im Augenblick suchen die nach allem, was sich als Angreifer anbietet."

Herr Arnulf rückte beharrlich an mich heran.

„Keine Angst", beunruhigte ich ihn, „bis hierher kommen die schon nicht. Nur den schmalen Gang, wo wir eben noch den Ersten Vorsitzenden flüchten sehen durften, sollte man in den nächsten Stunden nicht betreten."

„Hatte ich auch nicht vor", meinte er. „Was für Wespen habe ich da eigentlich?"

„Eine von den beiden Arten, Deutsche oder Gemeine Wespe."

„Woher wissen Sie das?", wollte Herr Arnulf wissen, „Sie haben die Tiere doch noch gar nicht gesehen."

„Wie schon gesagt, Deutsche und Gemeine Wespen nisten in Hohlräumen. Und der Hohlraum unter dem Dach erfüllt ihren Anspruch an einen möglichen Nestbereich."

Sein Gesicht hellte sich auf, ein für ihn beruhigender Gedanke schien ihm gekommen zu sein.

„Wenn ich also alle Hohlräume an meiner Laube verschließen würde, müsste ich doch eigentlich verhindern können, dass sich wieder Wespen einnisten, oder?"

Verneinend schüttelte ich den Kopf, was meinem Gegenüber jegliche Hoffnung auf eine wespenfreie Zukunft zunichte machte. Herr Arnulf ließ den Kopf hängen, er sackte auf seinem Stuhl zusammen.

„Dann werde ich also ab jetzt jedes Jahr Wespen haben?"

„Warum sollten Sie?", wollte ich von ihm wissen, wobei ich bereits ahnte, welcher Gedanke in ihm vorging. Ich wartete seine Antwort ab.

„Weil ich denke, die werden im nächsten Jahr wieder in ihr Nest gehen. Also, ich denke mal, die Königin wird doch bestimmt zurückkehren."

„Aber Herr Arnulf", entkräftete ich eine weitverbreitete Annahme, „Wespen sind doch keine Menschen, die sich über eine bezugsfertige, wenngleich stark sanierungsbedürftige Unterkunft freuen."

„Nicht?"

„Nein. Sehen Sie, in einem Nest halten sich im Laufe einer Saison, also so von März bis Oktober, ja nicht nur die erwachsenen Wespen und die Larven auf. Immer sind diese Nester auch von diversen Untermietern bewohnt. Bakterien, Pilze, Milben, Fliegen, andere Wespen und Käfer können durchaus vorkommen. Einige dieser Untermieter haften an den erwachsenen Wespen, saugen zum Beispiel deren Blutflüssigkeit, andere ernähren sich von den Ausscheidungen der Wespen und wieder andere ernähren sich von den Larven. Und als die Wespen ihre ersten Nester anlegten, gab es lediglich natürliche Höhlungen, eben Mäuselöcher oder Baumstümpfe. Und um diese Umgebungen gab und gibt es natürlich auch noch andere Lebewesen, die sich an der aufbereiteten Zellulose – aus der besteht ein Nest ja – gütlich tun. Hierzu würden dann Bakterien und Pilze gehören, aber auch einige Gliedertiere. Hätte es damals allerdings schon Rollladenkästen und Dächer gegeben, die selten mit solchen Parasiten in Berührung kommen, vielleicht würden sie heute ihre Nester mehrfach benutzen, aber so?"

Herr Arnulf sah mich überaus interessiert an. Sein Wissenshunger war geweckt.

„Dann müssten doch auch belebte Nester unter solchen Untermietern leiden? Macht denen das denn nichts?"

„Einem gesunden Nest nicht", ich machte eine kleine Pause, trank einen Schluck, „aber es gibt durchaus Nester, die aufgrund äußerer Umstände derart schwach sind, dass sie diesen Parasiten nicht dauerhaft widerstehen können. Diese Nester krebsen so am Rande der Existenz. Und genau aus diesem Grund, damit eine Kolonie nicht von vornherein zum Scheitern verurteilt ist, benutzt eine Königin eine Nestanlage nicht zweimal."

„Ach."

„Ja, da die Nester ja im Spätherbst, spätestens im Winter absterben, also keine Arbeiterinnen mehr unter normalen Bedingungen vorhanden sind, ist ja auch niemand mehr anwesend, der die Nestanlage pflegen könnte. Würde also eine Königin im nächsten Jahr ein altes Nest wieder benutzen, liefe sie durchaus Gefahr, ihre Eier in ein Nest voller Parasiten und anderer Zersetzer zu legen. Und da sie in den ersten Wochen ja völlig auf sich alleine gestellt ist, könnte sie hier auch keinen ausreichenden Schutz gegen diese Einflüsse bieten. Deshalb baut sie jedes Jahr an einer anderen Stelle ein neues Nest."

„Mein Gott", ließ er seiner Bewunderung freien Lauf, „was für eine Arbeit. Und ich lass die Tiere umbringen. All die Mühen eines Jahres umsonst."

„Nun, Deutsche und Gemeine Wespe gehören nicht zu den gefährdeten Arten und sie sind nicht gerade sehr umgänglich. Gerade in Ihrer Laube könnten die Ihnen noch einige Probleme bereiten. Wahrscheinlich wären die in den nächsten Wochen durchgebrochen, hätten sich dann in den Innenraum ausgebreitet. Aber, es ehrt Sie, dass Sie sich solche Gedanken machen. Letztlich ist jedes Leben schützenswert."

Herr Arnulf schaute bestürzt, anscheinend plagte ihn sein schlechtes Gewissen. Ich lächelte ihn an, verständnisvoll und aufbauend.

„Herr Arnulf, machen Sie sich keine Gedanken. Wissen Sie, ich töte Wespen, also Deutsche und Gemeine Wespe, nur dann ab, wenn ich selbst eine Gefahr oder eine starke Beeinträchtigung für das menschliche Leben erkenne. Und in Ihrem Fall sehe ich diese."

Er holte tief Luft.

„Zumindest", meinte er bedrückt, „sollte mir die Attacke auf den Ersten Vorsitzenden als ausreichender Grund dienen."

Ich nippte zustimmend an meinem mittlerweile kalten Kaffee. Auch Herr Arnulf nahm einen Schluck aus seiner Tasse.

„Sie sagten eben, es wäre wichtig, die verschiedenen Arten zu kennen und, dass sich der Kramer zur falschen Zeit dem falschen Nest genähert hätte? Was meinten Sie damit?"

„Es ist so: Zu Beginn des Jahres sind die ersten Nester, die wir bemerken, die der Mittleren und der Sächsischen Wespen, vielleicht auch noch der Gallischen Feldwespe. Deutsche und Gemeine Wespe, die eigentlichen Protagonisten jedes Sommers, halten sich während dieser Zeit noch dezent zurück. Tja, diese ersten Wespenarten bauen auch freihängende Nester. Stören würden diese Wespen uns nicht. Diese Arten sind sogar recht umgänglich. Und aus diesem Grunde dürfen diese Arten auch nicht ohne einen zwingenden Grund abgetötet werden. Deutlich anders sieht es bei der Deutschen und der Gemeinen Wespe aus. Zu Beginn des Jahres treten diese noch kaum in Erscheinung. Ihre Hochzeit beginnt erst im letzten Abschnitt des Sommers, bestimmt aber mit der Reifezeit der Früchte."

„Die Pflaumenkuchenzeit", bemerkte Herr Arnulf.

„Richtig", bestätigte ich seine Annahme, „doch noch etwas anderes geschieht in dieser Zeit. Die Kolonien der Deutschen und der Gemeinen Wespe gehen, obgleich sie sich nun auf dem Höhepunkt ihrer Entwicklung befinden, ihrem Ende entgegen."

„Und warum das?"

„Tja, Sinn und Zweck des Lebens der Wespen ist, eine zunächst ausreichend große Zahl an Arbeiterinnen hervorzubringen, die dann gegen Ende der Saison ihrer wichtigsten Aufgabe nachkommen können, der Aufzucht von neuen Königinnen und Männchen. Zu diesem Zeitpunkt erreicht die Anzahl der Arbeiterinnen, ihre individuelle Lebensspanne und Körpergröße ihren Höhepunkt. Und da die Zahl der hungrigen Mäuler im Nest ebenso immens ist, dürfen sich die Arbeiterinnen keinerlei Verzicht mehr leisten. Nun kommt eine nächste Eigenart der Wespen hinzu. Die Larven werden mit Fleisch gefüttert, während die erwachsenen Tiere lediglich zuckerhaltige Nahrung zu sich nehmen."

„Verstehe", warf Herr Arnulf ein, „doch warum gibt es nun einen falschen Zeitpunkt? Ich meine, angreifen würden die doch immer?"

„Im Prinzip schon, doch zu Beginn der Saison sind die Deutsche und Gemeine Wespe sehr mit sich selbst beschäftigt. Liegt eben an der noch geringen Anzahl der flugfähigen Wespen im Verhältnis zu den Larven. Die erwachsenen Wespen haben noch keine Zeit, sich um uns zu kümmern. Erkennen können Sie das an den Auslagen der Bäckereien. Bis Juni, teilweise sogar bis Juli, sehen Sie dort keine einzige Wespe auf den Teilchen sitzen. Zu dieser Jahreszeit können Sie auch noch ungestört im Biergarten sitzen. Doch schon einige Wochen später, sind Vertreter dieser beiden Arten fast überall und in Massen. Nun hat sich auch das Mengenverhältnis zwischen Arbeiterinnen und Larven geändert, es gibt mehr Arbeiterinnen, die kräftiger sind und länger leben. Nun haben allerdings die Kolonien eine Größe erreicht, die die Arbeiterinnen zwingt, jegliche Nahrung heranzuschaffen, derer sie habhaft werden können. Und damit sie dies können, müssen sie fliegen. Dafür brauchen sie jedoch sehr viel Energie. Und diese ist im Zucker gespeichert."

„Und der", ergänzte Herr Arnulf, „liegt als Kuchen auf meinem Teller."

„Genau so", bestätigte ich seine Feststellung, „und neben ihrem Grill liegt das Fleisch für die Larven."

Herr Arnulf drehte sich leicht herum, warf einen flüchtigen Blick in den Gang. Stirnrunzelnd schaute er dann wieder in meine Richtung.

„Ich verstehe ja, dass die Wespen einen ziemlichen Stress haben, verstehe auch, dass die dringend Nahrung brauchen, aber warum müssen die dann so nerven?"

Ich lachte verhalten.

„Nun, Sie werden durch ihr eigenes Verhalten zum unmittelbaren Nahrungskonkurrenten. Wenn eine Wespe auf Ihren Kuchen fliegt oder Sie umkreist, was machen Sie dann? Sie wehren sie ab. Sie beanspruchen die Nahrung für sich. Aber diesen Verzicht kann sie sich eben nicht leisten. Dies ist natürlich nicht der alleinige Grund für einen möglichen Stich, trotzdem ist er ganz wesentlich."

Herr Arnulf erhob sich langsam und machte einige Schritte bis an den Rand seiner Veranda. Einen Augenblick lang betrachtete er schweigend seinen Garten. Dann drehte er sich zu mir herum und fragte:

„Ich würde ja schon gerne wissen, warum es der Kramer sonst immer geschafft hat, die Nester abzunehmen oder abzutöten?"

Ich erhob mich ebenfalls und gesellte mich langsam zu ihm.

„Die anderen Male ist er an Nester der harmloseren Arten geraten. Erinnern Sie sich, er sprach von freihängenden Nestern."

„Stimmt, er meinte noch, die wären viel gefährlicher gewesen, da die Wespen ja aus jeder Richtung und zu jeder Zeit hätten angreifen können."

„Deshalb konnte es sich nicht um Deutsche oder Gemeine Wespen handeln. Und da er dies nicht weiß, auch nicht wissen konnte, da er die einzelnen Arten nicht unterscheiden kann und dementsprechend das Verhalten nicht einschätzen kann, geriet er heute an das falsche Nest. Und: Er näherte sich diesem Nest auch zum falschen Zeitpunkt."

„Da die Nester jetzt ihren Höhepunkt erreicht haben", folgerte Herr Arnulf, „dumm gelaufen!"

„Kann man so sagen."

Ich lief auf die Seite der Veranda, die den Gang begrenzte, und warf einen Blick auf die Ecke der Laube. Die Wespen hatten sich wieder einigermaßen beruhigt. Nur noch vereinzelt flogen sie um den Eingang herum, wobei sie ihren Radius recht eng gefasst hatten. Herr Arnulf beobachtete mich aufmerksam und kam vorsichtig näher.

„Und", fragte er, „hat sich die Aufregung wieder gelegt?"

„Kann man so sagen."

„Dann könnten Sie jetzt arbeiten?"

„Könnte ich."

Er verließ die Veranda, machte einige Schritte in den Gang hinein und betrachtete die Wespen eine Weile.

„Sehen ja irgendwie friedlich aus", meinte er in seinen Gedanken versunken, „wäre ja eigentlich schade um sie."

„Wäre es gewiss."

„Sind die eigentlich irgendwie nützlich?"

„Sicher", sagte ich, „sie vertilgen sehr viele Schädlinge und bestäuben Pflanzen."

Er machte kehrt und kam langsam auf mich zu.

„So richtig stören tun die mich ja nicht. Ich muss ja nicht in die Ecke."

„Hab ich gesehen", lachte ich herzlich, „und ein besseres Alibi als die Wespen können Sie ja gar nicht bekommen. Ich meine, sollte der Erste Vorsitzende zu Ihnen kommen und Sie auffordern, den Lagerplatz zu ordnen, dann könnten Sie ja immer auf die Wespen verweisen. Zumindest dieses Jahr."

„Stimmt", schmunzelte er, „und nach der Erfahrung, die er selbst mit meinen Wespen gemacht hat, wird er auch bestimmt verstehen können, dass ich mich weigere, den Kram wegzuräumen."

Ich verließ die Veranda und stellte mich neben ihn.

„Ich sehe schon, irgendwann züchten Sie die Tiere noch."

„Ist zwar jetzt blöd", sagte er, „aber jetzt brauchen Sie wirklich nicht mehr tätig werden."

„Nicht so schlimm."

„Ich bezahle Ihnen natürlich Ihren Einsatz."

„Lassen Sie mal. Ich habe heute bei Ihnen so viel Spannendes erleben dürfen, damit ist mein Einsatz schon abgegolten."

„Dann bringe ich Sie wenigstens noch zum Tor", schlug er sichtlich erleichtert vor, „dann kann ich noch mal nach dem Ersten Vorsitzenden schauen und ihn etwas trösten."

„Machen Sie das", bestärkte ich ihn in seinem Vorhaben, „und bestellen Sie dem Ersten Vorsitzenden einen schönen Gruß von mir."

Einige Minuten später, wesentlich schneller als auf meinem Hinweg, hatte wir das Haupttor wieder erreicht. Herr Arnulf bedankte sich noch einmal und entließ mich schließlich mit einem fröhlichen Lächeln.

Ein halbes Jahr nach diesem Erlebnis hörten wir erneut von Herrn Arnulf. In seinem Keller hatte er Fraßspuren entdeckt, hinter denen er Mäuse oder sogar Ratten vermutete. Bei dieser Gelegenheit erfuhr ich, dass Herr Kramer sich sehr rasch wieder erholt hatte, jedoch all seine Ämter aus Enttäuschung über sein Unvermögen und seine Blamage niedergelegt hatte und sich nun ausschließlich seinen Pflanzen widmete.

Und immer fehlt die dritte Hand

Zuweilen kommt es meiner lieben Frau in den Sinn, mich zu einem meiner Kunden zu begleiten. Und sie tut dies nicht, um sich von meinen Qualitäten als Schädlingsbekämpfer zu überzeugen, auch nicht um mich in ihrer Eigenschaft als Chefin zu überwachen. Nur wer meine Frau und Chefin schon einmal am Telefon erlebt hat, von ihren Liveauftritten mal ganz abgesehen, kann erahnen, warum sie zuweilen den persönlichen Kontakt zu unseren Kunden sucht. Frau Sprängel, Mutter, Ehefrau und Eigentümerin eines in einem Rollladen befindlichen Wespennestes weckte das Interesse meiner lieben Frau durch ihre Leidenschaft für außergewöhnlichen Schmuck. Meine Frau schmückt sich nicht mit teurem Geschmeide. Sie bevorzugt das Außergewöhnliche als Zierde für ihre Ohren und ihren Hals: Zwergen- und Pralinenohrringe und Kolliers in der Form von Konfekt. Und Frau Sprängel stellte genau diesen Schmuck her. Die Konversation zwischen zwei oder mehreren Frauen stellt immer auch ein Mysterium dar, was hinlänglich erklärt, wie man von einem Wespennest letztlich auf die Herstellung von Schmuck kommen kann. Und es war dieser für meine Frau überraschende Verlauf des Gespräches, welcher sie dazu bewogen hatte, mich an jenem Tage zu begleiten.

Da standen wir also vor dem Haus der Familie Sprängel, meine Frau vor mir, und warteten darauf, dass uns die Türe geöffnet wurde. Schon wollte ich ein weiteres Mal auf den Klingelknopf drücken, als ich einen schemenhaften Schatten hinter dem geriffelten Glas der Haustüre wahrnahm.

„Moment noch!", rief eine weibliche Stimme durch die verschlossene Eingangstüre. „Ich mach sofort auf. Muss nur noch den Schlüssel suchen."

„Na wunderbar", murmelte ich vor mich hin.

Meine Frau warf mir einen strafenden Blick zu.

„Seit wann bist du denn so ungeduldig? So kenne ich dich gar nicht!"

„Du musst ja auch nicht das ganze Zeug im Arm halten", wagte ich den zarten Versuch einer Rechtfertigung.

„Ich bin ja auch nicht zum Arbeiten hier", machte sie mit einigen Worten meinen Versuch zunichte, „ich bin ja eher privat hier."

Ich verbot mir selbst jegliche Erwiderung, sie wäre ohnehin chancenlos gewesen. Endlich wurde die Türe geöffnet und die Hausherrin erschien lachend vor uns.

„Frau Holl?", fragte sie.

Wobei ihre Frage keine Frage, sondern eher eine Feststellung war, die dergestalt vorgetragen worden war, dass auch jeder andere Besuch, zumindest vorübergehend, den Namen meiner Frau hätte annehmen müssen.

„Und Sie sind Frau Sprängel", stellte meine Frau im Gegenzug fest, „sehr schön haben Sie es hier."

Mit dieser Bemerkung hatte meine Frau das Haus und den penibel gepflegten Vorgarten gelobt, was die Hausherrin mit einem wohligen Lächeln quittierte.

„Macht bestimmt viel Arbeit, der Garten", mutmaßte meine Frau anerkennend.

„Ach", wehrte Frau Sprängel das Lob ab, „es hält sich in Grenzen. Ich bin eigentlich gar keine gute Gärtnerin. Die meisten Pflanzen, die hier wachsen, pflegen sich eigentlich von selbst. Ich brauche fast gar nichts machen."

„Sie untertreiben", scherzte meine Frau.

„Aber nur ein wenig", gluckste die stolze Gärtnerin angesichts der unverhofften Beachtung ihrer unablässigen Bemühungen, „aber kommen Sie doch bitte erst einmal ins Haus."

Frau Sprängel trat zur Seite und gab meiner Frau den Weg frei. Heiter und beschwingt erklomm diese die Stufe vor der Haustüre und verschwand alsbald mit der Hausherrin in den mir verborgenen Gefilden des Gebäudes. Verzweifelt, weil unbeachtet und vergessen, blieb ich schwer beladen vor dem Hause stehen. Ich schaute den Damen nach, hörte ihre Stimmen und sah sie durch eine weitere Türe entschwinden. Einen Augenblick lang überlegte ich, ob ich den beiden Frauen einfach folgen sollte? Diesen Gedanken verwarf ich jedoch sofort wieder, da ich ja scheinbar noch nicht gar vor dem Haus meiner Kundin angekommen war. Nein, die beiden Frauen waren sich auf Anhieb sympathisch und sie würden sich sehr viel zu erzählen haben, was gewiss sehr viel Zeit in Anspruch nehmen würde. Schließlich, viele Stunden später, würden sie alles besprochen haben, würde meine Frau das ganze Haus erkundet, würde den Schmuck bewundert und die Anlage des Gartens noch einmal gelobt haben. Anschließend würde sie das Grundstück wieder verlassen und mich, noch immer an der untersten Stufe stehend, schlichtweg vergessen haben. Und selbst wenn Frau Sprängel einige Tage später, weil sie sich wieder einmal ihrem Garten widmete, auf mich stoßen sollte, könnte sie mich nicht retten, weil ich ihr niemals vorgestellt worden war und sie daher auch nicht wüsste, an wen sie mich zurücksenden sollte. Ich musste handeln. Ich machte einen Schritt nach vorne, beugte mich leicht vor und erreichte mit der Nasenspitze den Klingelknopf. Zu meinem Leidwesen lag dieser in einer deutlichen Vertiefung, was dazu führte, dass ich mir mein Kinn auf dem harten und rauen Fassadenputz leidlich aufschlug. Der brennende Schmerz hielt sich in Grenzen und trat völlig in den Hintergrund, als ich den hellen Dreiklang der Türglocke vernahm. Geradezu euphorisch bemerkte ich, dass das Gespräch der beiden Damen für kurze Zeit ins Stocken geriet. Ich atmete tief durch. Meine Rettung stand unmittelbar bevor. Doch kaum hatte sich dieser Silberstreif am Horizont gezeigt, da verschwand er auch schon wieder – die Damen hatten ihre Unterhaltung wieder aufgenommen. Gerade schickte sich Frau Sprängel an, ihre Gastfreundschaft noch auf weitere Besucher auszudehnen, als ich die Stimme meiner Frau in der Ferne vernahm.

„Das ist nur mein Mann. Ist wohl verloren gegangen."

„Ach", hörte ich die Stimme meiner vermeintlichen Gastgeberin, „der Mann für die Wespen."

„Genau."

„Sollte ich ihn nicht hineinbitten?"

Die Frau hatte Format und wusste um ihre Pflichten als Hausherrin. Ich lächelte anerkennend. Doch meine liebe, stets fürsorgliche Frau torpedierte diesen Rettungsversuch mit der Zielsicherheit des Kommandanten eines U-Bootes.

„Ach, lassen Sie nur, der findet uns schon", Treffer! Hoffnung versenkt.

Ein Gefühl, und es war nicht gerade von Zuneigung genährt, bahnte sich in mir seinen Weg und erfüllte mich mit einem deutlichen Groll. Ich war sauer, sehr sauer. Beherzt übertrat ich die Schwelle des Hauses, fest entschlossen, mein Schicksal nun selbst in die Hand zu nehmen. Die beiden Damen zu finden, bereitete mir keine größeren Schwierigkeiten. Ihre fortgesetzte, durch meine Eigeninitiative kaum gestörte Konversation leitete mich wie ein Leuchtturm in der Nacht.

„Guten Tag", sagte ich, ohne eine Spur meiner sonst vorherrschenden Freundlichkeit, „ich komme wegen der Wespen."

„Wissen wir doch", unterband meine Frau jede weitere Unmutsbezeugung meinerseits, „und ich habe Frau Sprängel schon gesagt, dass sie sich keine Sorgen machen muss, weil es kaum einen besseren Schädlingsbekämpfer gibt als dich."

„Hat sie wirklich", unterstrich Frau Sprängel die Aussage meiner Frau.

Toll, durchfuhr es mich, die beiden Frauen waren ein eingespieltes Team, gegen diese Übermacht würde ich keine Chance haben. Den Rest meines Grolls, den ich mir noch bewahrt hatte, schluckte ich tapfer hinunter. Vielleicht konnte ich ihn ja zu einem späteren Zeitpunkt noch verwenden.

„Wo genau haben Sie denn das Nest?", erkundigte ich mich und wunderte mich gleichzeitig über meinen Vorwitz.

„Im Kinderzimmer", meinte Frau Sprängel, sie warf mir einen aufmunternden Blick zu und wies mit der Kinnspitze und einem leichten Augenaufschlag in Richtung des oberen Stockwerkes. „Kommen Sie, ich zeige es Ihnen mal eben."

Noch bevor ich etwas hätte erwidern können, ergriff meine Frau Wort und Zepter.

„Sehr schön, dann kann mein Mann ja gleich anfangen", sie hielt inne, schenkte mir ein Lächeln, „dann bist du auch beschäftigt, während Frau Sprängel und ich uns den Schmuck anschauen." Sie drehte sich ihrer Gastgeberin zu: „Ist ja für einen Mann auch nicht so interessant."

Die Aufgaben waren verteilt. Frau Sprängel nickte meiner Frau zu, sie hatte verstanden. Je schneller ich mich am Ort meiner Aufgabe einfinden würde, desto rascher würden sich die beiden Damen ungestört ihren Angelegenheiten widmen können. Also stürmten sie von dannen. Gemächlich trottete ich, noch immer durch meine Utensilien behindert, hinter den Frauen her, erklomm Stufe um Stufe der leicht geschwungenen Treppe in den oberen Stock hinauf. Kaum eine Minute später fanden wir uns gemeinsam im Kinderzimmer ein. Und obwohl meine liebe Frau, so sie mich zu meinen Aufträgen begleitete, stets nur privat zugegen war, ließ sie es sich dennoch nicht nehmen, sich zielsicher in den Vordergrund zu drängen. Sie hielt ihre zierliche Nase zuerst an den Ort des Geschehens, auch wenn sie zur Lösung des Problems letztlich nichts beitragen würde. Sie gab den Lösungsweg vor, auch wenn sie sich an der praktischen Ausführung nicht beteiligte, und sie machte Vorgaben, die umzusetzen an mir hängen bleiben würde. Nicht, dass sie zu jenen Menschen gehörte, die sich körperlicher Arbeit grundsätzlich entzogen und nur theoretisch also rein mental arbeiteten. Nein, sie war und ist eine pragmatische Frau, keine Arbeit ist ihr zu viel. Aber wenn sie privat war, dann war sie eben privat! So stand sie also vor mir, die Nase an die Fensterscheibe gepresst. Die Wespen beobachtend und Frau Sprängel aufklärend, hatte sie kurzerhand die Regie übernommen.

„Recht großes Nest", stellte sie nüchtern fest, „und ziemlich viel Betrieb. Nicht ganz ungefährlich."

Frau Sprängel teilte die Auffassung meiner Frau, obgleich sie nicht recht wusste, wovon meine Frau eigentlich geredet hatte.

„Ich glaube", sagte Frau Sprängel, „ich habe die sogar schon gehört."

„Glaube ich Ihnen gerne", meine liebe Frau lächelte geheimnisvoll, „die sitzen bestimmt in dem Rollladenkasten."

Stumm verwies sie auf die rechte Seite des Kastens.

„Wahrscheinlich in dieser Ecke."

Frau Sprängel war beeindruckt. Meine Frau trumpfte weiter auf.

„Kann der Herr Lieving gewiss von innen machen."

„Ach", wunderte sich die Hausherrin, „ich hatte angenommen, dass er das von außen machen muss."

Meine Frau schüttelte energisch den Kopf.

„Nicht doch", verneinte die Fürsprecherin meiner Gedanken, „er könnte natürlich, aber bei dem Flugverkehr wären die Wespen ja anschließend alle hier drinnen. Nein, besser ist, er macht das von hier aus. Der Herr Lieving bohrt da ein kleines Loch in den Kasten, werden Sie anschließend kaum sehen, stopft er mit einem Papiertuch zu, macht er ganz geschickt." Sie hielt inne, warf mir ein flüchtiges Lächeln zu und fuhr dann unbeirrt fort: „Durch das kleine Loch führt er eine Kanüle ein, leitet dann das Mittel ein und schon ist Ihr Problem elegant gelöst."

Frau Sprängel schien begeistert und machte große Augen.

„Ich verstehe."

Nicht dass der Eindruck entsteht, ich hätte mich zu diesem Zeitpunkt noch nicht in der Nähe des Zimmers befunden und meine liebe Frau hätte aus diesem Grunde mein Gespräch mit meiner Kundin führen müssen. Nein, ich war anwesend, sehr körperlich und geistig, keinen Meter von den beiden Frauen entfernt. Sie wusste es, ich wusste es.

Die Situation erinnerte mich daran, wie es mir bei den Eltern meiner ersten Frau ergangen war. War ich bei ihnen zu Besuch, saß ich an ihrem Tisch, so sprachen sie mich nie direkt an, sondern immer über einen Umweg. Und dieser offenbarte sich in Form meiner ersten Frau. „Möchte der Peter noch etwas zu essen? Möchte er etwas zu trinken, möchte er dies, oder das?" Und dergestalt fragten sie auch, wenn ich ihnen fast auf dem Schoß saß. Einzige Ausnahme von dieser Regel war die Verabschiedung. Dann riefen sie heiter und gelöst: „Auf Wiedersehen, Peter!" Der Klang ihrer Stimme drückte einen Wunsch, eine Sehnsucht aus, die sich einige Jahre später auch erfüllen sollte.

„So", holte mich meine liebe Frau aus meinen Gedanken zurück, „dann lassen wir den Herrn Lieving jetzt mal alleine. Da können wir ihm ja eh nicht helfen."

„Sehe ich auch so", meinte Frau Sprängel, „und wir haben ja auch noch nicht meinen Schmuck angeschaut. Und der Kaffee und der Kuchen, den habe ich selbst gemacht habe, warten ja auch noch auf uns."

„Wie gut, dass der Herr Lieving keinen Kuchen mag", lachte meine Frau.

Kaum war dieser Satz beendet, entfernten sich die beiden Damen auch schon aus dem Zimmer. Als sie den ersten Treppenabsatz erreicht hatten, drehte sich Frau Sprängel noch einmal um und rief mir aufmunternd zu:

„Sie schaffen das!"

Ich legte meine Sachen auf dem Boden ab und lauschte noch einmal in die Stille des Flures hinein. Die beiden Frauen hatten sich tatsächlich entfernt. Kein Mucks war zu hören. Ich atmete tief durch, lief einsam und in mir ruhend auf das Fenster zu. Nun gönnte auch ich mir einen direkten Blick auf die Wespen. Sie flogen wirklich in den Rollladenkasten ein. Und sie taten es auf der Bandeinführung an der gegenüberliegenden Seite. Den schmalen Schlitz am Kasten, dort wo das Band eingeführt wurde, musste ich noch verschließen. Allerdings hing der Kasten insgesamt sehr hoch. Würde ich den Schlitz nicht verschließen, würde einerseits das Mittel in den Raum gelangen und andererseits würden sich einige Wespen in den Raum flüchten. Und diese würden sich anschließend auf mich stürzen. Mit meinen Fingerkuppen ergriff ich ein Papiertuch, stellte mich auf die Zehenspitzen, reckte mich weit über meine natürliche Länge hinaus und balancierte das Tuch behutsam in den Schlitz hinein. Nach drei Anläufen und einem leichten Krampf im Oberarm hatte ich es geschafft. Das Tuch saß dicht. Eines wurde mir jedoch klar, für weitere Arbeiten waren meine Arme zu kurz, vielleicht hing aber auch nur der Kasten zu hoch. Was ich dringend brauchte, war ein Schemel. Ich schaute mich kurz um. In diesem Zimmer befand sich nichts, was ich hätte zweckentfremden können. Gewiss, ich hätte Frau Sprängel nach einem Tritt fragen können und gewiss hätte sie mir eine solch kleine Leiter auch bringen können. Doch ich wollte mir diese Blöße nicht geben. Außerdem genoss ich die Stille des Augenblicks zu sehr, als dass ich ihn mir durch die Häme der Damen wieder hätte zunichte lassen wollen. Sollte ich dieses Opfer einer dummen Leiter wegen bringen? Nein! Während ich noch überlegte, fiel mir der Heizkörper unterhalb der Fensterbank ins Auge. Ein Hoffnungsschimmer erschien vor meinem geistigen Auge. Stabil sah er ja aus. Breit genug war er auch. Und lange würde ich ihn ja auch nicht belasten, nur ganz kurz, höchsten eine oder zwei Minuten. Ich musste ja ledig-

lich ein kleines Loch in den Kasten bohren, den Schnorchel hinein-
stecken und das Mittel einleiten. Kein Problem. Und befänden sich
die Wespen im Todeskampf, würde ich den Rüssel wieder hinaus-
ziehen, das Loch verstopfen und den Heizkörper wieder entlasten
können. Keine große Sache, weder für mich, noch für den Radiator,
noch für die Wand dahinter. Ich bückte mich, ergriff den
Akkubohrer und stellte ihn behutsam auf der Fensterbank ab.
Ebenso verfuhr ich mit der Sprühflasche. Ich tastete die Tasche meiner Weste ab und erfühlte den Schnorchel. Ich war bereit. Noch
einmal lauschte ich in die Stille des Hauses hinein, stellte erleichtert
fest, dass die beiden Frauen noch immer außer Reichweite waren
und somit keinen weiteren störenden Einfluss auf mich nehmen
konnten. Noch einmal ging ich meinen Plan durch. Ein letztes Mal
atmete ich tief durch. Geschmeidig, keineswegs zögerlich, bewegte
sich meine rechte Hand auf den hakenförmigen Fenstergriff zu.
Kraftvoll schlossen sich meine Finger um das kühle Metall. Ich
ruckte kurz an dem Griff, er bewegte sich nicht, saß fest und würde
der bevorstehenden Herausforderung gewiss widerstehen. Ich
spannte sämtliche Muskeln meines Armes, hob das linke Bein an,
so dass ich anschließend mein Knie auf den Heizkörper ablegen
konnte. So weit, so gut, überlegte ich, der Anfang war gemacht.
Leicht ging ich mit dem rechten Bein in die Hocke, beugte es einmal, zweimal und auch ein drittes Mal auf und ab. Und als ich
davon überzeugt war, genügend Schwung aufgenommen zu haben,
wagte ich den beschwerlichen Aufstieg. In dem Augenblick, als
mein Auftrieb am größten war, zog ich mich an dem Griff hoch
und kam endlich mit dem linken Knie auf dem Heizkörper zu liegen. Die schmalen Metallrippen schnitten scharf in das Fleisch des
Gelenks und führten mir vor Augen, auf welches Wagnis ich mich
da einlassen wollte. Der Hauch eines Zweifels keimte auf, hinter-
fragte kurz den Erfolg meines Unternehmens und ließ die Aussichten nicht gut erscheinen. Ein leises, aber deutliches Knacken des

Heizkörpers, vielleicht auch der Aufhängung, nährte den Zweifel weiter. Ich schaute noch einmal auf die Unterseite des Kastens, hörte das Summen der Wespen und beschloss meinen Plan nunmehr durchzuführen. Ich ergriff den Bohrer mit der freien Hand, zog mich dann langsam in die Höhe. Der Heizkörper ächzte unter der Last meines Leibes, was ich jedoch als Zeichen seiner Vitalität deutete oder deuten wollte. Als ich endlich aufrecht stand, erkannte ich, dass die Unterseite des Kastens keinen halben Meter über mir war. Nun kam der schwierige Teil. Ich ließ den Fenstergriff los, balancierte geschickt auf den schmalen Heizrippen hin und her, wechselte die Bohrmaschine von der linken in die rechte Hand und stemmte anschließend die freie Hand flach gegen den Kasten. Ich hatte mich erneut in eine stabile Position gebracht. Erleichtert atmete ich aus. Beherzt setzte ich die Spitze des Bohrers auf die Gipskartonplatte und drückte den Startknopf der Maschine. Beglückt und erleichtert betrachtete ich den sich langsam rotierenden, schwarzen Stahl, der sich unaufhörlich in den Gipskarton fraß. Euphorisch verstärkte ich den Druck, beschleunigte das Eindringen des Bohrers, bis er endlich jeglichen Widerstand überwunden hatte. Geschafft! In diesem Augenblick fühlte ich mich wie jener durchaus sympathische amerikanische Filmstar in einer unmöglichen Mission. Ein altvertrautes Geräusch unter meinen Schuhen ignorierte ich schlichtweg. Ich legte die Maschine fort und wechselte sie gegen die Sprühflasche aus. Einen kurzen Augenblick lang hielt ich inne. Mit der Sprühflasche in der Hand konnte ich den Schnorchel nicht aus meiner Tasche herausholen, geschweige denn auf die Flasche stecken. Ein schwerwiegendes logistisches Problem. Mit der linken Hand sorgte ich für die notwendige Stabilität, mit der rechten Hand würde ich arbeiten müssen. Eindeutig: Mir fehlte in diesem Moment eine dritte Hand. Gerne hätte ich jetzt nach einem Requisiteur, genauer gesagte nach einer Requisiteurin gerufen, doch die saß eine Etage tiefer bei Kaffee, Kuchen und Schmuck. Außerdem wollte ich mir nach wie vor keine Blöße geben. Und während ich noch über alternative Lösungen meines Problems nachdachte, machten sich die anderen Filmpartner, allesamt Statisten, am Rande des frisch gebohrten Loches bemerkbar. Gierig streckten sie ihre Fühler und Beine heraus. Würde ich noch länger warten, sie flögen in den Raum hinein und irgendwann fänden sie auch mich. In meiner akuten Not klemmte ich mir die Sprühflasche zwischen die Knie, betrachtete aufmerksam meine freie rechte Hand und war gleichzeitig erstaunt darüber, wie einfach und gleichzeitig genial manche Lösungen sein konnten. Ich griff in meine Westentasche und holte den Sprührüssel heraus. Meine momentane Anspannung schien sich auf den Radiator zu übertragen. Sein anfängliches Knacken wich einem deutlichen Ächzen. Ich führte die Spitze des Rüssels in das Bohrloch ein, die Fühlerträger wichen unter Protest meinem energischen Vorgehen; was sie mit einem durchaus lauten Summen bekundeten. Durch die Fensterscheibe hindurch konnte ich beobachten, dass eine beträchtliche Anzahl der im Nest lebenden Wespen ausgeflogen waren und nunmehr wie Hagelkörner gegen die Scheibe flogen. Es wurde Zeit zu handeln. Nun galt es noch, die Flasche mit dem Aufsatzstück des Rüssels zu verbinden. Wieder ergriff ich die Flasche, führte sie sanft unter das freihängende Aufsatzstück und dirigierte diesen mit einem Finger auf das Austrittsröhrchen der Flasche. Der erste Versuch scheiterte kläglich, aber erwartungsgemäß. Ebenso der zweite, dritte und vierte. Der fünfte Anlauf klappte. Ich drückte fest zu und hörte wie das Mittel in den Kasten einströmte. Exakt zwei Sekunden – 21, 22 – dann hob das Brummen und Summen der Wespen laut an, ihr Todeskampf hatte begonnen. Die Wespen vor dem Fenster, also diejenigen die flüchteten oder gerade von den Nahrungssuche zurückkehrten, standen wie eine Wand vor dem Einflugloch. Ich drückte noch einmal, kürzer als zuvor. Ich trennte den Rüssel von der Flasche und stellte sie auf der Fensterbank ab. Allmählich erstarben die Geräusche, das Nest war tot. Geschafft. Behutsam stieg ich von dem Heizkörper hinunter. Nun musste ich nur noch den Rüssel herausziehen und das Bohrloch provisorisch verschließen. Kleine Sache. Ich zog ein Papiertuch aus der Tasche, formte es zu einem kleinen Kegel und steckte es zwischen meine Zähne. Noch einmal schloss ich meine Finger um den Fenstergriff, wippte wiederum auf und ab, nutzte den Schwung und schwang mich wieder auf den Heizkörper hinauf. Doch kaum hatte ich mein Knie in gewohnter Manier auf den schmalen Spitzen abgelegt hatte, spürte ich, wie der Radiator eine deutliche Schräglage einnahm; wiederum von einem lauten Knacken begleitet. Umgehend sprang ich auf den Boden, versuchte das Rippengestell zu entlasten. Zu spät! Ein Blick auf die Schraube neben dem Ventil ließ mir das Blut in den Adern gefrieren. Ein weiterer Blick auf die Halterung in der Wand brachte den Blutfluss gänzlich zum Erliegen.

Wilde Gedanken schossen mir durch den Kopf. Schon sah ich mich auf dem Hochbett des einzigen Kindes meiner Kundin sitzen und um mein Überleben kämpfen, während die beiden Frauen eine Etage tiefer noch ahnungslos an ihrem Kaffee nippten und sich an den Schmuckstücken erfreuten, während sich über ihren Köpfen eine sintflutartige Katastrophe zusammenbraute. Und wenn erst die Zimmerdecke ihren Dienst versagen würde, dann würde mich die Flut zusammen mit dem Hochbett wie Noah auf den Trümmerberg meiner Fehleinschätzung hinunterspülen. Ich kehrte in die Realität zurück, rannte aus dem Zimmer ins naheliegende Bad und kehrte mit einer halben Rolle Toilettenpapier zurück. Ich kniete mich auf den Boden, ertastete die feuchteste Stelle und versuchte das übel riechende Wasser aufzutupfen. Ein Blick auf das stetige Rinnsal über mir führte mir die Aussichtslosigkeit meines Unterfangens vor Augen. Vielleicht, wenn ich den Heizkörper wieder in seine ursprüngliche Position bringen könnte, würde der Wasserstrahl umgehend versiegen. Auf die Halterungen und Dübel konnte ich bei diesem Versuch allerdings nicht mehr zählen. Sie hatten sich nicht nur aus der Wand entfernt, sie hatten auch einen nicht unerheblichen Teil derselben herausgelöst und in einem wilden Muster auf den Boden verteilt. Vier sorgsam und kreisrund gebohrte Dübellöcher waren vier unterschiedlich großen Kratern gewichen. Einen Versuch wagte ich. Behutsam hob ich die linke Ecke des mit Wasser gefüllten eisernen Hohlkörpers an, während meine Augen langsam zu der Schraubverbindung wanderten. Der Strahl versiegte allmählich. Ich hob den Heizkörper weiter an, das Rinnsal hatte aufgehört zu existieren. Geschafft! Dennoch, auch in diesem Augenblick meines Triumphes siegte mein Verstand über das Gefühl. Ewig konnte ich in dieser Position nicht verharren, irgendwann würde ja auch das einzige Kind des Hauses zurückkehren und sein Zimmer uneingeschränkt für sich beanspruchen. Irgendwann würde es auch mal schlafen wollen, ohne einen fremden Menschen vor dem Heizkörper zu wissen. Fieberhaft dachte ich über eine endgültige Lösung nach. Wieder ließ ich meinen Blick durch das Zimmer schweifen, bis dieser endlich auf einem Bücherregal haften blieb. Zwei gebundene Ausgaben eines britischen Zauberbuches müssten reichen. Doch wie sollte ich die fast zweieinhalb Meter zwischen den beiden Orten überwinden, ohne die Flut erneut heraufzubeschwören? Vielleicht würde sich ja der Heizkörper wieder beruhigen, sich seiner eigentlichen Bestimmung erinnern und aufhören, das kostbare Nass weiter auf dem Teppichboden zu verschwenden. Ich lockerte meinen Griff, der Radiator senkte sich einige Millimeter nach unten. Gebannt starrte ich auf die Schraubverbindung und ein erster Hoffnungsschimmer machte sich breit. Aus irgendeinem Grund schien die Verbindung zwischen Heizkörper und Kupferrohr wieder dicht zu sein. Selbstheilung. Ich atmete tief durch. Schon war ich geneigt, ihn gänzlich aus meinem fürsorglichen Griff zu entlassen, als ich eine durchaus niederschmetternde Abfolge kleiner Wassertropfen sah, die sich gemächlich entlang der Verbindungsstelle des Zuführungsrohrs schlängelten, sich unterhalb der Schraube vereinten und schließlich träge als große, schwere Tropfen zu Boden fielen. Was dieses Schauspiel für mich so erschütternd machte, war nicht das tropfende Wasser selbst, sondern die stetige und für mich unerwartete Zunahme dieser Tropfen. Immer schneller bildeten sie sich, immer rascher fielen sie zu Boden. Und schließlich meldete sich das vertraute Rinnsal wieder zurück. Erschrocken hob ich den Heizkörper an, was jedoch nicht zu einem erneuten Versiegen führte, sondern zu einer Verstärkung der Undichtigkeit. Aus dem zarten Tröpfeln wurde ein stetiges Fließen. Ich nestelte nach der Klopapierrolle, wickelte hastig einige der weichen, äußerst saugfähigen Blätter ab und presste sie mit alle Kraft um die Schraubverbindung. Sekunden später fühlte ich das Wasser durch den Papierknubbel auf meine Hand dringen. Die Leckage musste deutlich zugenommen haben. Als das Papier gänzlich getränkt war, bahnte sich das Wasser den Weg über meine Handwurzel hinweg, floss zielstrebig über die Innenseite meines Unterarmes und verschwand schließlich im Ärmel meines Hemdes. Ich schauderte innerlich, als die ersten Vorboten des nachfolgenden Flüsschens meine Schulter und letztlich meinen Rücken erreicht hatten. Vielleicht hätte ich bis zum Beginn der Heizperiode warten sollen, hätte den Heizkörper erst zu diesem Zeitpunkt aus seiner Verankerung reißen und so das Versagen seiner Dichtigkeit heraufbeschwören sollen. Dann wäre das Wasser wenigsten temperiert gewesen. Aufgrund meiner derzeitigen Haltung verweilte der nun kontinuierlich strömende Fluss nicht mehr nur an meinem Rücken, er entdeckte gerade meinen Bauch und staute sich anschließend vor meinem Hosenbund. Würde dieser Damm brechen, so war es nur noch eine Frage der Zeit, wann er meine Hosen durchquert und an meinen Schuhen vorbei doch noch den Boden erreichen würde.

Einziger Lichtblick, meine Kleidung, reine Baumwolle, würde sich auf den einzelnen Etappen zunächst gänzlich vollsaugen, bevor sie das Wasser weiterleitete. So würde ich eine durchaus beträchtliche Menge des Wassers auffangen können. Ich musste eine Entscheidung treffen. Vor allen Dingen musste ich aber über meinen eigenen Schatten springen.

„Barbara", rief ich verhalten.

Ich musste mich selbst ermahnen, meinem Rufen einen gewissen Nachdruck zu verleihen, der am Ernst meiner Notlage keinerlei Zweifeln ließ.

„Bärbel!", hob ich erneut an, „es ist dringend!"

„Was ist denn", hörte ich die zarte Stimme meiner Frau aus der Ferne antworten, „kann ich dir helfen?"

„Könntest du wirklich!"

„Soll ich mal zu dir kommen?", wollte meine liebe Frau wissen.

„Wäre schön!"

„Gut, ich komme gleich."

„Es wäre sehr nett", versuchte ich ihr die Dringlichkeit meiner Situation deutlich zu machen, „wenn du jetzt sofort kommen könntest."

Just in diesem Augenblick verspürte ich eine Abnahme des Wasserdrucks auf meinen Hosenbund, verspürte jedoch noch keinerlei Nässe an meinen Oberschenkeln. Was mich zunächst erfreute, ließ mich im nächsten Augenblick schaudern. Anscheinend hatte sich das Wasser oberhalb meines Hosenbundes einen anderen als den von mir vorausgesehenen Weg genommen. Ich senkte meine Augen und folgte der Knopfleiste meines Hemdes.

„Ist was passiert?", meldete sich meine Frau, die scheinbar noch immer recht gelassen mit der Hausherrin im Wohnzimmer beisammen saß.

Für solche Fragen hatte ich in diesem Moment keinen Kopf. In diesem Augenblick hatte ich die Ursache für den Wasserverlust oberhalb meines Hosenbundes entdeckt.

„Soll ich sofort kommen?"

Diese Frau! Hätte ich dich sonst gerufen, dachte ich, während ich den Sturzbach weiter beobachtete, der sich seinen Weg entlang der unteren Knopflöcher gebahnt hatte. In diesem Augenblick begriff ich zum ersten Mal in meinem Leben, welch ungeheure Kraft und Intelligenz hinter einem einfachen Rinnsal steckte. Kein Wunder, das Wasser ganze Gebirge formen konnte. Mein Blick folgte dem Strom, sah ihn auf den Boden vor mir fließen und einen kleinen See formen. Eine gewisse Unruhe erfasste mich. Die Bemühungen der letzten Minuten schienen vergebens.

„Es wäre durchaus hilfreich, du kämest umgehend in das Zimmer", rief ich, „denk nicht weiter darüber nach, komm einfach!"

Zu meiner Erleichterung vernahm ich keine weiteren Kommentare und Gegenfragen aus der unteren Etage. Stattdessen hörte ich die Stimmen zweier Frauen, die sich langsam, wenngleich laut unterhaltend, dem Ort des Geschehens in der ersten Etage näherten. Der Ausgelassenheit ihrer Stimmung nach schloss ich, dass die beiden Frauen von dem sie erwartenden Unglück noch nichts ahnten. Kaum einen Augenblick später betrat meine Frau gefolgt von der Hausherrin das Zimmer.

„Mein Gott!", rief sie entsetzt, „was hast du gemacht?"

„Was soll ich schon gemacht haben?", antwortete ich ein wenig gereizt und vollkommen durchnässt, „es war warm, ich suchte nach Abkühlung und fand eine gefüllte Heizung!"

„Aber", meinte die Hausherrin, noch bemüht, die Tragweite des Unglücks zu erfassen und zu verstehen, „Sie hätten doch auch duschen können."

„Liebe Frau Sprängel", versuchte ich dem Gespräch eine neue Wendung zu verleihen, „wenn Sie das Wasser in der Heizung im Keller ablassen könnten, wäre ich Ihnen sehr dankbar."

Sie starrte abwechselnd meine Frau und dann wieder mich an. Ihre aus einer Hilflosigkeit genährte Tatenlosigkeit erfüllte spürbar das Kinderzimmer. Meine liebe Frau erfasste die Situation umgehend und ergriff die Initiative.

„Frau Sprängel", sagte sie ruhig, jedoch nicht minder bestimmt, „was der Herr Lieving meint: Wir sollten uns jetzt umgehend in den Keller begeben, den Heizkessel finden und das Wasser einfach in den Gully laufen lassen, bevor hier das ganze Zimmer unter Wasser steht."

Meine liebe Frau warf mir noch einen kurzen Blick zu, der weder Bedauern noch Mitleid ausdrückte und zog die Hausherrin am Arm aus dem Zimmer. Hoffnungsvoll blickte ich den beiden Frauen nach, während sie sich langsam von mir entfernten. Da ich meine Frau kannte, in Ausnahmesituationen wurde sie zur Löwin, wusste ich, dass meine Zeit als Auffangbecken dem Ende entgegen ging. Die Gewissheit um das baldige Ende meines Missgeschickes hätte mich in eine relative Ruhe hätte versetzen können; zudem meine Frau für meine Sache kämpfen zu wissen, hätte mich eigentlich veranlassen sollen, mich trotz der noch immer fließenden Wassermassen auf dem Boden auszuruhen; doch ich wollte mich auch weiterhin an der Begrenzung des Schadens beteiligen. Erneut wandte ich mich dem Heizkörper zu, schob meine Fußspitzen langsam unter die Heizrippen und drehte den Fuß langsam um seine Längsachse, wodurch sich das metallene Ungetüm allmählich in die Waagerechte bewegte. Auf den rechten Ellenbogen aufgestützt, umfasste ich mit der linken Hand die schadhafte Stelle hinter dem Ventil und drückte mit aller Kraft zu. Das Wasser schien meine Bemühungen und meine unbequeme Lage belohnen zu wollen und ließ in seinem Drang, der Schwerkraft folgen zu wollen, merklich nach. Dann schoss mir ein Gedanke durch den Kopf. Vielleicht hatten Frau Sprängel und meine Frau es ja auch mittlerweile geschafft, das Wasser im Keller aus der Heizung abzulassen. Vorsichtig lockerte ich meinen Griff, warf einen prüfenden Blick auf das Heizungsrohr und begann innerlich zu frohlocken. Die Flut hatte ihr Ende gefunden und erging sich nunmehr lediglich in einem leichten Tröpfeln. Ich war erleichtert, ließ mich auf den Boden gleiten und genoss rudernd den nassen Teppichboden unter mir.

„Ihr seid spitze!", rief ich übertrieben laut.

Ich erhielt keine Antwort. Endlich fand ich die Muße, mich umzuschauen. Ich entspannte mich allmählich. Zu meiner Rechten schwamm ein Bilderbuch vorüber, gefolgt von einem Stoffbären und einem Spielzeugauto. Amüsiert verfolgte ich ihren Weg hin zur gegenüberliegenden Wand. Recht abschüssig dieser alte Boden, überlegte ich mir einen Augenblick. Ein aufgeweichter Pappkarton kreuzte meinen Blick, stieß sanft meinen Ellenbogen und drehte sich in der Folge einige Male um seine eigene Achse, bis er schließlich in der Ecke bei den anderen Sachen strandete. Komisch, warum nur sammelten sich die Dinge alle in dieser einen Ecke? Ich drehte mich auf den Bauch und glitt auf einem nicht unwesentlichen Wasserfilm den Gegenständen hinterher. Als ich die Ecke erreicht hatte, erkannte ich, dass das Wasser in dieser Ecke eine Höhe von rund 15 Zentimetern über dem Zimmerdurchschnitt erreicht hatte. Ich atmete erleichtert auf. Meine größte Sorge, die Wassermassen könnten sich für längere Zeit in dem Kinderzimmer einrichten, was weder dem Kind noch den Eltern Vergnügen bereitet hätte, schien sich durch eine glückliche Fügung auf wundersame Weise gelöst zu haben. Bei dem Anblick der sich aufstauenden Flüssigkeit fühlte ich mich an eine Badewanne erinnert. Auch dort sammelte sich das Wasser stets oberhalb des Abflusses, um dann endlich als wirbelnder Strom in den Tiefen eines Rohres zu verschwinden. Der sich langsam um einen nicht erkennbaren Mittelpunkt drehende Stoffbär riss mich urplötzlich aus meinen Gedanken. Da war keine Badewanne, da war auch eigentlich kein Abfluss, da dürfte also auch kein Strudel sein, kein Abfließen des Wassers stattfinden! Es dauerte nur den Bruchteil einer Sekunde, bis ich das Ausmaß meiner Beobachtungen richtig einschätzen konnte. Sofern sich also das Wasser an einer Stelle sammelte, ich mich jedoch nicht in einer Badewanne befand, das Wasser aber dennoch zu kreisen begann, so konnte dies nur eines bedeuten: Das Wasser bahnte sich genau in diesem Augenblick seinen Weg. Und dieser Weg mündete gewiss nicht in ein Abflussrohr. Ich sprang ruckartig auf und hechtete aus dem Zimmer und die Treppe hinunter. Eine Etage tiefer stürmte ich in das Schlafzimmer der Eltern, orientierte mich kurz und sah meine Ahnung bestätigt. Das Wasser bahnte sich gerade seinen Weg durch die Zimmerdecke und sammelte sich hinter der Tapete. Die sich so entwickelnde Blase schwoll unaufhörlich an. Schon schwächelte der Wandschmuck, ließ erste Tropfen auf seiner Oberfläche erkennen.

„Einen Eimer", schrie ich durch das Haus, „falsch, bringt mir eine Wanne! Und schnell."

„Was?"

Ich hätte meine Frau küssen können, sie hatte meinen Notruf gehört.

„Eine Wanne", schrie ich, „schnell!"

„Wir haben den Hahn noch nicht gefunden", antwortete meine Frau.

„Verdammt noch mal, bringt mir eine Wanne!"

Die Tapetenblase wuchs unaufhörlich.

„Die Wanne, schnell!"

Irgendwann, die Blase hatte sich zu einer wabbeligen Beule entwickelt, erschienen die beiden Frauen vor der Schlafzimmertüre. Ungläubig schauten sie sich an, bis meine Frau schließlich die gemeinsame Frage aussprach:

„Was machst du hier im Schlafzimmer?"

Ich deutete mit den Augen auf das wabernde und irgendwie schwitzig aussehende Geschwür in der oberen Ecke. Meine Frau trat näher, streckte ihren Arm aus und berührte die Beule vorsichtig. Starr vor Schreck sagte sie:

„Wir konnten das Wasser nicht ablassen, kein Wasser drin!"

„Ich weiß", flüsterte ich, „scheint sich da hinter der Tapete gesammelt zu haben."

„Aha."

Meine liebe Frau war bewundernswert tapfer. Doch auch Frau Sprängel schlug sich wacker; sie schrie nicht, sie jammerte nicht, lediglich ihr Mund klappte stumm auf und zu.

„Und jetzt?"

„Ich brauche eine Wanne", sagte ich erstaunlich ruhig, „ich brauche ein großes Gefäß, vielleicht auch viele kleine Gefäße."

„Gut."

„Aber", fügte ich hinzu, „ich brauche sie sehr schnell!"

Da war sie wieder, diese wundersame Verwandlung. Meine liebe Frau mutierte zur Löwin. Es dauerte kaum einen Augenblick, da hatte sie ihrem Schlachtplan zur Vermeidung weiterer Unglücke eine konkrete Gestalt gegeben. Hurtig verließ sie das Zimmer, huschte die Treppe hinunter und kehrte nach kurzer Zeit wieder zurück. In ihren Händen hielt sie einige Plastikeimer, die sie mir umgehend vor die Füße stellte. Ich wandte mich dem Fenster zu und öffnete es. Dann ergriff ich den ersten Eimer und hielt ihn vor den unteren Rand der Blase.

„Gut", sagte ich ihr, „ich werde jetzt die Blase anstechen, lass das Wasser in den Eimer laufen und wenn der voll ist, nimmst Du den nächsten Eimer, während ich das Wasser aus dem Fenster schütte."

Rund eine halbe Stunde lang verfuhren wir auf diese Weise, leerten Eimer um Eimer, und sahen beglückt, wie die Beule kleiner und kleiner wurde. Knapp eine Stunde später war es geschafft. Die Fluten waren gestoppt, das Wasser aus dem Schlafzimmer artgerecht entsorgt und das Wespennest beseitigt. Irgendwann würde auch das Kinderzimmer wieder trocken sein, was jedoch nicht eilte, wie Frau Sprängel erklärte, da ihr Kind im Moment eh lieber bei seinen Eltern schlief. Bevor wir uns von der Dame des Hauses verabschiedeten, gaben wir ihr noch die Anschriften unseres Anstreichers, unseres Installateurs und unserer Haftpflichtversicherung. Trotz all der widrigen Umstände, die diese erfolgreiche Bekämpfung begleitet hatten, schien sie dennoch von einem außergewöhnlichen Erfolg gesegnet zu sein; Frau Sprängel hatte nach unserem Einsatz nie mehr ein Problem mit Schadorganismen. Sie hat uns seit rund zehn Jahren nicht mehr zu sich bestellt. Und sie wird es aller Voraussicht nach auch in den nächsten zehn Jahren nicht mehr tun.

Schöne Bescherung

Recht ungehalten hatte Frau Thurmuld den Hausflur des Mehr-familienhauses in Wuppertal Elberfeld betreten. Die schweren und zum Bersten gefüllten Einkaufstüten schnitten tief in die Hand-fläche ihrer linken Hand hinein; was ihre Laune nicht gerade hob. Und der Umstand, dass sie zwischen all den Fahrrädern und Kinderwagen, die ihre lieben Nachbarn einfach hier abgestellt hatten, keinen Platz mehr für ihre Tüten fand, ließ sie arg zornig werden. Sie steckte ihren Schlüsselbund, welcher unbeeindruckt von all dem Ärger ruhig in ihrer rechten Hand baumelte, zurück in die Manteltasche. Keinen Gedanken an das Wohlergehen ihrer Schlüssel verschwendend, zog sie ihre Hand umgehend aus dem Futter ihrer Tasche heraus, wechselte zwei der Tüten in die nun freiwerdende Hand und stieß fast zeitgleich einen von Schmerzen genährten Schrei aus:

„Verdammt! Ich fasse es nicht!"

Jetzt erst bahnte sich der stechende Schmerz des eingerissenen Nagels des rechten Ringfingers den Weg in ihr Bewusstsein und sie ließ ihren Tränen freien Lauf. Sie warf die Tüten auf einen der Kinderwagen, was diesen geringfügig in die Federn drückte. An-schließend setzte sie sich auf eine der Treppenstufen, wischte sich mit dem Handrücken der lädierten Hand die letzten Tränen fort, führte den geschändeten Finger zwischen die Lippen und ließ ihre Schneidezähne das unglückliche Werk vollenden.

„So ein Scheiß!", stieß sie einen weiteren Fluch aus, „wofür gehe ich eigentlich zur Maniküre?"

Sie spie das Nagelstück aus und erhob sich wieder. Sie ging zu dem Kinderwagen hinüber und griff mit beiden Händen nach ihren

Tüten. Doch in ihrem Zorn bemerkte sie nicht, dass sie die Taschen, die sie vorne im Kinderwagen abgestellt hatte, rascher anhob als die hinteren, was nun eine nicht unerhebliche Wirkung auf die Standfestigkeit des Kinderwagens hatte. Kaum spürte sie das Gewicht der beiden ersten Tüten in ihrer Hand, da kippte das Vehikel bereits allmählich nach hinten.

„Och nee!"

Noch bevor sie sich der möglichen Folgen des folgenden Missgeschicks bewusst werden konnte, war der Kinderwagen auch schon gänzlich mitsamt den verbliebenen Einkaufstüten auf dem harten Boden aufgeschlagen. Starr vor Schreck und außer sich vor Entsetzen betrachtete sie das Malheur, verfolgte, wie sich die übrigen Lebensmittel langsam auf dem Boden verteilten. Eine einzelne Apfelsine, die sich aus einem aufgerissenen Netz befreit hatte und nun zielstrebig der Kellertreppe entgegeneilte, erforderte ihre ganze Aufmerksamkeit. Würde diese Frucht den Weg in den Keller schaffen, oder würde sie vor dem Abgrund innehalten und unbeschadet auf ihre Rettung harren? Ein Lächeln huschte über ihre Lippen. Kurzeitig fragte sie sich, warum sie sich in einer solchen Lage ernsthaft Gedanken um das Schicksal einer Apfelsine machte.

„Egal", murmelte sie leise vor sich hin, „der Tag ist eh versaut."

Sie stellte die unversehrten Tüten auf dem kalten Steinboden des Flurs ab, zog ihren Mantel aus und warf ihn auf die Treppe. Mechanisch begann sie damit, den über den Boden verstreuten Inhalt der Tüten einzusammeln. Gerade wollte sie sich um die entlaufene Apfelsine kümmern, da hörte sie eine ihr wohlvertraute Stimme rufen:

„Bist du es, Schatz? Kann ich dir helfen?"

Einen Moment lang schwankte sie zwischen einer Antwort und

einem wie auch immer gearteten Wutausbruch. Sie entschied sich für den Ausbruch. Sie bückte sie, ergriff gezielt die Apfelsine und schleuderte sie mit großer Wucht einen ganzen Treppenabsatz hinauf. Erstaunt stellte sie in der Folge fest, dass das von ihr erwartete Geräusch, weiche Apfelsine trifft auf harte Wand, ausgeblieben war, und sie stattdessen gleich zwei andere Laute über sich auf der Treppe vernahm; dumpfes Aufschlagen und entrüsteter Aufschrei. Noch ehe sie sah, wer hinter diesem veränderten Verhalten einer handelsüblichen Apfelsine steckte, gab sich die Ursache laut vernehmlich zu erkennen.

„Claudia!", schrie der gepeinigte Ehegatte, „kannst du mir mal sagen, was das soll?"

Unfähig auch nur ein verständliches Wort über ihre Lippen zu bringen, stammelte sie schließlich:

„Was hast du auch in der Flugbahn zu stehen!"

Ihr Mann hechtete die restlichen Treppenstufen herunter und baute sich vor seiner Frau auf.

„Sag mal", polterte er los, wobei sein Blick seitlich an ihr vorbei auf den umgestürzten Kinderwagen und die eilig abgestellten Einkaufstüten fiel, „wolltest du mich umbringen?"

„Mit einer Apfelsine?", lachte sie spöttisch, „wohl kaum!"

„Und warum hast du sie dann nach mir geworfen?"

„Du warst meiner Wut halt im Weg!"

„So", ereiferte er sich, „ich war also im Weg?"

„Ja", schleuderte sie ihm entgegen, „so wie du es meist bist!"

„Dann kann ich ja gehen?"

„Dann geh doch!"

„Gut!", sagte er heiser.

Mit großen Schritten, die seinem Unmut den nötigen Ausdruck verliehen, durchschritt er den Flur. Vor der Haustüre angelangt, den Türknopf schon in der Hand haltend, drehte er sich noch einmal um, schaute seiner Frau tief in die Augen und rief:

„Wenn du dir das unter einer harmonischen Vorweihnachtszeit vorstellst – na bitte!"

Er drehte sich auf dem Absatz herum, riss die Haustüre mit einem kräftigen Ruck auf und stürmte, ohne seine Frau auch nur noch eines Blickes zu würdigen, durch die geöffnete Türe hinaus auf den Gehweg. Hätte er seine Frau noch einmal angeschaut, so hätte er möglicherweise diesen leichten Anflug von Sorge bemerkt, so aber raste er geradewegs in den Weihnachtsbaum, den sie einige Minuten zuvor aus logistischen Gründen dort abgestellt hatte. Laut fluchend schlug er auf, rollte auf dem nachgiebigen Geäst unsanft zur Seite und blieb rücklings auf dem regennassen Bürgersteig liegen. Untröstlich ob des Vorfalls, konnte sich Frau Thurmuld ein wohltuendes Lachen nicht verkneifen. Indes strampelte ihr Mann wutschnaubend und noch immer auf dem Rücken liegend.

„Du willst mich umbringen, du willst deinen eigenen Mann umbringen!", seine Stimme überschlug sich.

Mühsam schluckte sie ihren letzten Lacher hinunter, befleißigte sich einer mitleidvollen Miene und versuchte ihrem Mann eine entsprechende Antwort zu geben:

„Mein lieber Mann, hätte ich geahnt, dass dein Weg in die Selbstständigkeit über meinen Tannenbaum führen würde, ich hätte ihn dir aus dem Weg geräumt."

Sie machte eine kurze Pause, ergriff ihre Tüten und ihren Mantel und wandte sich der ersten Treppenstufe zu. Sie drehte sich noch einmal ihrem gestrauchelten Ehemann zu und meinte lakonisch:

„Aber mal ehrlich, konnte ich ernsthaft damit rechnen, dass du dich nach zehn Jahren Ehe geradezu spontan und völlig unerwartet entschließen würdest, mir meine Einkäufe in die Wohnung zu tragen?"

Inzwischen hatte sich Herr Thurmuld aus dem Weihnachtsbaum und dem ihn umgebenden Netz befreit. Gerne hätte er ihre Äußerungen kommentiert, allein die Erfahrung der letzten zehn Jahre Ehe ließen ihn schweigen. Eine halbe Stunde später waren die Einkäufe in der Wohnung angekommen und der häusliche Frieden wieder einigermaßen hergestellt. Einzig dem Weihnachtsbaum war nach einem kurzen Intermezzo, welches er zunächst im Wohnzimmer, dann in der Küche und schließlich in unmittelbarer Nähe der Wohnungstüre geben durfte, die weitere Teilnahme am Weihnachtsfest verwehrt worden. Völlig ungewiss war zu diesem Zeitpunkt, ob er je seinen angestammten Platz würde einnehmen dürfen. Die Eheleute waren zunächst einmal übereingekommen, den Stein des Anstoßes einstweilen vor die Türe zu stellen.

Als ich zwei Tage später vor der Wohnungstüre der Thurmulds auf ein Lebenszeichen wartete, war mir der grob in der Ecke abgestellte Baum sofort aufgefallen. Zwei einsame Kugeln zierten sein zerzaustes Grün, was er nicht verdient hatte; immerhin handelte es sich ja um einen Weihnachtsbaum. Wie er so dastand, erweckte er den Eindruck, als habe man ihn in Panik ergriffen und aus der Wohnung verbannt. Und so traurig dieser Baum dort auch auf sein unrühmliches Ende wartete, er schien sich mit seinem Schicksal abgefunden zu haben, die ersten Nadeln hatte er auf den Boden geworfen. Trauriges Schicksal. Ich klingelte erneut, diesmal jedoch, um den Mietern anzuzeigen, dass ich mich bereits vor der Wohnung eingefunden hatte, und zwar schon seit geraumer Zeit. Endlich hörte ich Schritte hinter der verschlossenen Türe. Auch Stimmen waren zu hören, bewusst gedämpft, jedoch nicht minder erregt. Wie konnte man sich nur zwei Tage vor Heiligabend streiten, überlegte ich, in diesem Haushalt war der Geist der Weihnacht noch nicht eingekehrt. Endlich wurde die Türe geöffnet. Ein Frauengesicht erschien in dem schmalen Spalt.

„Ja?"

„Lieving, Sie hatten uns angerufen."

„Wegen der Mäuse?"

Ich nickte. Der Ausdruck in ihrem Gesicht hellte sich etwas auf.

„Dann kommen Sie mal rein!"

Sie öffnete die Türe ganz und ich trat ein.

„Es ist der Kammerjäger", rief sie einem in den hinteren Zimmern verborgenen Menschen zu, „er kommt wegen der Mäuse."

„Aha", erfolgte der knappe Kommentar einer männlichen, deutlich gereizten Stimme.

Während ich so im Flur neben meiner Auftraggeberin stand und auf meine weitere Verwendung wartete, überlegte ich einen kurzen Augenblick lang, ob ich etwas Öl ins Feuer gießen sollte oder nicht. Ein Wort vielleicht, eine wohlgesetzte Bemerkung. Nein. Ich entschied mich zu schweigen. Frau Thurmuld huschte um mich herum und schloss hinter mir die Türe. Anschließend führte sie mich in die Küche.

„Setzen Sie sich doch. Möchten Sie einen Kaffee?"

Obwohl sie die Frage deutlich an mich gerichtet hatte, war ihr Blick starr auf die Küchentüre gerichtet, so als erwartete sie von dort eine Antwort. Weil diese ausblieb, stellte sie mir geistesabwesend eine Tasse hin und fragte mich, ob ich Milch und Zucker bräuchte. Ich verneinte. Meine Tasse blieb unberührt von jeglichem Nass.

„Etwas Kaffee wäre ganz nett", meinte ich verständnisvoll, „eine halbe Tasse würde mir reichen."

Ihr entsetzter Blick streifte zunächst meine leere Tasse, dann mich.

„Entschuldigung."

Sichtlich erschöpft ließ sie sich auf einen der Küchenstühle fallen, was meine Tasse zwar nicht füllte, mir jedoch das Geheimnis um den Streit eröffnen sollte.

„Ich bin ziemlich durcheinander", gestand sie, „wenn Sie wüssten, was ich in den letzten Tagen durchgemacht habe."

In den folgenden Minuten erzählte sie mir ihre ganze Geschichte: vom Betreten des Hausflures, bis zum erstmaligen Aufstellen des Weihnachtsbaumes. Ich war betroffen, erschüttert und verwirrt zugleich. Was für eine Verkettung unglücklicher Umstände. Die arme Frau.

„Und seit diesem Tag", wollte ich wissen, „seit diesem Tag finden sie immer wieder den Mäusekot in Ihrer Küche und im Wohn-zimmer?"

Sie nickte abwesend, ihr Blick war wieder auf die Küchentüre gerichtet.

„Und seit diesem Tag haben wir Streit. Weihnachten – ade!"

So sehr ich vom allgemein vorherrschenden vorweihnachtlichen Mitgefühl erfüllt war, so gerne ich dieser Familie also geholfen hätte, den Geist der Weihnacht in ihr Heim einzulassen, ich hatte mich dennoch auf meinen eigentlichen Auftrag zu besinnen.

„Frau Thurmuld, was ich noch immer nicht verstanden habe: Aus welchem Grunde streiten Sie und Ihr Mann sich eigentlich? Ich meine, mal abgesehen von der Sache mit der Apfelsine und dem Tannenbaum vor der Haustüre und der Tatsache, dass Ihr Mann Ihnen seit zehn Jahren die Einkäufe nicht in den fünften Stock trägt, Mäuse kommen zu allen Jahreszeiten und in allen Familien vor."

Sie schaute mich kurz an, lächelte gezwungen und sackte erneut in sich zusammen.

„Ach, Sie wollen mich nur trösten. Aber erzählen Sie das mal meinem Mann."

„Wenn er denn hier wäre", antwortete ich, „würde ich das gerne machen. Und einen Weihnachtsbaum in den Hausflur verbannen, ist auch keine Lösung."

Sie hob ihren Kopf, ihre dunklen Augen funkelten unter den dichten Wimpern.

„Sie könnten mein Weihnachten retten?"

Ich drehte meine leere Tasse gemächlich um ihre eigene Achse, kippte sie leicht zur Seite und fragte mich, ob ich wohl je die Chance auf einen Kaffee haben würde? Eine Tasse Kaffee als Lohn für ein gerettetes Weihnachtsfest – kein schlechter Tausch. Ich lächelte und schaute sie über meine Tasse hinweg an.

„Wir könnten etwas gegen die Mäuse tun!"

Ein Hoffnungsschimmer huschte über ihr Gesicht, ihre Gesichtszüge entspannten sich.

„Sie meinen, wir sollten sie fangen?"

Ich schüttelte verneinend den Kopf.

„Damit wäre es gewiss nicht getan", entgegnete ich ihr sanft.

„Dann", ihre Frage kam stockend, „wollen Sie die Mäuse also umbringen?"

Obgleich ich diese Frage schon sehr oft gestellt bekommen hatte, war ich jedes Mal überrascht, sie zu hören. Was dachten sich die Menschen eigentlich, die uns wegen eines Problems mit Schadorganismen anriefen, wie wir dieses Problem lösen würden? Natürlich wäre es mir auch lieber, ich könnte diese ungeliebten Lebewesen aus den jeweiligen Gebäuden hinauskomplimentieren, doch leider sah die Praxis anders aus. Das Abtöten war, zumindest in den meisten Fällen, die einzige Option.

„Eine andere Möglichkeit haben wir nicht", sagte ich ihr, „es sei denn, Sie und Ihr Mann wollen die Mäuse behalten."

Heftig schüttelte sie den Kopf.

„Nein, sicherlich nicht. Wenn wir die Mäuse behalten, dann kann ich dieses Weihnachten vergessen."

Sie holte tief Atem, hob die Schultern leicht an und blickte mit dem Ausdruck der Verzweiflung in Richtung Wohnzimmer. Nachdenklich rieb sie sich ihr Kinn und fuhr sich Hilfe suchend durchs Haar.

„Allerdings sehe ich da ein anderes Problem auf mich zukommen."

„Ihren Mann?"

Sie nickte stumm.

„Und wo genau liegt das Problem?", wollte ich von ihr wissen.

Ein tiefer, nicht enden wollender Seufzer entfuhr ihr. Beiläufig betrachtete sie meine leere Tasse, die ich auch weiterhin fest in meinen Händen hielt.

„Möchten Sie noch einen Kaffee?"

„Danke", lehnte ich ihr Angebot ab, „aber ich glaube, eine Tasse Kaffee sollte mir genügen."

„Verstehe."

Ich entließ meine Tasse aus der Umklammerung und schob sie weit von mir weg.

„Ich verstehe aber immer noch nicht, wo das eigentlich Problem mit Ihrem Mann liegt? Ich meine, Sie wollen die Mäuse nicht, Ihr Mann will sie auch nicht, na, und ich könnte Ihre Lösung sein."

„Ach", seufzte sie ein weiteres Mal, „ich persönlich hätte ja nichts dagegen, wenn Sie die Tiere umbringen. Hauptsache weg. Aber mein Mann!"

Ihr Blick wanderte zur Zimmerdecke empor, dann schloss sie ihre Augen und senkte ihren Kopf langsam.

„Er ist schon seit Jahren auf so einem Selbstfindungstrip."

„Und der schließt Mäuse mit ein?"

Sie schüttelte ihren Kopf.

„Eigentlich nicht so direkt. Aber er hat sich da so einer Philosophie verschrieben, asiatisch, indianisch, egal, vielleicht sogar phlegmatisch. Jedenfalls besagt diese Lehre, jedes Lebewesen sei zu schützen, damit die eigene Seele wieder in die Mitte des eigenen Daseins gerückt werden kann."

Ich konnte mich eines zynischen Kommentars nicht weiter enthalten und fragte sie daher unverblümt:

„Ist das dieselbe Lehre, die Ihren Mann davon abhält, Ihnen die Einkaufstaschen in den fünften Stock zu tragen?"

Kaum hatte ich meine Vermutung ausgesprochen, da riss sie ihre Augen weit auf, starrte mich ernüchtert an und schnappte einige Male nach Luft. Möglicherweise war ich ein wenig über das Ziel hinausgeschossen. Vielleicht war ihr aber in diesem Moment auch nur klar geworden, worin ihr eigentliches Problem lag. Besorgt, weil nicht ganz unschuldig an der jetzigen Situation, suchte ich nach aufmunternden, besänftigenden Worten. Sie drehte sich um und setzte sich zu mir an den Tisch.

„Tut mir leid", leitete ich meine Entschuldigung ein, „wenn ich Ihnen zu nahe getreten bin. Ich dachte nur, wenn wir das Problem mit Ihren Mäusen noch länger diskutieren, werden sich nur die Mäuse darüber freuen, aber für Ihr Weihnachtsfest sähe ich dann schwarz."

„Sie haben ja Recht", hauchte sie erschöpft und den Tränen nahe, „Sie haben ja so Recht!"

Zu meinem Erstaunen sprang sie urplötzlich von ihrem Stuhl auf, was das Sitzmöbel aus seiner stabilen Lage herauslöste und auf den Dielenboden krachen ließ. Den aufprallenden Stuhl nicht beachtend, eilte sie mit wenigen Sätzen auf die Küchentüre zu.

„Nein", zerstreute sie meine Selbstzweifel, „Sie haben vollkommen Recht, Sie brauchen sich nicht entschuldigen. Es wird Zeit, dass ich meinem Mann mal die Meinung sage."

„Schön", was gelogen war, denn ein ungutes Gefühl beschlich mich, tiefer fühlte ich mich in den Sog ihre ehelichen Probleme hineingezogen, „aber sind Sie sicher, dass Sie diese grundsätzliche Frage ausgerechnet in diesem Augenblick klären möchten? Meinen Sie nicht, eine gewisse Intimität wäre, auch in Hinblick auf das bevorstehende Weihnachtsfest, angebrachter?"

Sie schüttelte energisch den Kopf. Ihr zu einem offenen Zopf gebundenes Haar flog heftig durch die Luft.

„Nein, ich fühle mich gerade jetzt bereit dafür, diese Schlacht zu schlagen", sie machte eine kurze Pause, holte tief Luft und fuhr dann ungebremst fort, „Sie haben mir die Augen geöffnet und mir Mut gemacht, ihn endlich von diesem blödsinnigen Trip herunterzubringen! Kommen Sie!"

Mit einer energischen Handbewegung riss sie die Küchentüre auf. Den ersten Schritt hinaus hatte sie gemacht, da schaute sie sich zu mir um. Ihr Blick war eine einzige Aufforderung: Folge mir! Zögerlich rutschte ich auf meinem Sitzmöbel hin und her. Gut, mein eigener Vorwitz hatte mich in diese missliche Lage gebracht, aber durfte ich meinem Verstand nicht gestatten, diesen Fehler wieder rückgängig zu machen? Einmal noch wollte ich versuchen, die von ihr getroffene Entscheidung zu revidieren.

„Ist Ihr Mann sehr groß?"

Statt einer Antwort führte sie ihre rechte Hand bis knapp unter die Kinnspitze. Ihre Augen blitzten schalkhaft. Ich hatte verstanden. Ihr Mann schien demnach deutlich kleiner zu sein als ich, was mich zunächst einmal beruhigte. Dennoch wollte ich noch einen letzten Versuch unternehmen, sie von ihrem Vorhaben, mich mit in die Auseinandersetzung mit ihrem Mann einzubeziehen, abzubringen. Ein Blick in ihre funkelnden Augen riet mir jedoch, weitere Ausflüchte nicht weiter zu verfolgen und gemeinsam mit ihr ins

Gefecht zu ziehen. Als Zeichen meiner Zustimmung erhob auch ich mich und machte einen Schritt auf sie zu.

„Also schön", meinte ich verhalten, „gehen wir Weihnachten feiern!"

Ein flüchtiges Lächeln huschte über ihre Lippen, was ihrem Antlitz eine gewisse Sanftheit verlieh. Ohne weitere Worte zu verlieren, machte sie kehrt und durchschritt schnellen Schrittes den Wohnungsflur. Langsam und wenig bgeistert folgte ich ihr. Ihre plötzliche Entschlossenheit nährte in mir den Gedanken, sie habe eine gewisse Routine im Umgang mit solchen Auseinandersetzungen zwischen sich und ihrem Mann; vielleicht war sie ja auch der Grund dafür, dass er sich dieser Philosophie angeschlossen hatte. Wer weiß? Der Wolf im Schafspelz! Ich war gewarnt. Sie spürte meine Wankelmütigkeit, warf mir einen weniger netten Blick zu und meinte, die Stimme geschärft wie ein Messer:

„Nun kommen Sie auch! Gehen wir es an!"

Sie stieß die Wohnzimmertüre auf und stürmte hinein. Ich folgte ihr auf dem Fuß. In der Mitte des Raumes blieb sie stehen. Ich schaute auf die gemütliche Sitzgruppe, den kleinen Holztisch davor und die zahlreichen Bücher und Hefte darauf. Herr Thurmuld saß in einem alten Ohrensessel und starrte abwesend zum Fenster hinaus. Und obgleich er das Erscheinen seiner Frau mitbekommen haben musste, würdigte er sie keines Blickes.

„Mein lieber Friedolin", sprach sie ihren Mann unerwartet sanft an, „wir müssen reden." Sie hielt inne und schaute sich zu mir um. „Herr Lieving hier hat gesagt, es sei nicht ungewöhnlich, dass die Mäuse mit einem Tannenbaum ins Haus kommen. Es hat also nichts mit mir oder dem Weihnachtsfest zu tun!"

Der Angesprochene bewegte seinen Kopf kaum merklich und starrte weiterhin Löcher in die winterliche Luft.

„Und er sagt weiter", fuhr sie fort, „dass wir sie bekämpfen lassen müssen, weil wir sie ansonsten nicht loswerden können, was zwangsläufig zu einer unkontrollierten und riesigen Population führen würde, die dich in deiner Selbstfindung mehr als nur etwas beeinträchtigen könnte. Was du ja gewiss nicht willst, oder?"

Ich war erstaunt, was diese Frau alles aus meinen Ausführungen herausgehört hatte. Schon wollte ich einige Dinge richtigstellen, da ergriff sie erneut das Wort:

„Und noch etwas hat er gesagt, unser Weihnachtsfest hängt nicht an einem seidenen Faden, es hängt einzig an deiner Einsichtigkeit, deiner Mithilfe und deinem Willen, das Problem gemeinsam mit mir zu tragen."

Enorm. Ich war sprachlos. Gespannt wartete ich auf Herrn Thurmulds Reaktion. Ich selbst hätte heftig reagiert, wenn ein mir vollkommen fremder Mensch versucht hätte, meine Frau gegen mich aufzubringen – auch wenn er dies nur in der Fantasie der eigenen Frau getan hatte. Herr Thurmold aber zeigte keinerlei Reaktion. Er saß still in seinem Sessel. Endlich, nach einigen scheinbar endlosen Augenblicken, richtete er das Wort an seine Frau:

„Und wie möchte er das Problem mit den Mäusen lösen?"

Frau Thurmuld machte einen Schritt zurück und stellte sich dicht neben mich. Sie neigte ihren Kopf leicht zur Seite und sagte dann tonlos:

„Er wird sie töten."

Die Wucht dieses Satzes katapultierte ihren Mann geradezu aus der

Abgeschiedenheit seines Ohrensessels ins real existierende Leben zurück.

„Nein!", schrie er entsetzt, „du hast einen gedungenen Mörder in unsere Wohnung eingelassen? Wie konntest du nur?"

Nun schien es mir doch an der Zeit, selbst das Wort zu ergreifen.

„Aber Herr Thurmuld", sagte ich betont freundlich, „sehen Sie, es liegt mir fern, Sie oder Ihre Lebenseinstellung zu bewerten, noch auf irgendeine Art und Weise ändern zu wollen. Einzig der Wunsch Ihrer Frau, in einer Wohnung ohne Mäuse leben und ein besinnliches Weihnachtsfest mit Ihnen gemeinsam begehen zu wollen, haben mich auf den Plan gerufen. Aber wenn Sie oder Ihre Frau nicht möchten, dass ich die Mäuse hier in Ihrer Wohnung bekämpfe, dann lasse ich es. Die Entscheidung liegt bei Ihnen."

In diesem Moment hätte ich jede Reaktion erwartet, einen Streit, eine Rauswurf, möglicherweise ein Handgemenge. Was sich nun jedoch vor meinen Augen und Ohren zutrug, übertraf meine kühnsten Vorstellungen. Frau Thurmuld wandte sich von mir ab, ging auf ihren Mann zu und setzte sich auf die breite Armlehne seines Sessels. Zärtlich streichelte sie über seinen Kopf, wobei er innig ihre andere Hand drückte. Langsam beugte sie sich zu ihm hinunter, berührte sein Gesicht mit ihrem und flüsterte:

„Ach, mein lieber Fridolin, ich wollte dich doch nicht überrumpeln."

Er schaute kurz auf, sein Blick war von Zärtlichkeit für seine Frau erfüllt.

„Ach, meine Liebe, ich wollte dich auch nicht unter Druck setzen, aber weißt du, ich kann nun einmal nicht über meinen Schatten springen, bitte verzeih mir."

„Schon gut!"

Schön, dachte ich, der Frieden ist in dieses Heim zurückgekehrt, Frau und Mann verstehen sich wieder. Doch, so fragte ich mich, welche Auswirkungen würde dies jetzt für mich haben, würde ich jetzt handeln sollen, würde ich gehen dürfen, oder würde ich zum Weihnachtsfest eingeladen werden? Etwas ratlos stand ich diesen beiden Menschen gegenüber, betrachtete das junge Glück und suchte insgeheim nach einer Gelegenheit, mich elegant aus der Wohnung zu entfernen. Ohne meinen Blick von den Thurmulds abzuwenden, machte ich einige Schritte rückwärts. Frau Thurmuld schaute kurz auf und lächelte zufrieden.

„Warten Sie", flüsterte sie, „ich bringe Sie eben zur Türe."

Wiederum überrascht drehte ich mich auf dem Absatz um und entschwand in den Hausflur. Frau Thurmuld folgte mir mit einigem Abstand und holte mich kurz vor der Wohnungstüre ein.

„Verzeihen Sie mir bitte!", sagte sie.

„Ich verstehe nicht?"

„Können Sie auch nicht."

„Erklären Sie es mir?"

„Sehen Sie, es geht im Grunde nicht um die Mäuse oder die Bekämpfung von Mäusen."

„Nicht?"

Sie schüttelte den Kopf, ihre Augen strahlten vor Glück.

„Nein, wissen Sie, es ist jedes Jahr dasselbe, immer zu Weihnachten."

Sie lief auf ein kleines Schränkchen zu, zog eine Schublade auf und holte ein in Geschenkpapier eingewickeltes Päckchen heraus. Feierlich, das Geschenk auf ihrem Handteller tragend, kam sie wieder auf mich zu.

„Bitte, nehmen Sie", lachte sie, „Sie haben es sich durchaus verdient."

„Womit?"

„Sie haben mein Weihnachtsfest gerettet."

„Ich habe doch nichts getan."

„Doch, haben Sie. Mein Mann hat eine Weihnachtsphobie. Jedes Jahr dreht er zu Weihnachten vollkommen durch. Hält sich an jeder Kleinigkeit fest und ist bis aufs Blut gereizt. Und da braucht es eben jedes Jahr eine neue, größere Katastrophe um ihn wieder in die Normalität zurückzubringen."

„Und dieses Jahr war ich die Katastrophe?"

Sie lächelte honigsüß.

„Ja."

Ich kratzte mich verlegen am Kopf.

„Nun ja."

„Nicht traurig sein! Letztes Jahr war es der Klempner. Hat mehr als vier Stunden gebraucht, um meinen Mann so zu schocken, dass er wieder normal wurde. Sie brauchten kaum zehn Minuten."

„Toll, macht mich glücklich."

„Bei Ihren Fähigkeiten sollten Sie mal überlegen, ob Sie nicht den Beruf wechseln sollten. Talent haben Sie."

„Werde drüber nachdenken."

„Machen Sie das!"

„Ich gehe dann jetzt. Ich wünsche Ihnen ein gesegnetes Weihnachtsfest."

„Ich Ihnen auch", sprach sie und übergab mir das kleine Päckchen.

Als ich wieder auf der Straße stand, wog ich das Geschenk in meiner Hand, einen kurzen Moment überlegte ich, ob ich es öffnen, fortwerfen oder in den Briefkasten der Familie stecken sollte. Ich behielt es. An diesem Weihnachtsfest lag es zum ersten Male auf dem Gabentisch, neben meinen anderen Geschenken. Ich habe es nicht geöffnet und werde es auch in Zukunft nicht tun.

Und immer dann, wenn mich die Kleinigkeiten des täglichen Lebens zu überrollen drohen, schaue ich mir mein kleines Päckchen an, denke an die Thurmulds und besinne mich auf meine eigenen Kräfte. Kaum zehn Minuten später geht es mir dann besser.